Christiane Töllner

Die Welt ist voller Sommer

Eine Familiengeschichte von Rügen

edition
POMMERN

Für Familie Töllner
Die waren
Die sind
Und die noch kommen wollen

IMPRESSUM:

Autorin: Christiane Töllner
Titel: Die Welt ist voller Sommer – Eine Familiengeschichte von Rügen

Umschlaggestaltung: Marco de Carvalho
Umschlagfoto: Horst, Otto und Alma am Selliner Hauptstrand 1920.

info@edition-pommern.de
www.edition-pommern.de

ISBN: 978-3-939680-57-4
Gedruckt in Deutschland

Inhaltsverzeichnis

Das Haus, die Heimat, die Beschränkung –
die sind das Glück und sind die Welt.
(Theodor Fontane)

Prolog

Die Kinder haben das braune Fotoalbum mit zu mir genommen, einige Fotos gerahmt und aufgehängt. Das fühlt sich gut an. Nach einer langen Reise sind die Bilder wieder dort angekommen, wo sie entstanden sind. In Sellin. Otto, noch schlank mit Wickelgamaschen in der Uniform des Ersten Weltkrieges. Danach hatte die Welt vier Jahre lang auf dem Kopf gestanden. 1920 konnte man schon wieder in die Kamera lachen. Alma mit Marderpelz und dicker Bernsteinkette sitzt neben ihrem Vater im Strandkorb. Er in feinem Zwirn mit weißem Hemd und Fliege. So war das damals. Mit dabei auch Klein-Horsting, keine zwei, blond und rundbäckig, Almas ganzer Stolz.

Dem hat man auf einem anderen Bild Schaufel und Eimerchen in die Hand gedrückt, und so steht er 1919 vor der nachgestellten Ostseekulisse beim Fotografen und guckt lächelnd in die Kamera. Dass dieses Bild 94 Jahre später auf seiner eigenen Trauerkarte zu sehen sein würde, konnte er nicht ahnen, aber bis dahin sollten noch viele Wellen an den Strand spülen.

Horst Töllner beim Fotografen 1919

Die Kinder haben hier ebenfalls Kartons mit den alten Unterlagen und Almas späten Briefen abgestellt. Ich hatte längst nicht mehr damit gerechnet, dass nach den vielen Jahren aus dieser löchrigen Geschichte mit all ihren Lücken und offenen Fragen langsam ein Ganzes werden könnte. Aber die Löcher sind gestopft, die losen Enden verbinden sich nun zu einer vollständigen Geschichte, die weder einen genauen Anfang hat, noch beendet ist. Seit mehr als hundert Jahren bin ich mal Mittelpunkt dieser Geschichte, mal Zuschauer, mal ganz nah, dann abgeschnitten und weit entfernt. Ich habe während dieser Zeit Vieles erlebt, erfahren, gesehen und gelernt. Ich möchte sie jetzt gerne erzählen. Die Geschichte meiner Heimat, der Familie und meine eigene, die damit untrennbar verbunden ist.

Von Garz nach Sellin

Am Anfang war ich nicht mehr als eine Idee. Eine Weiterentwicklung und Verbesserung. Bei meiner Entstehung war tatsächlich ein Wunsch Vater des Gedankens, den Fritz Töllner aufs Papier zeichnete. Ich sollte groß und prächtig werden, aber nicht, damit sich Fritz mit mir schmücken kann, sondern um das Überleben der Familie zu sichern. Berge von Steinen und Holz bester Qualität wurden bestellt und verbaut. 1903 stehe ich frisch verputzt und strahlend erstmals an meinem zugedachten Platz, in Sellin, an der Ostküste Rügens. Ich heiße Helene. Ich bin ein Haus. Ich bin nicht nur ein schönes, neues Zuhause für Familie Töllner, sondern dazu Fleischerei mit einem Ladengeschäft und Pension, in der sehr bald die ersten Sommergäste logieren sollen. Fleischermeister Fritz Töllner hatte 1899 zunächst meine Schwester, die Villa Hedwig gebaut. Die steht rechts gegenüber auf der anderen Seite der Kreuzung und ist aus meinen rechten Fensterwinkeln gut zu sehen. Fritz merkte rasch, dass dieses Haus weder seinen eigenen, noch den Ansprüchen einer Zeit genügte, die sich gerade rasend schnell veränderte. Das Ladengeschäft in der „Hedwig" war ihm zu klein geworden, außerdem wäre es äußerst praktisch, wenn man mit den Fuhrwerken ohne zu wenden einmal um das ganze Haus herumfahren könnte, und schließlich hat die „Hedwig" keine Veranda. Auf einem offenen Balkon wollen die von weit her anreisenden Gäste nun schon gerne sitzen. Ja, und überhaupt möchte er für seine Fleischerei solch einen modernen Eiskeller, wie er ihn in Berlin gesehen hatte. Er beschloss daher, ein gänzlich neues Haus zu bauen, und kaufte ein Grundstück auf der Sonnenseite der bislang namenlosen zentralen Querachse.

Fritz stammt ursprünglich gar nicht aus Sellin, sondern aus dem 30 km entfernten Garz. Friedrich Carl Malte Töllner, wie er vollständig heißt, kam dort am 24. April 1861 zur Welt. Garz ist die älteste Stadt Rügens, der um 1317 die Stadtrechte zugesprochen wurden. Erst drei Jahrhunderte später bekam Garz mit Bergen städtische Konkurrenz. Griebens Reiseführer *Die Insel Rügen* aus dem Jahr 1900 beschreibt den kleinen Ort wie folgt:

Garz war in früheren Zeiten die einzige Stadt Rügens und ein bedeutender Handelsplatz. Jetzt bietet es nur wegen seiner Vergangenheit Interesse. An der Südseite der Stadt liegt der alte Schloss- und Tempel-Wall Charenza, das grösste und älteste Denkmal dieser Art auf Rügen, einst Residenz der rügenschen Fürsten und Stätte der Verehrung heidnischer Götter; jetzt ist er von Anlagen mit einem Kriegerdenkmale umgeben. Im inneren Raume des Walles befanden sich in alter Heidenzeit die Tempel der drei Götter: Rugevits, des Kriegsgottes, Porevits, des Gottes des Wetters und Porenuts, des Donnergottes, sämtlich mit vielen Köpfen und von ungeheurer Gestalt. Im Jahre 1168 eroberten die Dänen die Feste und zerstörten sie samt allen Götzenbildern. Charenza wurde später wieder aufgebaut und an Stelle der Götzentempel eine christliche Kirche aufgeführt. Am westlichen Fusse des Walles liegt ein See, der früher mit dem Meere in Verbindung gestanden haben soll. An diesem See, jetzt nur noch ein unbedeutendes Wasser, stand früher ein prächtiges Schloss der rügenschen Fürsten.

In Fritz' Geburtsjahr brach in Amerika der Bürgerkrieg aus, Preußen hatte einen neuen König, das Telefon wurde erfunden, und Ignaz Semmelweiß veröffentlichte ein Werk, in dem er den Tod vieler Wöchnerinnen durch Kindbettfieber auf mangelnde Hygiene zurückführte. Vielleicht hätte diese Erkenntnis auch der Mutter von Fritz helfen können: Die Bürgertochter Luise Carolina Joachima Töllner, geb. Zander, aber starb mit 27 Jahren am Tag nach der Taufe ihres jüngsten Sprösslings am 26. Mai. Der Vater Carl Johann Friedrich Töllner stand mit drei kleinen Kindern schlagartig alleine da. Therese Auguste Caroline, die älteste Tochter, war sieben Jahre alt, Bruder Carl Friedrich Wilhelm nur zwei. Von Beruf Schlächtermeister trieb Vater Carl als pommerscher Viehhirte die großen Rinderherden über Land auf die Märkte Berlins, war oft Monate unterwegs und konnte sich nicht um seine Kinder kümmern. Sie wurden beim Bruder und dessen Frau, die gleichzeitig die leibliche Tante der Kleinen ist, untergebracht. Zwei Zander-Schwestern heirateten die beiden Töllner-Brüder. Georg, ein Schneidermeister, und Christine Töllner hatten zum Zeitpunkt, als Carl für seine Kinder ein neues Zuhause suchte, selbst drei eigene. So wuchs der kleine Fritz neben seinen Geschwistern gemeinsam mit Cousin Carl und den beiden Mädchen Auguste und Hermine auf. Er überlebte. Das war in einer Zeit, in der bitterste Armut allgegenwärtig war und Kinder starben wie die Fliegen, keinesfalls selbstverständlich. Georg und Christine mussten bereits drei ihrer Kinder beerdigen. Fritz' ältester Bruder Theodor, den seine Mutter Luise mit 17 Jahren bekam, obwohl sie noch nicht mit Carl verheiratet war, starb mit vier Jahren. Der nächstgeborene Wilhelm wurde lediglich eineinhalb. Viele Rüganer entflohen damals ihrem Elend und setzten auf Amerika.

Während auf Rügen Ernst Moritz von Arndt, um die Ecke von Garz in Groß Schoritz geboren, leidenschaftlich gegen die Leibeigenschaft kämpfte, lebten die Töllners schon seit mehreren Generationen als Bürger in Garz.

Fritz‘ Großvater Johann Töllner verdiente sich mit Branntweinbrennen seinen Unterhalt, sein Vater war als Amtsbruder, der Schwiegervater als Chirurgus, einem Bader und Barbier, im Kirchenbuch registriert. Auf Seiten der Mutter lebte man vom Handel und dem Begraben der Toten.
Es waren bewegte Zeiten für die Insel. Nach einem Jahrhunderte währenden Hickhack gehörte die Insel mal zu Dänemark, wurde im Dreißigjährigen Krieg schwer verwüstet, danach vom schwedischen König als „ewiges Reichslehen“ übernommen und von ihm in der Funktion eines Herzogs von Pommern verwaltet, von Napoleon besetzt, dann wieder schwedisch und kurzfristig dänisch. Am 23.10.1815 wurde Rügen schlussendlich bei einem feierlichen Festakt in Stralsund an die preußische Krone übergeben. Der bereits unter schwedischer Herrschaft als Gouverneur eingesetzte Fürst Malte Wilhelm I. zu Putbus gestaltete und veränderte auch im Dienste Preußens nachhaltig das Gesicht der Insel. Die Fürstenresidenz Putbus, die nur wenige Kilometer von Garz entfernt liegt, wurde 1810 von ihm gegründet und erlebte schnell einen rasanten Aufschwung. Die zukünftigen Bewohner hatte er sich vier Jahre zuvor per Zeitungsannonce gesucht. Sie sollten *hinlänglich Beweise eines ordentlichen und stillen Betragens beibringen.* Er baute Straßen, ließ sie mit Hunderten Bäumen säumen und machte Putbus mit der Eröffnung eines herrschaftlichen Badehauses im Ortsteil Lauterbach zum ersten Seebad Rügens. Ein Mann mit großen Visionen muss dieser Fürst gewesen sein, denn zu diesem Zeitpunkt hatte der Ort überschaubare 80 Einwohner. 1824 wurde es einigen unter den adeligen Gästen in ihren Badekarren am stillen Bodden zu ruhig, und so zogen die ersten in das zehn Kilometer entfernte Fischerdörfchen Binz, das reichlich Wind und Wellenschlag im Angebot hatte. Putbus erblühte mit seinen strahlend weißen, im klassizistischen Stil gehaltenen Bauten zu einem prachtvollen Residenzstädtchen. Wilhelm Malte zu Putbus weihte das Theater ein, gründete 1836 das Pädagogium, eine Lehranstalt für die Söhne aus Bürgertum und Adel, und legte im folgenden Jahr den Grundstein des Jagdschlosses Granitz. Als der Fürst 1854 starb, lebten um die 1.500 Menschen in Putbus.
1860 ging die Regentschaft von der Witwe des alten Fürsten auf den Sohn ihrer ältesten Tochter über. Wilhelm Reichsgraf von Wylich und Lottum Fürst und Herr zu Putbus hieß das neue Oberhaupt, unter dem Fritz aufwachsen sollte. Putbus blühte weiter und zog einige Berühmtheiten an. Vielleicht hat der kleine Fritz dem großen Bismarck zugewunken, als dieser

1866 mit der Kutsche über das Kopfsteinpflaster der Garzer Hauptstraße ratterte. Vielleicht ist der Ministerpräsident des Königsreichs Preußen aber auch aus Stettin mit dem Dampfschiff direkt bis in den Putbusser Hafen gefahren. Wieder waren es Jahre des Krieges. Preußens König, der erste Wilhelm, führte seine Armeen gemeinsam mit Österreich gegen Dänemark. Als sich sechs dänische Schiffe der Kreideküste Rügens näherten, wurden sie angegriffen. Unruhige Jahre. Im Zuge des Deutsch-Dänischen Krieges annektierte König Wilhelm die Provinzen Schleswig und Holstein. Daher konnte Kiel mit dem Ausbau seines bereits bestehenden Hafens zum wichtigsten Marinestützpunkt Preußens aufsteigen. Die seit 1853 bestehenden Pläne, Rügen zu einem Flottenstützpunkt auszubauen, fielen damit ins Wasser. Kiel war jetzt die kostengünstigere Variante.

Auf das kleine Garz hatte dies keine Auswirkungen. Hier ging es eher beschaulich zu. Fritz lernte Lesen und Schreiben in der Volksschule. Er war 10 Jahre alt, als Deutschland unter Preußens Führung den Deutsch-Französischen Krieg gewann. Ein bisschen von diesem Krieg fand sogar auf Rügen statt. Im Westen der Insel tauchten im August 1870 vier französische Panzerschiffe und zwei Avisos auf. Kugeln flogen hin und her, dann zogen sich die preußischen Schiffe zum Wittower Posthaus zurück. Der Gegner traute sich nicht, ins seichte Gewässer hinterherzufahren. Ende der französischen Vorstellung. Das Deutsche Reich wurde gegründet.

Im November 1872 rauschte eine Sturmflut nie dagewesenen Ausmaßes über die westliche Ostsee mit ihren Küsten, Inseln und Bewohnern. Tausende Gehöfte wurden vernichtet, Menschen und Tiere ertranken, Schiffe kenterten, in Greifswald spülte es Trümmerteile bis in die Innenstadt. Auf Rügen erwischte es sowohl die Putbus vorgelagerte Insel Vilm als auch den nördlich gelegenen Bug und die Schaabe. Dort durchbrachen meterhohe Flutwellen das Land. In Stralsund überschwemmte das Hochwasser die gesamte Hafenanlage und zerstörte zahlreiche Schiffe.

Es war außerdem das Jahr, in dem von Hiddensee sensationelle Nachrichten nach Rügen herüberschwappten. So erfuhr der nun zwölfjährige Fritz von einem prächtigen Goldschatz, den Fischer am Strand gefunden hatten. Wie sich nachfolgend herausstellte, handelte es sich dabei um ein ungefähr 1000 Jahre altes, von Wikingern gefertigtes Schmuckensemble. Zwei Jahre später, nach einem nächsten Sturmhochwasser, trugen die Wellen weitere Stücke des insgesamt 16 Teile zählenden Schatzes ans Ufer.

Bei Familie Töllner wurde indes wieder einmal getrauert. Fritz‘ drei Jahre

ältere Cousine Hermine musste mit nur 16 Jahren beerdigt werden. Er selbst feierte mit 14 seine Konfirmation und den Eintritt ins Erwachsenenalter und erlernte nach dem Abschluss der Volksschule das Fleischerhandwerk. In dieser Zeit kehrten Vater Johann und und Sohn Fritz gemeinsam Garz den Rücken, um ihren Wohnsitz in das nordöstlich liegende, rund 40 Kilometer entfernte Sagard zu verlegen. Dank der Entdeckung einer kohlensäure- und eisenhaltigen Quelle kamen bereits im Jahre 1794 Kurgäste hierher. Damit ist Sagard Rügens allererster Badeort. Nach der Besetzung der Insel durch die Franzosen zwischen 1807 und 1813 verfiel die Anlage mit Sälen zum Tanzen, Speisen und Kuren. Jetzt sei der Ort ein freundlicher Marktflecken, der aber wenig Beachtenswertes biete. So steht es jedenfalls in Griebens Reisebuch. Überdies sei die Kirche sehr alt und verbaut.
Ich kann das nicht so genau wissen und beurteilen, denn selbst bin ich weder in Garz oder Putbus noch in Sagard gewesen. Woher ich denn weiß, was ich weiß? Da sag ich bloß: „Achtung, Wände haben Ohren." Zumindest meine. Und überhaupt sollte ich an dieser Stelle hinzufügen, dass Informationen aus Büchern, Briefen und anderen Dokumenten zwar in gewisser Weise an das Papier gebunden sind, auf dem sie stehen, aber, solange sie sich in meinen Räumen befinden, auch Teil von mir werden.
Fakt ist, dass Fritz in diesem freundlichen Marktflecken seine spätere Frau kennenlernte. Marie Henriette Alwine Vieth hieß die Auserwählte. Sie war die älteste Tochter der Eheleute Joachim Christian Wilhelm Vieth, einem Schuhmacher, und Marie Wilhelmine Henriette Vieth, geb. Mars. Als die beiden am 25. Mai 1888 in der Sagarder Kirche heirateten, waren sie 27 und 26 Jahre alt. Fast genau neun Monate später am 20. Februar 1889 erblickte ihr erstes Kind Hedwig Martha Luise das Licht der Welt. Bruder Otto Friedrich Carl wurde am 14. April 1890 um „sieben dreiviertel morgens" geboren. Beinahe auf den Tag genau, nach einem Jahr am 15.4., bekam die Familie mit Elise weiteren Zuwachs. Sie wurde nur ein Jahr alt. Marie war zu diesem Zeitpunkt schon wieder im fünften Monat schwanger und schenkte am 17. September 1892 Fritz Paul Franz das Leben. Die Familie war komplett, als am 25. August 1894 Helene Martha Anna geboren wurde.
In dieser Zeit erlebte Rügens Ostküste einen echten Aufschwung. Neben dem Hochadel, der vornehmlich in Putbus verweilte, zog es immer mehr reiselustige Sommerfrischler an die Strände, die mit Wellenspaß lockten. Sassnitz mauserte sich zuerst zu einem internationalen Seebad, das 1876 sogar von Johannes Brahms besucht wurde, der hier während

eines dreimonatigen Aufenthalts seine erste Symphonie vollendete. Die einzigartige Kreideküste der Halbinsel Jasmund, die sich direkt hinter dem Ort anschließt, zieht bereits seit Ende des 18. Jahrhunderts Reisende an. Unter ihnen Karl Nernst, der 1797 Rügen durchwanderte und den Königsstuhl demütig beschrieb:

Erhabene Felsenburg, angedonnert von deiner furchtbaren Größe sinke ich zu deinen Füßen nieder, und verhülle schweigend mein Antlitz! Hier zu den Stufen des Altars, den du dir zum Spott der Jahre aus Granit und Kreide mauertest, beuge ich anbetend meine Knie, und in die weite Opferschale des Weltmeeres fluten dir meine Preise und meine Gebete hin. – Riese der Natur!

Kein Wunder, dass sich von dieser erhabenen Felsenburg ebenso Maler angezogen fühlten. Einer der berühmtesten unter den Romantikern, die sich auf den beschwerlichen Weg machten, war der auf der anderen Seite des weiten Boddens in Greifswald geborene Caspar David Friedrich. Er fertigte hier eine Skizze an, die später zu einem seiner bekanntesten Gemälde wurde: Die Kreidefelsen.

Sassnitz beherbergte um 1900 die meisten Rügen-Besucher. Auch Effi Briest verbringt in Theodor Fontanes gleichnamigem Roman einige Sommerwochen in Sassnitz und ruft im Mondenschein entzückt: *Ach Geert, das ist ja Capri, das ist ja Sorrent.* Überhaupt findet Fontane, *nach Rügen reisen heißt nach Saßnitz reisen.* Dann wurden allerdings breite, sandige Strände attraktiv, und die hatte Sassnitz nicht zu bieten. Dafür aber die südlicher gelegene Ostküste der Insel. Kilometerlang, aus feinem, weißen Sand. Das rief erste Goldgräber auf den Plan. 1870 zählte Binz 80 stolze Badegäste, nach sechs Jahren stand dort das erste Hotel.

Arnold Wellmer entdeckte 1866 für sich das kleine Badedörfchen Sellin. In Edwin Müllers Reiseführer von 1886 wurde Sellin dann als ein Ort beschrieben, der wegen seines schönen Strandes wohl zur Anlage als Seebad geeignet wäre. Die wenigen Gäste kamen zu diesem Zeitpunkt in den privaten Stuben der Bewohner unter, bei Fritz Koos in dessen mit Schilfrohr gedecktem Pensionshaus oder im Gasthof Ehlert, der Übernachtungen für ein bis drei Mark anbot und gleichzeitig als Gastwirtschaft, Posthaltestelle und Kramladen fungierte. Für sein Badevergnügen konnte der Reisende die eigens von Hausbesitzern aufgestellten, einfachsten Badehütten am Strand benutzen.

Zum ersten Mal erwähnt wurde der Ort jedoch, lange bevor der erste Badegast hier erschien, und zwar auf einem Verkaufskontrakt von 1295 als

„Zelinische beke", was so viel wie Grünes Land am Bach bedeutet. Über die folgenden Jahrhunderte bestellten Bauern die Felder; Handwerker ließen sich erst seit dem 18. Jahrhundert in dem Örtchen nieder, das von je her den Herren zu Putbus gehörte. Nach der Abschaffung der Leibeigenschaft 1806 kamen 1810 erstmalig Erbfischer nach Sellin. Das Land, auf dem sie ihre Kate mit Gärtchen anlegten, gehörte ihnen nicht. Es wurde von Fürst Wilhelm Malte zu Putbus in Erbpacht zur Verfügung gestellt und ab 1850 durch preußische Reformen in privates Eigentum umgewandelt. Was den Fischfang betraf, konnten die Fischer ihn erst behalten, wenn der Herr zu Putbus für seine Heringssalzereien keinen Nachschub mehr benötigte.
Selliner Sommergäste des Jahres 1886 kamen in einen Ort, der aus 29 Häusern bestand und 209 Einwohner hatte. Doch der Aufschwung ließ nicht lange auf sich warten: Schon im Herbst des darauffolgenden Jahres begann in Sellin der Bau des allerersten Hotels. Zur Saison 1896, als bereits um die 1.000 Gäste anreisten, eröffnete nach einem Jahr Bauzeit das erste wirklich große Hotel, das zu Ehren des Putbusser Fürsten „Fürst Wilhelm" genannt wurde.

Kurhaus Sellin 1928

Das auf einem Eckgrundstück errichtete Gebäude mit sowohl einer Front zur Wilhelmstraße, als auch einer zur Seeseite hatte 90 ruhig gelegene

Fremdenzimmer mit Balkon und Aussicht auf das offene Meer zu bieten. Und 160 Betten inklusive Rosshaarmatratzen. Falls sich jemand die Frage stellt, welche Füllung die Matratzen hatten, die nicht explizit als Rosshaarmatratze ausgewiesen waren, kann ich sie sogar beantworten: Seegras. Ganz klar, hier konnte man jetzt was werden; es herrschte regelrechte Aufbruchsstimmung. Hotels und Logierhäuser schossen wie die Pilze aus dem Ostseesand.
Und ein Logierhaus plante ebenso Fritz Töllner zu bauen. Er erkannte die Gunst der Stunde und die einmalige Gelegenheit, den ärmlichen Verhältnissen, aus denen er stammte, den Rücken zu kehren und sich etwas Tragfähiges aufzubauen. Etwas, das die Lebensgrundlage für sich und seine Familie gewährleisten würde, denn dort, wo es Unterkünfte und Restaurants gibt, können die Gäste nicht weit sein, die Fleisch und Wurst essen wollen. Bis auf die seltenen, aber tatsächlich existierenden sogenannten Vegetarismus-Anhänger. In Vereinen organisiert beriefen sie sich häufig auf eine Schrift Richard Wagners, in der Kochen und Verzehr von Fleisch als semitisches, nicht-arisches Erbe bezeichnet wird. Für die Neugründung einer Fleischerei stellten sie allerdings keine Bedrohung dar. Also wagte Fritz den Sprung von Sagard an die Ostküste, und so zog die Familie kurzerhand in das aufblühende Sellin, wo sich in diesen Jahren über die Saison verteilt die Gästezahlen mittlerweile mehr als verdoppelt hatten. Die ersten Häuser lagen am Selliner See, von dem die Straße Richtung Küste abging. An der Kreuzung bog man nach links in die Hauptstraße, und die führt anschließend in einem Bogen wieder rechts aus dem Ort hinaus nach Göhren. Die Straßen hatten zu diesem Zeitpunkt weder Namen noch Hausnummern. Wer ans Meer wollte, lief durch den Wald den „Grünen Steg“, einen mittlerweile gepflasterten Fahrweg entlang. An dessen Ende lag linker Hand das zuvor erwähnte „Fürst Wilhelm“. Das Hotel blieb nicht lange allein, denn schon im Dezember 1898 war auf dem gegenüberliegenden Eckgrundstück Richtfest des Strandhotels. Damit waren die Flurstücke mit der exklusivsten Lage direkt am Hochufer vergeben.
Entlang des „Grünen Stegs“ und seinen Nebenachsen wurden in diesen Jahren weitere Villen erbaut, was nur durch den Umstand möglich war, dass der Grundherr Sellins, Wilhelm Fürst und Herr zu Putbus, Bauplätze vergab, von denen Fritz Töllner sich einen schnappte. Egal wie und wohin sich Sellin entwickeln würde, sein Grundstück lag zentral als Eckhaus an der großen Kreuzung. Der finanzielle Aufwand war gewaltig und die Gefahr

des Scheiterns erheblich, dennoch nahm Fritz das Risiko auf sich.
Dann ging alles ganz schnell. Bereits am 9. März1899 konnte man in der Tageszeitung lesen, dass der Schlächtermeister Fritz Töllner auf der Häuslerstelle Nr. 4 den Bau eines Logierhauses beabsichtigte. Dank guter Witterungsverhältnisse und Maurern, die nicht, wie auf zwei anderen Baustellen, streikten, konnten schon zum ersten Juni per Anzeige Zimmermädchen und Fleischergesellen gesucht werden. Die Taufe des Hauses fand am 9. Juli statt. Es bekam den Namen seiner ältesten Tochter: Hedwig. Drei Jahre später hatte die Villa Hedwig für 39.000 Mark den Besitzer gewechselt.

Haus Hedwig mit Kolonialwarenladen um 1904

Helene und ihr Eiskeller entstehen

Ich kann es kaum noch erwarten, denn jetzt komme ich endlich ins Spiel. Wie gesagt, zuerst gedanklich. Danach wurden aus Gedanken konkrete Vorstellungen. Ich finde, Fritz hatte sich für mich einen tollen Bauplatz ausgesucht. Mitten drin im Geschehen, schließlich führt die Straße, an der mein Bauplatz liegt, einmal durch den gesamten Ort. Hier kommt einfach jeder vorbei. Als Fritz das über 2.000 m² große Grundstück für etwa 8.000 Mark erwarb, vermutete er, dass sich der Ort ebenfalls in Richtung Fischerstrand weiter entwickeln würde und ich dann aus allen Richtungen gut erreichbar wäre. Bei dem, was ihm so als Haus vorschwebte, orientierte er sich an anderen Selliner Häusern und dem Standard, der derzeitig modern war. Wenn das die Rahmenbedingungen waren, die er brauchte, um Geld zu verdienen, dann wollte Fritz das für sich und seine Familie auch so haben. Zunächst einmal mussten sämtliche Regularien und Formalitäten eingehalten werden. Fritz plante mich, also ein Logierhaus mit Schuppen, Eiskeller und Laden, sowie ein kleines Schlachthaus in der Nähe des Selliner Ostbahnhofs Richtung Göhren. Gute Idee, denn ich glaube kaum, dass es bei zukünftigen Gästen des Hauses gut ankäme, wenn ein paar Meter weiter Schweine und Rinder geschlachtet würden. Der Bau des Schlachthauses gestaltete sich kompliziert. Im September 1902 reichte Fritz eine im Jahr 1899 genehmigte Zeichnung und die vom Kreisausschuss erteilte Genehmigung zum Betrieb der Schlächterei ein. Das Papier mit eigenem Briefkopf.

Allerdings lag dieser Vorgang bereits drei Jahre zurück, und, viel wichtiger, das Schlachthaus sollte nicht an der ursprünglich gedachten Stelle, sondern östlich von Sellin, in der Höhe des Bahnhofs Sellin-Ost entstehen. Bevor im Februar 1903 mit der ergebenen Bitte um Genehmigung ein neuer Antrag eingereicht wurde, lag ich dem zuständigen Amt in Putbus seit einem Monat als Zeichnung und Beschreibung behufs Erlangung der Concession zur Erbauung eines Wohnhauses mit angebautem Laden mit Eiskeller, sowie eines Stalles mit angebautem Schuppen vor:

Sämtliche Gebäude mit Ausnahme des Schuppens werden in den Ausstellungswänden massiv, der Schuppen wird theils massiv, theils Fachwerk. Alle Gebäude werden mit Pappen eingedeckt, der Eiskeller wird massiv überwölbt und im Inneren in allen Theilen mit Korkplatten gegen das Eindringen der Hitze isolirt.

Das Wohnhaus erhält an der Vorderfront und an beiden Giebeln hölzerne Veranden und Balkons. An der Hinterfront des Hauses sind die Abortanlagen angebracht. Der vordere Theil des Haupthauses ist unterkellert und auf Trägern Profil 20 überwölbt. Alles Nähere, auch die Anlage des Bohrbrunnens und der erforderlichen Grube, ist aus der Zeichnung ersichtlich.

Bei der genauen Prüfung von Beschreibung und Zeichnung entdeckte der Rügener Kreisbaumeister Herr Ohnesorge mehrere *Punkte der Berichtigung und Ergänzung,* die er am 17. Februar formulierte:

1. Die Grube am Hause ist zu nahe (Verlegung von Stall oder Schuppen).

2. Die Abortanlage ist näher zu beschreiben.

3. Die Treppen sind sämtlich zu steil. Die Breite muß mindestens 1,00 m zwischen den Handgeländern betragen.

4. Die Eiskellerdecke kann unmöglich horizontal ohne Abdeckung sein. Lastenangabe oder statische Berechnung der Träger.

5. Die balkentragenden Wände des Ladens sind zu verstärken.

Daraufhin wurde Zimmermeister Jonas kontaktiert, der meine Planung übernommen hatte und die Lösungen der aufgetretenen Probleme liefern sollte.

Er antwortete am 25. Februar dem *lieben Herrn Töllner:*

1. Die Grube am Hause kann vielleicht überwölbt werden, und das Einstiegsloch kann darauf mit einem eiseren Deckel luftdicht verschlossen werden.

2. Die Abortanlage kann, wenn die Grube bleiben kann, mit Wasserspülung angelegt werden, andernfalls müßten Trockenstandklosetts angewendet werden.

3. Die Treppen können so eingerichtet werden, daß dieselben den Bedingungen entsprechen. Platz genug ist vorhanden.

4. Weshalb sollte die Eiskellerdecke denn nicht horizontal sein können, ich sehe hierfür keinen Grund. Derselbe könnte ja noch mit einem leichten Pappdach versehen werden, aber nach meiner Meinung ist dies nicht nötig, denn die Decke vom Kühlkeller ist doch auch horizontal. Bei einer Belastung pro qm mit 1000 kg würde nach der im deutschen Baukalender befindlichen Tabelle bei 5,00 m freier Länge Träger 24 genügen. Profil 26 genügt sogar bei 1000 kg pro qm. Für eine freie Länge von 5,60. Eine noch höhere Belastung kann unter keinen Umständen verlangt werden, selbst wenn Sie über dem Eiskeller noch einen Getreideboden einrichten, denn die Berliner Baupolizei schreibt bei Getreidespeichern nur eine Belastung mit Eigenlast von 1000 kg vor.

5. Die deckentragenden Wände können mit Leichtigkeit um ½ Stein verstärkt werden. Am besten thun Sie, wenn es Ihnen nicht zuviel Umstände macht, wenn Sie persönlich mit Herrn Kreisbaumeister Ohnesorge sprechen, es ist dies der kürzeste Weg, denn wenn Sie mir die Zeichnungen zur Berichtigung zusenden, vergeht damit viel Zeit.

Der Eiskeller. Der machte offensichtlich bei der Planung und Erbauung zumindest beim Kreisbauamt in Putbus allerlei Probleme. Ich denke nicht, dass es auf Rügen so etwas schon gab, folglich musste man sich jede Menge Gedanken darüber machen, wie viel Gewicht solch eine Eiskellerdecke wohl tragen könne. Nicht dass ein darauf abgestelltes Fuhrwerk plötzlich einbricht. Der Kühlschrank war zwar bereits erfunden worden; zunächst wurde mit Luftkompression gekühlt, später mit Ammoniak, das jedoch ätzend war und dazu scheußlich stank. Im industriellen Bereich nutzbar, für den Hausgebrauch allerdings denkbar ungeeignet. Also wie sollte das Fleisch nach der Schlachtung abhängen, ohne zu vergammeln? Die Lösung war ein Eiskeller, der mit einem Kühlraum verbunden ist. Fritz hatte diese moderne Konstruktion in Berlin gesehen und gedachte, das nun auch bei mir zu realisieren. Mein Eiskeller sollte im Hof, nahe der Rückwand entstehen und von außen mit Eis zu befüllen sein. Eis, das im Winter auf dem Selliner See oder der Ostsee selbst wächst und dann herausgesägt, auf Pferdefuhrwerke geladen zurück zum Hof transportiert und in den Eiskeller gefüllt wird. Da die Innenwände des Kellers mit Kork und Stroh ausgekleidet sind und im kühlen Erdreich liegen, schmilzt und verdunstet das Eis nur sehr langsam. Die geerntete Eismenge muss entsprechend groß sein, so dass sie über die warmen Sommermonate bis zum Herbst hin ausreicht. Die bei der Verdunstung des Eises entstehende kalte Luft fließt anschließend über eine Verbindung in den Kühlkeller, der seinerseits gleichfalls unter dem Hof liegt, und sorgt dafür, dass speziell das Rindfleisch über mehrere Wochen in Ruhe reifen kann. So weit so gut. Irgendwann hatte sich Herr Ohnesorge vielleicht von seinem eigenen Namen inspirieren oder von den Ausführungen des Zimmermannsmeisters überzeugen lassen, zumindest erteilte er am 23.3.1903 endlich die Erlaubnis zur Erbauung eines Wohnhauses, Stallgebäudes und Eiskellers mit horizontaler Decke. Nach der Fertigstellung im Rohbau sei Anzeige zu machen und die Revisionskosten von 87 Mark und Portokosten von 80 Pfennig binnen 14 Tagen ins Amt zu senden. Es konnte losgehen. Und wie es losging. Richtig rangeklotzt wurde. Beim Schlachthaus musste noch ein bisschen hin- und hergeschrieben werden. Offenbar nicht immer leserlich, denn der Amtsvorsteher beschwerte sich mit den Worten: *Ich bitte wiederholt dringend, so deutlich zu schreiben, daß es mir auch mal möglich ist, die Schrift ohne bedeutende Schwierigkeiten lesen zu können.*

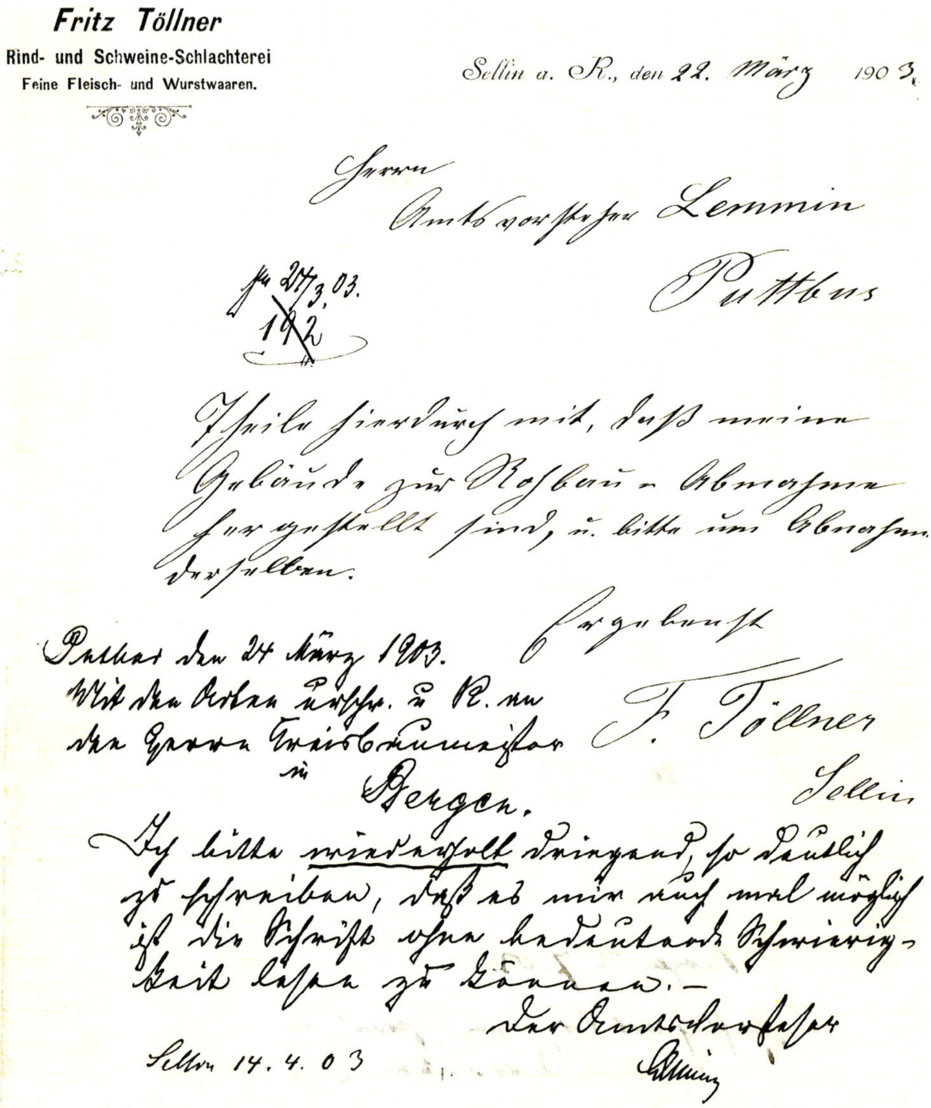

Fritz Töllner
Rind- und Schweine-Schlachterei
Feine Fleisch- und Wurstwaaren.

Sellin a. R., den 22. März 1903.

Herrn
Amtsvorsteher Lemmin
Putbus

pr. 27/3.03.
192

Theile hierdurch mit, daß meine Gebäude zur Rohbau-Abnahme fertiggestellt sind, u. bitte um Abnahme derselben.

Ergebenst
F. Töllner
Sellin

Putbus den 24 März 1903.
Mit den Akten urschr. u. R. an den Herrn Kreisbaumeister zu Bergen.

Ich bitte wiederholt dringend, so deutlich zu schreiben, daß es mir auch mal möglich ist die Schrift ohne bedeutende Schwierigkeit lesen zu können. –

Der Amtsvorsteher
Lemmin

Sellin 14. 4. 03

Originaldokument

Dann war diese Genehmigung ebenfalls amtlich, und die Beschreibung konnte folgen:

Das Grundstück, auf welchem das Gewerbe betrieben werden soll, liegt in der Gemarkung Sellin an dem Wege von Göhren nach dem Selliner Dorf und Strande

und ist Teil des Unterband V des Grundbuches von Sellin eingetragenen Fürstlich zu Putbus'schen Fidei-Comißes. Die Umschreibung auf den jetzigen Besitzer erfolgt erst nach der erfolgten Berichtigung des Grundbuches.
Das Grundstück ist 6 ar 6 qm groß. Das Schlachthaus massiv von Mauersteinen unter Pappdach erbaut, hat einen Schlachtraum von 3,5 m lichter Höhe sowie einen Stall von 2,5 m Höhe und einen an den Schlachthausgiebel angebauten Schuppen mit Bretterbekleidung. Der Schlachtraum hat einen Fußboden von 10 cm starkem Beton mit Zementanstrich überzogen und ist mit Gefälle nach dem Einlauf zur Grube versehen. Die Wände und Decke des Schlachtraumes sind ebenfalls mit Zementmörtel geputzt und mit heller Ölfarbe gestrichen. Die Grube für die flüssigen Abfälle und Blutabwässer ist wie schon erwähnt direkt mit dem Schlachtraum in Verbindung gebracht. Dieselbe ist in den Umfangswänden 0,38 m stark. Der Boden ist mit einer Rollschicht zwei sich kreuzender Ziegelflachschichten ausgepflastert. Auch sind sämtliche Innenwände mit Zementmörtel abgeputzt. Abgedeckt ist die Grube mit einem 5 cm starken gespunteten Holzdeckel. Diese Grube wird im Sommer nach jedesmaligem Schlachten, im Winter zwei Mal wöchentlich gereinigt Die festen Schlachtabfälle werden sofort nach dem Schlachten entfernt. Die Lüftung geschieht außer durch den Fenstern und Thüren noch durch einen in Verbindung mit dem Heizrohr bis über Dach geführten Lüftungsrohr. Das Dach ist ein Pultdach mit Bretterverschalung und Pappe abgedeckt.
Das Schlachthaus ist von dem nächsten bewohnten Gebäude, dem zwei Stockwerke hohen Hotel zum Bahnhof und Herrn W. Wegner, 98,0 m, von der nächsten öffentlichen Landstraße, der Straße von Göhren nach Sellin, 80,0 m entfernt. Auf dem Grundstück wird ein Röhrenbrunnen hergestellt. Die Maaße sowie sonstige Bauart des Gebäudes ist aus der beigefügten Zeichnung zu ersehen.
Am 14. April 1903 feierte Familie Töllner nicht nur Ottos 13. Geburtstag, sondern gleichfalls meine gelungene Rohbauabnahme. Dazu spazierte der Herr Kreisbaumeister mit seinem pingeligen Fragebogen über das Gelände. Es wurden von ihm unter anderem folgende Fragen überprüft:

- *Wird der vorgeschriebene Abstand von Straßen, öffentlichen Wegen, Eisenbahnen und Forsten eingehalten?*
- *Ist für Vorder- und Hintergebäude die im verkehrs- und feuerpolizeilichen Interesse durch die Bauordnung vorgeschriebene oder etwa besonders zu fordernde Zugänglichkeit vorhanden?*
- *Sind die Vorschriften über die Lage des Abortes, der Dungstätte und des Brunnens eingehalten?*
- *Entspricht die Geschoßzahl der Bauordnung?*
- *Entspricht die Anlage der Ausbauten den Vorschriften der Bauordnung über*

Ausladung, Entfernung von der Nachbargrenze?

- *Entspricht das a) für die Herstellung der Mauern, b) für die Eindeckung der Dächer in Aussicht genommene Material den baupolizeilichen Vorschriften?*
- *Sind Eisenkonstruktionen vorhanden? Ist deren Tragfähigkeit durch statische Berechnung nachgewiesen?* (Hier kritzelte Herr Ohnesorge ein „*Nein*" in die dafür vorgesehene Spalte, fügte dann hinzu: „*dieselben genügen aber.*")
- *Sind Schornsteinröhren in der den baupolizeilichen Vorschriften entsprechenden Zahl und Weite vorhanden?*
- *Entspricht die Zahl und Konstruktion der Treppen, das zu diesen verwandte Material sowie die Herstellung der Umfassungswände und Decken der Treppenräume den baupolizeilichen Vorschriften?*
- *Werden die Bestimmungen der Bauordnung über die Entfernung besonders feuergefährlicher oder solcher Anlagen, deren Betrieb mit besonders starkem Geräusche verbunden ist, von anderen Gebäuden, öffentlichen Wegen u.s.w. eingehalten?*
- *Sind die Mauern und Gewölbe aus gutem Material in regelrechtem Verbande ausgeführt?*
- *Sind in sämtlichen Balkenlagen die erforderlichen Verankerungen angebracht?*
- *Sind die Balken und Hölzer des Dachverbandes von daneben liegenden Schornsteinröhren ordnungsmäßig isoliert?*

Zum Glück wurden all diese Fragen mit „Ja" beantwortet, allerdings entdeckte Herr Ohnesorg einige Mängel bezüglich Aborte und Bohrbrunnen. Die konnten behoben werden.

Was so ein ausgewachsener Amtsschimmel anrichtet, wenn er durch die zuständige Schreibstube galoppiert, zeigt die folgende Bekanntmachung des Königlichen Landrats des Kreises Rügen, Freiherr von Maltzahn, die er namens des Kreisausschusses einen Tag später in Bergen unterschrieb:

Der Schlächtermeister Fritz Töllner in Sellin beabsichtigt auf seinem in Sellin im Grundbuch von Lancken verzeichneten Grundstück, eine Schlächterei einzurichten.

Nach Vorschrift in den S.17 der Reichsgewerbeverordnung vom 21.6.1869 wird dies Unternehmen mit dem Bemerken zur Kenntnis gebracht, daß Einwendungen gegen die projektierte Anlage binnen einer präclusivischen Frist von 14 Tagen schriftlich in 2 Exemplaren zu Protocoll hier anzumelden sind und spätere Einsendungen nicht mehr berücksichtigt werden können, sowie daß die bezüglich Zeichnung und Situationsplan und Beschreibung in dem Büro des Amtsvorstehers des Amtes Lancken in Putbus während der gewöhnlichen Amtsstunden zu Jedermanns Einsicht ausliegen, daß etwaige innerhalb der obigen Frist angebrachte Einwendungen, soweit solche nicht auf besonderen privatrechtlichen Titeln beruhen, in einem innerhalb der Ziffer 15 der Ministerial-Anweisung vom 9.8.1899 gesehenen Frist anzuberaumenden Termin erörtert werden, und daß auch im Fall des Ausbleibens des Unternehmens oder der Widersprechenden gleichwohl mit dieser Erörterung vorgegangen wird.

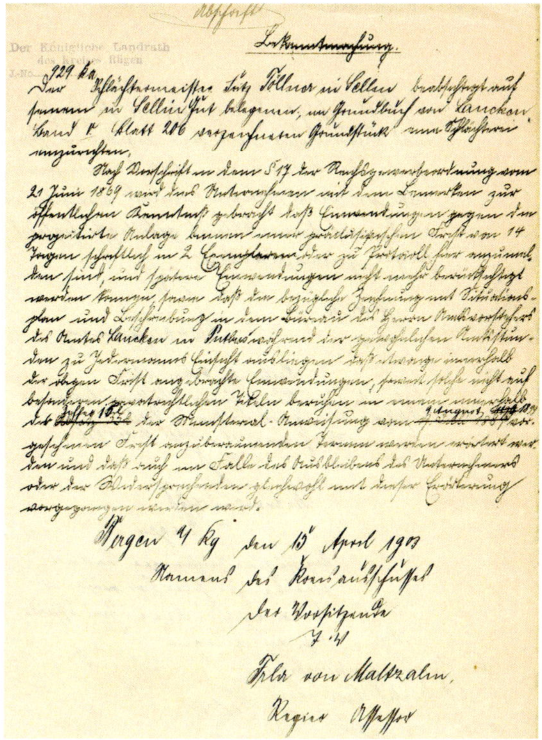
Abschrift

Der Königliche Landrath des Kreises Rügen

J.-No. 929 Ba

Bekanntmachung.

Bergen a/Rg. den 15. April 1903

Namens des Kreisausschusses

Der Vorsitzende

I.V.

Frhr. von Maltzahn,

Regier. Assessor

Originaldokument der Bekanntmachung vom 15. April1903

Das Unternehmen blieb weder aus, noch kreuzten Widersprechende auf, und so erschien Herr Ohnesorge am 30. Juli und nahm bei mir die erforderliche Prüfung zur Gebrauchsabnahme vor. Unter gesundheitspolizeilichen Gesichtspunkten musste geklärt werden, ob die Wände genügend ausgetrocknet waren. Es wurde auf dem entsprechenden Formular darauf hingewiesen, dass sich bei feuchten Wänden beim Auflegen der flachen Hand eine starke Abkühlung bemerkbar macht. Weiterhin, ob Badestuben und Klosetträume genügend gelüftet werden können, die Einrichtungen für die Beseitigung der Auswurfstoffe und Wirtschaftswässer den baupolizeilichen Vorschriften entsprechen, oder ob in den Ofenröhren Beschlussvorrichtungen (Ofenklappen) angebracht sind, die beseitigt werden müssen.

Bei den sicherheitspolizeilichen Gesichtspunkten fragte man sich beispielsweise, ob die Treppen mit Geländern versehen sind, welche ein Durchfallen von Kindern ausschließen, und ob Lichtgräben oder Lichtschächte vor Kellerfenstern abgedeckt oder umfriedet sind. Oberlichte, unter denen Drahtnetzte zum Schutze gegen Glasbruch angebracht werden müssen, gibt es bei mir nicht.

Zum Schluss wurde unter feuerpolizeilichen Gesichtspunkten geprüft, ob die Hofanlage so eingerichtet ist, dass die hinteren Gebäude, bei mir Schuppen und Stallungen, für Spritzen und Löschgeräte zugänglich sind und in Räumen mit Feuerungsanlagen das Holzwerk der Wände berohrt und geputzt ist.

Am 30.7. schrieb Herr Ohnesorge in seinen Abschlussbericht:

Die vorläufige Ingebrauchnahme Ihrer neuerbauten Gebäude wird genehmigt. Es muß Ihnen aber auch aufgegeben werden, nachfolgende bezeichnete Mängel bis zum 15. September des Jahres abzustellen.

1. Die beiden vorderen Freitreppen sind beiderseits mit Geländern zu versehen.

2. Die Stützmauer an der Straße muss Geländer erhalten.

3. Der Bohrbrunnen muss entsprechend der Wasserverordnung vom 9.2.1898 umpflastert und mit Rinne versehen werden.

Nach Abstellung der Mängel ist Anzeige zu machen, und binnen 14 Tagen sind für die Nachrevision 14 Mark Gebühren hierher einzusenden.

Ich bin ehrlich erstaunt darüber, wie viele Gedanken in meinen Bau geflossen sind, wie viele penible Bestimmungen und Verordnungen sorgfältig berücksichtigt, eingehalten und überprüft werden mussten. Noch erstaunlicher finde ich allerdings, dass ich trotz alledem nach bereits unglaublichen sechs Monaten fertiggestellt wurde. Ganz billig war ich allerdings nicht. Ich als Haus kostete 37.393 Mark, meine Veranda 6.400, der Eiskeller 4.060, der Kühlraum 1.890, die Stall- und Wirtschaftsgebäude 20.240. Macht also alles zusammen: 70.013 Mark.

Tu Hus

Und so stehe ich nun stolz auf rügenschem Sand und kann aus blank geputzten Fenstern frisch und frohgemut in die Welt gucken. Endlich sehen, endlich hören, endlich atmen, endlich sein. Die 9-jährige Tochter und jüngstes Kind der Familie schenkt mir ihren Namen: Helene. So steht es in großen Buchstaben auf meiner vorderen Balkonfassade über dem Haupteingang: Villa Helene. Mein Name bedeutet übrigens die Prächtige, die Strahlende, die Sonnenhafte. Sonnenhaft halte ich für ein wenig übertrieben, wobei prächtig und strahlend durchaus zu mir passt. Der Balkon ist ganz aus Holz, die mit reichen Schnitzereien verzierten Bögen weiß gestrichen. Zu den Seiten hin sind sie zum Teil mit bunten Windschutzscheiben verglast, der Ausblick von daher nicht beeinträchtigt. Die einzelnen Balkone sind, um die Privatsphäre der zukünftigen Gäste zu gewährleisten, durch halbhohe Holzwände voneinander getrennt. Bei Bedarf kann man sich mit einer längs gestreiften Markise vor der Sonne schützen. Bäderarchitektur nennt man das. Das ist gerade ausgesprochen modern, die Badegäste möchten nicht mehr in dunklen Zimmern hausen, sondern es sich beim Kaffeetrinken auf einer sonnigen Veranda gemütlich machen. Und Veranden habe ich genug, Sonne auch. Im Sommer geht sie hinter meinem Rücken auf, wandert am östlichen, ebenfalls mit Balkonen versehenen Giebel vorbei, bestrahlt meine Front und den angebauten Laden und scheint als Abendsonne über die ausgedehnten Wälder der Granitz in die Balkone des westlichen Giebels. Vervollständigt wird meine Vorderansicht durch einen nahezu fertig angelegten Vorgarten, der von einer Stützmauer aus gespaltenen Feldsteinen gehalten wird, und den zwei Freitreppen, jetzt wie gewünscht mit Geländer, von denen die eine zum Haupteingang führt. Der Treppenabsatz vor der Haustür ist mit schwarzen und weißen Fliesen abwechselnd karoartig verlegt. Über die andere kommt man zum Laden, über dessen Eingangstür „Fritz Töllner." steht. Im Laden blitzen über 2.000 Kacheln. Was für eine Pracht. Weiße, mit grünem Muster, blaugrau umrandet, dazwischen Mohnblumenbänder, Sockelkacheln mit Relief, verschiedene Sorten in grün-bräunlich changierend und auf dem Boden vor den rechtwinklig angebrachten Theken wunderschöne Zementfliesen. In die Wände eingemauert die schweren, verschnörkelten Metallauflagen für die Hakenleisten. Die müssen ja richtig was tragen können: Schweinshaxen, Schinken, Würste. Von der hinteren Ladentür führt eine Treppe in den

Kacheln mit Mohnblumen

Keller. Dort, wo das Fleisch abhängt und zart werden soll, sind die Wände ebenso aufwändig gefliest. All das ist das Reich von Fritz, in dem er kraftvoll das Zepter schwingt, hart arbeitet, glücklich ist und streng über die Qualität der Ware wacht, die über die Theke geht.
Vom Laden zweigt ein seitlicher Durchgang ab, durch den man über ein Vorzimmer in die dahinter gelegene Küche gelangt. Hier wirken die Frauen. Ein großer Herd, dessen Rückwand blau-weiß gekachelt ist. „Trautes Heim, Glück allein" steht da, und noch wichtiger: „An Gottes Segen ist alles gelegen." Echter Jugendstil. Tisch, Stühle, eine Speisekammer. Von der Küche tritt man auf den Flur, von dessen gegenüberliegender Seite drei Zimmer abgehen. Meine Fußböden bestehen aus Pitch Pine, einem äußerst schweren und kernholzreichen Nadelholz, das aus sehr alten Bäumen stammt und extra aus Amerika angeliefert wurde. Parterre befinden sich vier Gästezimmer, im ersten Stock sechs und im zweiten acht, wobei vier davon mit schrägen Decken als Kammern bezeichnet werden und mehr für Kinder geeignet sind. Also, alles in allem 18 Zimmer, die im nächsten Sommer vermietet werden sollen. Da wird sich Marie drum kümmern. Mal sehen, wo sich dann für die Töllners und deren eigene Betten ein Plätzchen findet. Noch sind keine Gäste da, zumal die Zimmer nicht vollständig möbliert sind. Es wimmeln Handwerker herum, die hier und da und dort letzte Arbeiten vollenden. „Der Fritz", höre ich sie respektvoll munkeln, „hat das Haus und den Eiskeller so genau erdacht und geplant, dass der Architekt lediglich seine Unterschrift drunter setzen musste." Ich staune, was Fritz mit einem einfachen Volksschulabschluss so alles kann.
Weiter geht's über den Flur im Erdgeschoss zum Hintereingang und raus auf den Hof. Linker Hand befindet sich der Eiskeller, dahinter der Schuppen, in dem wahrlich herumgewurschtelt wird, denn dort stehen

neben den Maschinen für die Zubereitung und Herstellung von Fleisch und Wurst auch säckeweise Gewürze und diverse Utensilien. Im Stock darüber entstehen die Unterkünfte für die Gesellen und Angestellten. Daneben der Stall für die Pferde des Fuhrwerks und der Stellplatz für das Fuhrwerk selbst. Ansonsten ein riesiger Garten, der momentan angelegt wird. Es wird ein Walnussbaum gepflanzt, der an der Grundstücksgrenze hinter dem Eiskeller steht, dazu Obstbäume, Beerenbüsche. Ein Gemüsegarten findet hier ebenfalls seinen Platz. Hinter den Nebengebäuden geht das Grundstück weiter, doch das liegt noch brach.
Ich muss zugeben, dass ich leicht verwirrt bin. Schon allein wegen der Vielfalt an neuen optischen Eindrücken, die durch die vielen Fenster gleichzeitig auf mich einströmen. Anfangs war ich nur mit mir selbst beschäftigt. Ehrlich gesagt bin ich buchstäblich aus dem Häuschen, weil ich merke, dass ich nun Stück für Stück die Außenwelt wahrnehmen kann. Ich lerne, mich langsam zu orientieren. Erstmal vorsichtig umgucken. Wer sind denn überhaupt meine Nachbarn? Links neben mir steht ein Haus, das gerade neu erbaut das Licht der Welt durch seine Fenster scheinen lässt. Man kann sagen, die zweistöckige Villa Fichtenwalde ist eine etwas kleiner ausgefallene Version von mir, ohne die seitlichen Anbauten.

Villa Fichtenwalde um 1905

Daneben auf dem Eckgrundstück wird ebenfalls 1903 die Villa Concordia eröffnet. Hier zweigt nach links die immer prächtiger werdende Wilhelmstraße ab. Über 800 Meter ist sie lang, und an beiden Seiten sind im Laufe der letzten Jahre einige beeindruckende Häuser herangewachsen. Aus meinem oberen Ostbalkon kann ich so eben noch die Rückansicht der Villa Fernsicht und Teile des Balkons mit dem aufwändigen Schnitzwerk erhaschen. Auf der anderen Straßenseite die Fassade der Villa Waldfrieden mit ihrem besonderen Türmchen und einem Wein- und Delikatessengeschäft. Dann ist Schluss. Den Rest kenne ich einzig vom Hörensagen. Richtung Strand folgen demnach das Haus Sellin, die Villa Sonneck, dahinter die vom Fürst 1898 gebaute und nach einem Jahr weiterverkaufte Burg Hohenzollern und die just fertiggestellte hübsche Villa Ingeborg. Die 1899 abgebrannte Möller'sche Konditorei wurde 1900 wieder aufgebaut und heißt jetzt Hotel Zur Ostsee. Posträume befinden sich in der Villa Holtz, die mit einer freitragenden Balkonkonstruktion besticht, nebenan die im reinen Jugendstil gehaltene Villa Granitz.
Zu beiden Seiten ist die Wilhelmstraße doppelreihig mit kleinen Linden bepflanzt, jedoch längst nicht restlos bebaut. Die Linden scheinen zu gedeihen. Zunächst hatte man es mit Kastanien versucht, dem Lieblingsbaum der Putbusschen Fürstenfamilie, die gingen nach zwei Jahren allerdings wieder ein. Ein Blick hinein in diese Wilhelmstraße ist mir leider nicht vergönnt, aber ich kann ein gutes Stück die Straße nach links runter schauen. Das Gegenüber von Villa Fichtenwalde heißt Daheim und ist ein kleines Schmuckstückchen mit seiner schönen Fassade. Dahinter die Dampf-Bäckerei Villa Dankwart, und aus den oberen Fenstern kann ich sogar die Gäste auf der Terrasse von Bunterbarts Hotel, Sellins erstem Hotelbau von 1887, beobachten. Der rechte Nachbar von Daheim heißt Villa Sternblick. Deutlich niedriger als alle anderen Häuser steht es von meinem Haupteingang aus gesehen schräg links gegenüber. Rechts daneben ein Garten, dann die Grundstücksgrenze, es folgt wieder viel Garten, der sich links um die Kurve zieht, bis hinter ein paar mächtigen Bäumen ein altes rohrgedecktes Fischerhäuschen in den Blick kommt. Das heißt für mich halbwegs freie Sicht über Obstbäume und grüne Wiesen Richtung Selliner See, den man tatsächlich aus den obersten Frontveranden, vor allem im Winter durch die unbelaubten Bäume sehen kann.
Mein persönliches Fazit: Ich habe einen ziemlich guten Überblick zu allen Seiten hin über einen großen Teil des Ortes. Das Eckgrundstück auf meiner

rechten Seite ist unbebaut, daher schaue ich über die Straße direkt auf das über Eck gebaute Waldhotel, von dem aus gesehen genau gegenüber, auf der anderen Seite der Kreuzung Schwester Hedwig steht, von mir bloß einen guten Steinwurf entfernt.

Villa Sternblick, um 1930

Es fühlt sich wunderbar an, wenn ich tief durchatme. Die warme Sommerluft weht durch meine geöffneten Fenster, und wenn ich meine Ohren spitze und der Wind von Osten weht, kann ich die Wellen des Meeres rauschen hören. Ja, ich kann mich auch umhören. Es gibt die unterschiedlichsten Geräusche um mich herum. Die Fuhrwerke holpern über das bucklige Kopfsteinpflaster. Und es sind viele Fuhrwerke. Überall wird gebaut, und das Material muss an die Bauplätze gebracht werden. Dazwischen immer wieder, ein regelmäßig laut pfeifendes „Huuuuhh hu". Ich habe ein Weilchen gebraucht, bis ich rausgefunden habe, was das ist. Es ist das Warnsignal der Kleinbahn, wenn sie die Straße kreuzt oder in einen Bahnhof einfährt. Sellin hat gleich zwei davon: West und Ost. Seit sieben Jahren ist Sellin an das Kleinbahnnetz angeschlossen. Eine echte Errungenschaft. Da hat der Herr Ohnesorge ja richtig Glück gehabt, dass er, einmal von Bergen in Putbus angelangt, von dort aus in nur einer Stunde hier war und nicht wie früher zwei Stunden mit dem Fuhrwerk einplanen

musste. Er war es übrigens höchst selbst, der mächtig für den Bau der Schmalspurbahn geworben hat, für die Fritz einige Aktien hält. Ich höre die Melodie des Regens auf meinem Dach, das Wiehern der Pferde im Stall und die zwitschernden Mehlschwalben, die an viele Hauswände ihre Nester geklebt haben. Hoffentlich finden sie auch zu mir. Das bringt Glück. Ich höre nicht nur die Stimmen von Familie Töllner innerhalb meiner etwas mehr als vier Wände, sondern der Wind trägt mir über die Dächer und Gärten der anderen Häuser außerdem den neuesten Tratsch und Klatsch und Wichtigkeiten durch Fenster und Türen.
Und wie ich da so stehe, taufrisch in die Welt gebaut, werde ich fotografiert. Ein sehr stolzer Moment für mich, aber besonders für die Familie. Schick angezogen, Otto und Fritz im feinen Anzug, reiht sich die Familie mit zwei Angestellten entlang der Mauer hinter dem Geländer auf. Der Fotograf steht auf der anderen Straßenseite an der Grundstücksgrenze der Villa Sternblick. Er nimmt mein Porträt schräg von der Seite auf. So kommen wenigstens alle und alles drauf. Sogar die Giebelbretter sind mit Schnitzereien verziert. Vom höchsten Punkt der Giebel ragt jeweils eine Art hölzerne Spitze empor.

Villa Helene um 1903

Und dann dieser trubelige Umzug. Was für eine Aufregung. Möbel, Wäsche, Küchenutensilien, vom Fuhrwerk geladen, unter mein Dach und viele Fächer gebracht. Langsam findet ein jedes Ding seinen Platz. Irgendwann kehrt eine Form von Ruhe ein, wobei die Töllnersche Ruhe vielmehr eine geschäftige Ruhe ist. Irgendetwas ist eben immer zu tun. Tag für Tag gewöhnt sich die Familie an ihr neues Zuhause. Und ich mich an sie. An ihr norddeutsches Platt, ihre Stimmen, ihre Schritte, ihre Eigenarten, ihr Lachen. Sie haben sich zunächst auf die Zimmer im Erdgeschoss verteilt. Gleich rechts hinter dem Haupteingang im ersten Zimmer steht der Sekretär von Fritz. Da wird der Papierkram auch dann noch erledigt, wenn er den lieben langen Tag mit seinen Angestellten geackert hat. Aber die Schufterei ist dringend nötig. Es muss wieder mal Geld in die Kasse. Ein Glück, die Fleischerei kommt sofort in Gang, die Kunden ziehen mit, denn der neue Laden ist ja bloß ein paar Schritte vom alten entfernt. Das Schlachthaus ist bereits in Betrieb. Fritz benachrichtigt ergebenst das zuständige Amt im September, dass sein Schlachthaus fertiggestellt ist und sich die Kosten auf annähernd 2.000 Mark belaufen. Herr Ohnesorge ist laut Aktennotiz der Ansicht, dass die Angaben richtig sind. 2.000 Mark allein für das Schlachthaus. Das entspricht übrigens Pi mal Daumen 1.200 kg Rindfleisch oder 40.000 Heringen.
Aber nicht nur Fritz arbeitet unermüdlich, alle müssen mit anpacken. Marie im Garten, sie pflanzt und erntet, steht am Herd, kocht Johannisbeergelee ein und kümmert sich um die Kinder. Die werden hart rangenommen, das ist vollkommen normal und selbstverständlich. Hedwig ist äußerst patent und tüchtig. Sie hat soeben die Volksschule beendet und ist mit ihren 14 Jahren schon ein kleines Fräulein. Otto muss ein weiteres Jahr absolvieren. Er ist 13 und geht gemeinsam mit dem zwei Jahre jüngeren Fritz und der neunjährigen Schwester Lene in die Schule nach Altensien. Dieser Ortsteil liegt allerdings auf der gegenüber liegenden Seite des Selliner Sees, den sie zu Fuß somit halb umrunden müssen, bis sie über einen Holperweg das Schulhaus erreichen. Eine knappe Stunde sind die Kinder da auf den Beinen. Für Lenchen ist dieser lange Weg schwierig zu bewältigen, denn sie ist für ihr Alter sehr klein. Zwar sind die Geschwister ebenfalls nicht besonders groß, trotzdem, die Eltern machen sich Sorgen. Vor allem jetzt in der kalten Jahreszeit, wenn es nass und später eisig wird, ist das für die Kinder nicht einfach.
Wenn die Tage kurz und die Nächte lang werden, sind die Sommerfrischler mit den Schwalben längst verschwunden. Haben die Kleinbahn oder

das Schiff bestiegen und sind in alle Himmelsrichtungen buchstäblich abgedampft. Stettin, Berlin, Leipzig, München. Zurück bleibt die Stille nach dem Sommer. Der Ort dreht sich wieder um sich selbst, die Menschen haben mehr Zeit füreinander, Nachbarn besuchen sich gegenseitig, oder man geht auf ein Bier in eine Gaststätte. Der normale Alltag zieht um und in die Häuser. Wie zu mir. Die Frauen sitzen über Handarbeiten. Die Fleischerei pulsiert geruhsamer als im Sommer, aber sie pulsiert. Zum Glück. Sie ist das wirtschaftliche Rückgrat der Familie. Das finanzielle Herz. Die mit Fleisch beladenen Fuhrwerke rumpeln regelmäßig vom neuen Schlachthaus auf den Hof. Abladen, verwerten, verwursten, verkaufen. Von einem Tier bleiben am Ende weiter nichts als Hufe, Horn und Haut übrig. Für die Häute kommen die Händler. Fritz bildet Gesellen aus, er kann jede Hand gebrauchen. Völlig klar, dass Otto mithelfen muss. Sein beruflicher Weg ist längst vorgegeben, er soll als ältester Sohn natürlich den väterlichen Betrieb einmal übernehmen.

Der Winter. Regen. Es fegen Stürme über das Land. Ich kann die Ostsee so laut wie nie rauschen hören. Insbesondere Silvester 1904. Da grollt sie ausgesprochen mächtig, und die Wellen fegen diverse hölzerne Badeanlagen und die Milchhalle vom Strand. Fischer können viel vom begehrten Trümmerholz bergen. Es wird früh dunkel. Bereits um vier müssen die ersten Petroleumlampen angezündet werden. Eine solche Lampe war es, die vor vier Jahren in der neu erbauten Möller'schen Konditorei in der Wilhelmstraße explodierte und einen verheerenden Brand auslöste. Seither muss, vom Gemeindevorsteher Hermann Holtz dazu verpflichtet, jeder Hausbesitzer verschiedenste Gerätschaften unterhalten. Eine Feuerleiter, einen tauglichen Feuereimer, einen Feuerhaken von 5 m Länge und eine gut verschlossene Laterne. Die haben wir auch. Zudem steht Fritz seitdem auf einer Liste und bekundet damit seine Bereitschaft zur aktiven Mitarbeit bei der Gründung einer Freiwilligen Feuerwehr. Man trifft sich, man trinkt Bier, nur Fritz und seine Angestellten warten zurzeit vor allem auf das Eis. Sinken die Temperaturen unter Null, friert zunächst der Selliner See zu. Er ist zwar mit der Ostsee verbunden, aber es gibt dort keinen Wellengang und keine starke Strömung. Gut für das Eis. Gut für den Eiskeller. Gut für die Fleischerei. Das Eis wird meist von den Fischern in Platten herausgesägt, auf das Fuhrwerk geladen, und dann fahren tagelang die Eisladungen auf den Hof, wo die Gesellen die wertvolle Fracht im Eiskeller verstauen. Es ist ein beruhigendes Gefühl, wenn er voll ist. Alles ist vorbereitet, der Sommer

kann eigentlich kommen. Aber zunächst muss der Schnee schmelzen. Wenn durch die kahlen Bäume die erste wärmende Sonne strahlt, verwandelt sie den Waldboden in ein Meer von Buschwindröschen. Dicke Teppiche aus Tausenden weißer Blütensternen liegen zwischen den Buchen aus. Und an den besonders sonnigen Stellen erscheinen die blauen Nester der Leberblümchen. Ich selbst kann das gar nicht sehen, aber die Mädchen pflücken Blumensträußchen.
Überhaupt sind sie alle, wo es bald auf Ostern zugeht, ziemlich aufgeregt. Otto muss zum letzten Mal den langen Schulweg nach Altensien antreten. Seine Schulzeit ist beendet. Am 14. April ist Ottos 14. Geburtstag, und er wird in diesem Frühling konfirmiert. Ein bedeutender Tag für ihn, durchschreitet er nun das Tor zum Erwachsensein. Mit Anzug selbstverständlich.
Zu dieser Feier, wie zu jedem anderen Kirchgang, muss die Familie allerdings erst einmal ins fünf Kilometer entfernte Lancken. Dort steht seit Jahrhunderten die Backsteinkirche mit dem viereckigen Turm auf einer Anhöhe. Den Sellinern läuten hier die Glocken für ihre Feste, hier werden sie beerdigt. Mit der Konfirmation ist die Kindheit vorbei. Jetzt beginnen die Lehrjahre bei seinem Vater. Und die werden für ihn vermutlich keine Herrenjahre werden. Fritz ist ein strenger Lehrer, der penibel darüber wacht, dass die Güte der hergestellten Waren erstklassig ist, und von seinem Sohn verlangt, diesen hohen Standard beizubehalten.
Dann steigt so langsam die Spannung. Im Haus, im ganzen Ort. Die Saison steht vor der Tür. Wann treffen die ersten Gäste ein? Wie viele werden es sein? Werden sie uns finden? Werde ich ihnen gefallen? Die Zimmer sind hergerichtet, die Betten bezogen, die Krüge für die Waschschüsseln mit Wasser gefüllt, auf dem Abort liegt in Stücke geschnittenes Zeitungspapier. Der Pensionsbetrieb liegt in den Händen der Frauen. Es ist Marie, die verantwortlich für die Geschäftsführung in diesem Bereich ist und Hedwig und die Hausmädchen an- und einweist. Sie haben alles getan, damit sich die Gäste bei uns wohlfühlen.
Die ersten treffen im Mai ein. Viele fahren mit dem Zug nach Stralsund und steigen dort in eins der Trajektschiffe um, die neben 250 Passagieren weitere drei bis vier Güterwaggons transportieren können. In Altefähr, auf der anderen Seite des Strelasunds, hat der Gast Anschluss mit dem Zug über Bergen und Putbus bis zum Selliner West- und Ostbahnhof, je nachdem wie er sein Gepäck spediert. Großes Gepäck landet in Sellin-Ost; Hotelwagen, Hausdiener und bestellte Fuhrwerke pflegen die Ankömmlinge auf Sellin-

West zu erwarten. Manche schleppen ihre Lederkoffer auch zu Fuß. Nach Sellin schwärmen immer mehr Gäste. 1903 waren es schon 5.220, die sich auf die von Jahr zu Jahr ebenfalls zahlreicher werdenden Logierhäuser verteilten.

Ich finde, bei mir logiert es sich ganz fabelhaft. Wenn die Sonne scheint, frühstücken die Gäste auf dem Balkon. Für den Vormittag können sie ein Proviantpaket mit an den Strand nehmen, Mittagessen wieder bei mir, Kaffee und Kuchen am Nachmittag, und selbstverständlich ein Abendbrot. Die Portionen sind üppig, schließlich sitzen sie für Fleisch und Wurst an einer nicht versiegenden Quelle. Marmeladen und Gelee sind ebenfalls hausgemacht. Die Gesellen und Zimmermädchen werden mitversorgt. Das ist so üblich. Wer hart arbeitet, muss natürlich viel essen. Für die Kinder wird das Leben ein klein bisschen weniger hart, denn in Sellin wird in diesem Jahr gleich um die Ecke ein neues Schulhaus errichtet. Ich freue mich richtig mit für die Kleinen. Es ist wie eine neue Zeitrechnung für sie. Keine beschwerlichen Fußmärsche mehr, sie laufen jetzt nur noch wenige Minuten zur Schule.

Für mich ist der Sommer eine wundervolle Zeit. Diese vielen unterschiedlichen Menschen, die ihre Koffer und Hutschachteln in meinen Zimmern auspacken. Unsere weiblichen Gäste haben oft ein gerade erschienenes Buch dabei. Elizabeth von Arnims „Elizabeth auf Rügen“. Sie verbrachte 1897 und ’98 mehrere Sommermonate auf Rügen, ihr letzter Aufenthalt 1901 inspirierte die gebürtige Australierin zu ihrem Reiseroman. Rügen kommt dabei eigentlich ganz gut weg, von Sellin ist sie offenbar nicht so überzeugt. Das Hotel, in dem sie zu Mittag einkehrte, war überfüllt, die Menschen, die überall herumsaßen, lärmten angeblich wie in einem Papageienhaus im Zoo, das Essen teuer, und unser Glaspavillon, auf den Sellin so stolz ist, fand bei ihr keinerlei Anerkennung:

War es nicht geschmacklos, den herrlichsten Platz von Sellin zu wählen, um seine Schönheit mit einem bunten Glasrestaurant zu ruinieren? Jedoch, da steht er und füllt den umliegenden Wald mit Suppengerüchen. Leute, die wir beim Mittagessen gesehen hatten, tranken bereits Kaffee und aßen dazu Kirschtorte mit einem Berg Schlagsahne auf jedem Stück, als hätten sie seit dem Frühstück nichts gegessen.

Sellin blüht ...

Ich kann dazu nur sagen, Seeluft macht hungrig. Auch bei unseren Gästen. Wenn sie auf den Veranden sitzen und die Mahlzeiten zu sich nehmen oder sich vom geschäftigen Tag erholen, folge ich neugierig ihren Gesprächen. Mitunter muss ich mich anstrengen, sie zu verstehen, manche stammen aus Berlin, andere aus Sachsen. Der eine findet seine Stulle juut, der andere nimmt sich 'ne Bemme mit an den Strand. Und dass ein Himmelmiezel ein sächsischer Marienkäfer ist, na, das habe ich nicht auf Anhieb verstanden. Bei meinen kleinen Lauschangriffen erfahre ich, wie schön Sellin eigentlich ist. Auf der Wilhelmstraße, die als einzige Straße bereits einen Namen hat, lässt es sich offenkundig elegant flanieren. Unter dem Laub der jungen Linden, entlang der weißen Fassaden und Balkone der Villen bis hin zum Hochufer, wo der besagte bunte Glassteinpavillon steht. Nach links und rechts gehen von dort neu angelegte Wege mit Ruhebänken ab, die zum Verweilen einladen. Es muss ein umwerfender Blick sein von dort oben auf die blaue See und den Strand. Da tummeln sich die Gäste. Es herrscht Bekleidungszwang. Also, der Herr in Anzug und Hut, die Dame am Arm des Gatten eingehängt ebenfalls mit großem Hut, hochgeschlossener Bluse

Sellin am Strand 1912

mit Spitzenkragen, sehr langem Rock, vielleicht mit Sonnenschirm. Bloß nicht braun werden, denn vornehme Blässe zeugt davon, dass man nicht arbeiten muss. Mädchen im geplätteten Rüschenkleidchen, kleine Jungs im Matrosenanzug. Manche Urlauber sitzen in Strandburgen, für die eifrige Baumeister stundenlang geschaufelt haben, um das eigene Revier mit einem schicken Sandwall zu markieren, in dem zuweilen außerdem ein Strandkorb thront. Muscheln, Steine, bunte Wimpel, Moos, Kiefernzapfen, es wird akribisch geschmückt und verziert. Einige Gäste trauen sich auf den Holzsteg der Fischer, manche wagen es, hie und da mit den nackten Füßen im Wasser zu laufen. Wassertreten. Das soll gesund sein, hat der eine oder andere gehört. Wirklich Wagemutige begeben sich in die Hände von Masseuren, die in den Warmbädern wirken und walken. Ganz modern, war die Massage erst vor wenigen Jahren durch einen Berliner Orthopäden salonfähig gemacht worden. Um zu den beiden im Bäderstil gehaltenen Warmbädern zu kommen, steigt der Urlauber erst einmal den sogenannten Blitzweg, einen serpentin-gewundenen Pfad, nach unten und anschließend für eine Mark in eine der mit warmem Wasser gefüllten Kupferwannen. Für diejenigen, die das kühle Ostseewasser nicht scheuen, liegt auf der linken Seite des Strandes das Herren- und Familienbad. 15 Pfennig pro Bad, sechs Mark die Saisonkarte, Kinder für die Hälfte. Der Badeneuling kann sich im Ortsprospekt aus dem Jahre 1902 erkundigen, wie man es richtig macht: *Die Dauer eines kalten Seebades soll unter Berücksichtigung von Wasser – Temperatur und Seegang 5-10 Min. nicht überschreiten. Für den Anfang des Badens beschränke man sich auf die Hälfte der Zeit. Kinder und Schwächlinge mögen sich mit einem Aufenthalt von 1-3 Min. begnügen.* Des Weiteren werden insbesondere zarte Konstitutionen davor gewarnt, vor und nach dem Baden lange im kalten Seewind herumzustehen. Für das Sonnenbaden rät der Prospekt, den Körper öfter zu wenden und den Kopf vor direkter Sonneneinstrahlung zu schützen. Apropos geschützt. Am rechten Ende des Hauptstrandes, wo die Boote der Fischer mit netzgefischten Flundern und Heringen anlanden, sollten die Damen hinter den Bretterwänden des Damenbades eigentlich vor den neugierigen Blicken von lustwandelnden Herren sicher sein. Oder eben auch nicht. Der Unglückliche, der es wagte, die um das Damenbad liegende 50 Meter breite Bannmeile vorsätzlich zu ignorieren, womöglich durch ein Astloch gelugt und unter Umständen einen kurzen Blick auf eine hüllenlose Badeschönheit erhascht hatte, findet sich hernach namentlich erwähnt im „Badekurier“ unter der Rubrik *Neuigkeiten* wieder. Da steht dann für alle zu lesen, dass sich Herr Müller, Maier oder Schmidt dem Damenbad ungebührlich genähert hat. Einem Übeltäter, welcher derart peinlich vor der hiesigen Öffentlichkeit bloßgestellt wird, bleibt nichts anderes übrig, als umgehend die Flucht zu ergreifen. In Sellin herrschen freilich Sitte, Anstand und Moral. Genau wie in Sassnitz. Da werden zwei vorwitzige, junge Frauen von den Ortsgendarmen und der Feuerwehr geschnappt, als sie mit einem Feldstecher bewaffnet im Hochufer über dem Herrenbad auf kleiner Entdeckungsreise sind. Sie müssen ebenfalls die Insel verlassen. Aber im „Badekurier" erscheinen nicht nur Berichte über unzüchtige Gäste, nein, es wird werbewirksam angekündigt, wann die Frau Kommerzienrat mit ihren unverheirateten Töchtern Sellin besucht. Das wiederum ruft diverse Interessenten auf den Plan, die ein solches Fräulein gerne umgarnen und unter ihre angemessene Haube bringen wollen. Geschäftig, geschäftlich und heiter geht es zu rund um den Strand, über dem Schwarz-Weiß-Rot die Farben des Kaiserreichs im Treiben der Zeit flattern.

Unter den Gästen sind einige des modernen Reisens einigermaßen unkundig und benötigen fachlichen Rat. In Griebens Reisebüchlein ist bei den praktischen Notizen für Reisende unter der Rubrik Wanderregeln Folgendes zu lesen:

Die Kleidung des Reisenden sei bequem und nicht zu leicht; man trage feste, aber bequeme Stiefel mit kräftigen Sohlen. Wer ein Fernrohr mit sich führt, wird manchen erhöhten Genuß dadurch haben. Ein Regenschirm, der zugleich die Stelle eines Stockes vertritt und gegen die Sonne Schutz bietet, ist bei dem oft wechselnden Wetter zu empfehlen. Badegäste nehmen vielfach Hängematten mit auf die Reise und können dann im Walde an irgendeinem Punkte behaglicher Ruhe pflegen. Den Badegästen empfehlen wir, neben den leichten Sommerkleidern auch wärmere Kleidung im Reisekoffer mitzuführen; denn die Luft am Strande wird besonders gegen Abend plötzlich rauh, und es wechseln mit den heissen Tagen auch recht kühle.

Für Touristen gilt die alte, bewährte Regel: je weniger Gepäck, desto freier und fröhlicher des Reisenden Gemüt; es sollte das Ränzel des Touristen nicht schwerer als 2 bis höchstens 3 Kilogramm wiegen. Man wähle zum Marschieren im Hochsommer die frühen Morgenstunden, ehe die Hitze zu groß wird, und ruhe am Mittag lieber einige Stunden aus, um mit frischen Kräften in den späteren Nachmittagsstunden die Wanderung fortzusetzen. Abends treffe man nicht zu spät in den Gasthäusern ein. Nachtwanderungen sind ganz unratsam; auch gehe man täglich nicht mehr als höchstens 7-8 Stunden.

So exzellent informiert kann ja nicht mehr viel schief gehen. Man schnüre

sich also sein Ränzel nicht allzu schwer und gehe dann mit freiem und fröhlichem Gemüt beispielsweise am oberen Ende der Wilhelmstraße beim Hotel Fürst Wilhelm links herum, am Kaiserhof vorbei, den alten Postweg am Hochufer entlang Richtung Binz. Ein Traum, dieser stille, alte Buchenwald. Selbst an einem heißen Sommertag ist die Luft angenehm kühl. Wer sein Fernrohr aus dem Ränzel zückt, kann vor allem hier immer wieder erhöhten Genuss haben. Die Sicht durch die Bäume hindurch auf die Ostsee muss hinreißend sein. Segelboote schaukeln auf dem Wasser, Dampfer laufen den Sassnitzer Hafen an, dahinter sieht man ein Stückchen der rügenschen Kreideküste. Das Wasser schimmert grün und türkis und soll so klar sein, dass man an einem sonnigen Tag von hier oben bis auf den Grund sehen kann. Auf halbem Weg nach Binz erreicht der Wanderer die allseits beliebte Waldhalle, die, seit der Fürst sie 1887 auf dem Falkenberg nahe des Steilufers erbauen ließ, zu Kaffee und Kuchen einlädt. Oder aber er findet am friedlichen Schwarzen See, einem spiegelnden Waldjuwel, ein Plätzchen für seine Hängematte, um dort behaglicher Ruhe zu pflegen.
Für einen entspannenden Spaziergang am Meeressaum lässt man das Damenbad links liegen und folgt dem nicht aufhören wollenden einsamen Strand Richtung Baabe. Steil ragt das sandige Hochufer empor, an dessen oberer Kante sich der Buchenwald weit vorgewagt hat. Hier ist der Strand ursprünglich und wild, so wie ihn der Winter mit seinen

Damenbad Sellin 1911

Sturmhochwassern hinterlassen hat. Nach etwa zwanzig Minuten erblickt man im seichten Wasser einen auffällig dicken Findling, der hier wohl schon seit Jahrtausenden friedlich ruht und den Beginn des Fischerstrandes markiert. Der Name ist Programm. Hier liegen die Holzboote der Fischer, wenn sie nicht auf dem Meer sind; hier wird die Heringsreuse oder das kaputte Netz repariert und der Fang angelandet. Hecht und Zander, Aal und Barsch, Dorsch und Scholle. Im mildsalzigen Wasser der Ostsee und der Bodden tummeln sich sowohl Süß- als auch Salzwasserfische. Wenn der sommerliche Strandwanderer hier entlangkommt, ist die Saison für den Hering längst vorbei. März, April, Mai sind die Monate, in denen die riesigen Schwärme zum Laichen durch die Ostsee ziehen. Aus der schier unerschöpflich scheinenden Frühlingsspeisekammer des Meeres werden die glänzenden Silberlinge in rauen Mengen gefangen und verwandeln sich zum „Armeleuteessen". Frisch gebraten, geräuchert, sauer eingelegt, gesalzen. Früher für die Putbusschen Fürsten, denn am Selliner Fischerstrand stand von 1816 bis 1854 die Fürstliche Heringssalzerei. Sollte der Spaziergänger bereits ermüdet sein und den Heimweg antreten wollen, muss er zunächst den „weißen Steig", einen steilen Anstieg meistern, bevor er auf einem sandigen Waldweg Sellin wieder erreicht. Oder aber er setzt seinen Spaziergang fort. Das seitliche Ufer wird nun flacher und düniger. In die vorderste Reihe des Buchenwaldes haben sich Kiefern gemischt, die ihren harzigen Duft verströmen und lange Schatten werfen. Hier ist selbst am späten Nachmittag alles in ein tiefes Sonnenlicht getaucht und nicht wie am Hauptstrand, wo das bis zu 60 Meter hohe Hochufer der sinkenden Sonne im Weg steht. In einem sanften Bogen zieht sich die Bucht bis zum Göhrener Nordperd, einer Landzunge, die weit in die Ostsee hineinragt und der östlichste Punkt der Insel Rügen ist. Bis dahin hat der Wanderer eine gute Stunde Fußmarsch, weißen Sand und plätschernde Wellen vor sich. Einige kleine Muschelschalen liegen verstreut, vielleicht zerren Silbermöwen an einer toten Flunder. Schwalben auf Insektenfang jagen in waghalsigen Manövern dicht über den heißen Sand. Dann die Strandkörbe von Baabe. Diese Dinger werden immer zahlreicher, nachdem der Korbmachermeister Herr Bartelmann aus Rostock in den 1880iger Jahren einfache Vorläufer aus Rohr- oder Weidengeflecht weiterentwickelte. Heutzutage sind sie zweisitzig, bequem mit Markisen, Fußstützen und Seitentischchen ausgestattet. Mittlerweile gibt es mehrere Manufakturen, die diese neumodischen Strandmöbel herstellen. Die Miete für den wind-

oder sonnengeschützten Ostseegenuss können sich natürlich allein die besonders gut betuchten Gäste leisten. Von Baabe könnte man mit der Kleinbahn zurück nach Sellin fahren, wer sich noch frisch und kraftvoll fühlt, spaziert weiter bis zur Göhrener Strandpromenade und steigt dort am Bahnhof in den nächsten Zug.
Alle Gäste, denen ich zuhöre, schwärmen ebenfalls sehr vom Jagdschloss Granitz, das auf dem 106 m hohen Tempelberg liegt. Vor allem schwindelfrei muss man sein, wenn man für 20 Pfennig die 154 Stufen der schmiedeeisernen Wendeltreppe im von Schinkel entworfenen Mittelturm emporsteigen möchte. Als Belohnung wartet der möglicherweise schönste Ausblick über die Insel Rügen mit den ausgedehnten Wäldern und dem blau-grünen Zusammenspiel aus Himmel, Wiesen und Wasser. Wer sich bei den Wanderungen übernommen hat oder modernste Kurmethoden auszuprobieren gedenkt, kann dies beim Badearzt in Anspruch nehmen. Wasserheilverfahren, Massage, Elektrizität, Licht- und Luftbäder werden angewendet. Speziell zu diesem Zweck baute Doktor Kruschewsky, der diese Verfahren im Sanatorium Weißer Hirsch bei Dresden gelernt hatte, ein Ostsee-Inselsanatorium und taufte es Burg Rotraut.
Und wer sich den Strapazen von Wanderungen gar nicht erst aussetzen will, mietet für den halben oder ganzen Tag ein Fuhrwerk oder lässt sich mit der Kleinbahn bequem auf direktem Wege nach Baabe, Göhren oder Binz fahren. Binz! In Binz können die Herrschaften auf einer Uferpromenade flanieren. Auf der einen Seite Strand und Wasser, auf der anderen die Villen. Noch höher, noch prächtiger, noch mondäner. So erzählen sich die Gäste. Und der lange Strand fast bis nach Sassnitz. Kilometerlang. Kein Hochufer, keine Treppen. Das hört sich wahrlich sehr verlockend an. Ich weiß nicht, ob ich bei so viel Lobgesang eifersüchtig werden muss. Würde ich lieber in Binz stehen, wäre ich lieber am elegantesten Puls Rügens? Es keimen Zweifel auf. Aber nicht lange. Ich beruhige mich wieder, als ich höre, dass Sellin zwangloser und gemütlicher sei. Nicht so teuer, vor allem wenn man als Familie unterwegs ist. Allein die Kurtaxe! In Binz kostet sie pro Person 4,50 Mark, in Sellin nur 1,50. Ab vier Personen zahlt man in Binz 12 Mark, bei uns dagegen vier Mark. Manches wirkt auf mich ein bisschen überkandidelt. Das Hotel Zum Goldenen Löwen wirbt zum Beispiel mit *Kleine Diners à part von 12 Uhr ab*, oder Perlberg's Hotel annonciert *prompte und coulante Bedienung*. Na, was denn sonst! Da lobe ich mir doch das gute „Fürst Wilhelm".

Unser nach wie vor größtes Hotel bewirbt seine vielen Rosshaarmatratzen und erwähnt ansonsten in seiner Anzeige billige Preise, billige Touristenzimmer und den Fernsprechanschluss Nr. 1. Was das Telefon anbelangt, hat Fritz flott reagiert: Wir haben die Nr. 14. Ich finde, wir haben allerhand zu bieten. Sellin zum einen, und ich als Haus zum anderen. Die Gäste sind zufrieden, fühlen sich wohl bei uns, wollen wiederkommen.

Ortsplan von Sellin um 1930

... UND BEKOMMT EINE SEEBRÜCKE

Und sie kommen wieder in den nächsten Sommern und finden ein Sellin vor, das sich von Jahr zu Jahr weiter verändert. Anfang des Jahres 1906 macht eine sensationelle Nachricht die Runde. Wir bekommen eine Seebrücke! Unglaublich, was für eine Neuigkeit. Für die Fischer gab es zwar am Hauptstrand bereits einen kleinen Landungssteg, der für die großen Bäderdampfer überhaupt nicht geeignet war. Die ankerten mit ihren bis zu 1.200 Passagieren an Bord weiter draußen, das Ausbooten und Anlanden der Gäste übernahmen bisher stets die Fischer, was auf Dauer keine brauchbare Lösung sein konnte. Zu unsicher, zu wackelig die ganze Angelegenheit, denn nicht immer ist das Meer ruhig und glatt. 1900 ertranken acht Menschen, als das Segelboot eines Fischers kenterte. Man überlegte sogar, den Selliner See ausbaggern zu lassen. Auf Grund der geschützteren Lage gibt es dort keinen hohen Wellengang, und man könnte die Urlauber dort hoffentlich ohne Probleme an Land bringen. Dieses Projekt blieb jedoch ohne Abschluss. Die erste Versuchsbrücke wurde 1901 vom alten Fürsten beschlossen, allerdings war dieser Steg nicht zu gebrauchen. Im März 1906 ist es soweit. Der Bau einer richtigen Seebrücke beginnt. Bergungsdampfer mit Pfählen treffen ein, die schon Ende April bis vor zum Brückenkopf eingerammt sind und bereits im August kann die

Restaurant am Brückenkopf

Seebrücke feierlich eröffnet werden. Aus den Erzählungen der beeindruckten Gäste erfahre ich, wie ich mir das vorzustellen habe. Mit dem Dampfer geht es in rund sieben Stunden von Stettin-Swinemünde über Usedom nach Sellin, von Greifswald dauert es mit dem Ausflugsdampfer drei Stunden. Anschließend wird am Brückenkopf gelandet und ausgestiegen. Wenn der Wellengang nicht zu hoch ist. Dann muss allerdings der neue Sassnitzer Hafen angefahren werden. Mit zehn Pfennig Brückengebühr ist man dabei. Wer will, kann hier gleich in einem Restaurant seinen ersten Kaffee trinken oder promeniert über 500 Meter die Brücke entlang, die am Ende durch eine Halle mit diversen Geschäften führt. Andenken, Bernsteinschmuck, ein Fotoatelier mit den neuesten Aufnahmen der Gäste und sogar einen türkischen Händler mit Mosaikarbeiten gibt es hier. Auf der anderen Seite der Verkaufshalle führt die Brücke über den Strand bis zur Himmelsleiter, dem gerade gebauten Aufstieg mit knapp 100 Stufen zum luftigen Hochufer hinauf. Ohne Aufzug kann das ganz schön anstrengend sein, wobei die Treppe von vier Plattformen unterbrochen ist, an deren ausgebuchteten Seiten jeweils eine Bank steht. Der erschöpfte Urlauber kann sich dort erholen und wieder zu Luft kommen oder einfach die einmalige Aussicht genießen. Die Seebrücke ist das Wahrzeichen des Ortes, aber das ist noch nicht alles, was sich in diesem Jahr verändert. Eine eigene Zentrale sorgt ab sofort für elektrifiziertes Licht, und unweit des Hochufers entsteht zudem ein Gemeinde-Warmbad. Hier befinden sich bald das Büro der Gemeinde und eine Wohnung für den Gemeindevorsteher im ersten Stock. Für das Wohl des werten Gastes sorgten ein Warte- und Lesezimmer und zusätzliche 14 Warmbadezellen. Das hierfür benötigte Wasser kommt mit Hilfe langer Pumpleitungen direkt aus der Ostsee. „Mare sanat" – das Meer soll heilen. Wer sich in eine der kostbaren Wannen legen möchte, kann jetzt die neue Fürst-Franz-Allee entlang promenieren, die parallel zur Wilhelmstraße angelegt wurde. Ja, die Stimmung ist in diesem Jahr unwahrscheinlich. Auf der anderen Seite des Atlantiks versinkt im April die Welt in San Francisco bei einem Erdbeben zuerst in Schutt und dann in Asche; hier wird an allen Ecken und Enden geplant, gebaut und eröffnet. Große Villen entstehen, tragen edle Namen wie Freya und Odin, Nordische Gottheiten haben im Augenblick Hochkonjunktur. Neben den hohen, mehrstöckigen Häusern wirkt das kleine skandinavische Blockhaus Finja von 1906 nahezu ein wenig verloren, aber der Bauplan für den Ort ist eben nicht einheitlich. Die Urlauberzahlen steigen unaufhörlich weiter, neue Geschäfte öffnen ihre

Pforten. Die Luft schwirrt mit Musik und Gelächter. Buntes Leben überall. Die Kurkapelle spielt hin und wieder am Strand, die Gäste verlustieren sich bei Gesellschaftsabenden, den beliebten Réunions. Die Geschäfte sind bis spät in die Nacht geöffnet, die Bier- und Weinstuben gut gefüllt, und die Wahrscheinlichkeit, dass in den Restaurants ein Würstchen, Steak oder der Kalbsbraten auf dem Teller eines Gastes von Fritz Töllner stammt, ist groß. Seit seiner ersten Idee, hier mit einer Fleischerei etwas werden zu können, sind ein paar Jahre vergangen, und aus der Saat ist eine robuste Pflanze geworden. Fritz Junior ist 15, Lene 13, daher betrifft ihn die Verabschiedung eines Kinderschutzgesetzes nicht mehr, das von nun ab verbietet, die eigenen Kinder unter 12 Jahren in gewerblichen Betrieben arbeiten zu lassen. Außerdem, wer überprüft schon den Unterschied zwischen helfen und arbeiten? Die Fleischerei steht ausgezeichnet da, selbst in den kalten Wintern, wo sich die Dunkelheit über Meer und Land legt, Stürme und Eis an den Küsten zerren. Die Teller sind gefüllt. Vorbei die Zeit, als sich der Patriarch die Wurst aufs Brot strich und die Kinder lediglich die Pelle zum Ablutschen bekamen. So kann es eigentlich weiter gehen.
Das Leben des alten Fürsten allerdings geht nicht weiter. Er stirbt 1907. Seine älteste Tochter, Marie von Veltheim, geb. Reichsgräfin von Wylich und Lottum, wird die Nachfolgerin. Eine Fürstin also. Den Posten des Amtsvorstehers des Amtes Lancken übernimmt sie nicht von ihrem Vater, den erhält Hermann Holtz, der bereits seit Jahren als Dorfschulze die Zügel des Ortes fest in der Hand hält und ihn geschickt lenkt. Genauso alt wie Fritz ist er ein Mann mit Weitsicht und Visionen. Ein Motor, der Entwicklung und Wandel anschiebt. Es war Hermann Holtz, der den Bau der Seebrücke und des Gemeinde-Warmbades maßgeblich vorantrieb und das Gelände rund um Sellin ankaufte. Er zieht in die neue Wohnung im ersten Stock des Gemeinde-Warmbades ein.
Unsern Otto hingegen zieht es in die Ferne. Er geht auf große Wanderschaft hinaus in die unbekannte Welt jenseits von Rügen. Mit dem Gesellenbrief in der Tasche, unverheiratet und schuldenfrei. So sieht es das Regelwerk vor. Also wird der lederne Ranzen gepackt. Otto wird lange unterwegs sein. Drei Jahre und ein Tag sind üblich, 50 Kilometer rund um den Heimatort tabu. Da fällt allen der Abschied schwer. Möge Gott Otto beschützen und ihn gesund zurückkommen lassen. Dann ist er aus der Tür, und ich kann ihn nicht mehr sehen. Es wird überhaupt stiller im Haus. Sohn Fritz fliegt nach dem Realschulabschluss aus dem Nest. Er landet in Berlin und

macht eine Ausbildung zum Buchhalter. Ottos lange Wanderung führt ihn von der Insel quer durch deutsche Landen, vom Harz bis nach Sachsen. Ungefähr ein halbes Jahr arbeitet er in verschiedenen Fleischereien. Kost und Logis sind der Lohn, in erster Linie erkundet er allerdings bei seinen neuen Meistern die Welt der regionalen Fleisch- und Wurstspezialitäten. Wie wird hier gewürzt, geräuchert und gepökelt? Er lässt sich von den jeweils heimischen Traditionen, Verfahren und Geschmäckern inspirieren. Der allerletzte Schrei in Sachsen ist es, seine Wurschtbemme mit einem Aufschnitt zu belegen, in dem Pistazien sind. Wenn Otto weiterzieht, sind die besten Rezepte und das Wanderbuch wieder in seinem Lederranzen verstaut.

Auch im Außen entwickelt sich meine Welt weiter. Ich bin sehr gespannt, als 1909 das Eckgrundstück auf meiner rechten Seite bebaut wird. Wer wird mein neuer Nachbar? Burg Walhalla soll das Haus heißen, das gar nicht wie eine Burg aussieht. Aus den Fenstern der eröffneten Bäckerei strömt der Duft nach Hefe und frischem Brot bis zu mir hinüber.

Burg Walhalla

Wir sind ein hervorragendes Gespann. Sofort floriert auf der Grundstücksgrenze hinter meinem Rücken der kulinarische Tauschhandel. Die Bäckergesellen haben Süßes zu bieten und große Lust auf Herzhaftes. Von

hüben nach drüben wandern Schinkenreste und die frischen Abschnitte der Blechkuchen. Welch köstliche Allianz.
So, wie diese Baulücke geschlossen wird, wurden und werden in den kommenden Jahren weitere Grundstücke in der Wilhelmstraße sowie in der Fürst-Franz-Allee oder den Querstraßen zwischen diesen beiden Achsen mit Häusern bebaut. Ein jedes sieht etwas anders aus. Es entstehen Villen mit und ohne Türmen, schmiedeeisernen Balkonen, Holzveranden mit unterschiedlichen Schnitzereien oder umbauten Loggien, Eingangsportalen mit und ohne Säulen. Beim Haus Vergissmeinnicht beispielsweise sind sogar die Balkone säulengestützt. Jedes Haus ein Einzelstück. Bäderarchitektur ist kein einheitlicher Stil, sondern sehr individuell. Wie die Namensgebung. Eine Helene gibt es natürlich nur einmal. Ein Haus wird gern nach dem Namen der Gattin des Erbauers benannt. Anna, Cäcilie, Li, Käthe oder Bertha verewigen sich. Einige wenige Männer wie Johannes-Horst, Max, Willy und Gustav-Adolf, der alte Schwedenkönig, schaffen es als Schriftzug auf eine Fassade. Als Otto nach seiner Gesellenwanderung endlich wieder heimatlichen Boden betritt, muss er sich in seinem alten Sellin erst einmal neu zurechtfinden, so viel hat sich in der Zwischenzeit verändert. Das Hochufer selbst zieren jetzt Villa Rex und Hotel Seeschloss. Die Wilhelmstraße und ihre Seitenstraßen werden durch die Neuankömmlinge Miramar, Borussia, Glückauf, Delphin, Möwe, Nordstern und Meeresgruß weiter komplettiert, so manches Haus umbenannt. Das Hotel Fürst Wilhelm heißt neuerdings Kurhaus, die ehemalige Villa Holtz nennt sich nun Vineta. Viele Häuser, viele Zimmer, viele Betten, die nicht allein für die Sommerfrischler bestimmt sind, sondern auch von denjenigen gebucht werden, die sich von ihrem Ostseeaufenthalt eine gesundheitliche Erholung versprechen. Die anregende Seeluft soll ja alles Mögliche heilen können. Jedes Jahr gibt Sellin einen Badeprospekt heraus, in dem 1910 unter anderem steht, wofür genau das Reizklima förderlich ist:
Bei Frauenkrankheiten nach Überwindung des entzündlichen Stadiums, bei Menstruations-Anomalien auf der Grundlage von „Bleichsucht und Blutarmut“, bei Neigung zu Fehlgeburten infolge einer gewissen Muskelschwäche im weiblichen Generationsorgan.
Aha. Ich wundere mich, dass in diesem Prospekt zu lesen ist, worüber man in der Öffentlichkeit eigentlich nicht zu sprechen wagt. Zu Menstruationsanomalien und Fehlgeburten kann ich gar nichts sagen. Die Bleichsucht wiederum ist scheint‘s eine Erkrankung, bei der die Betroffenen

auf Grund von Eisenmangel eine blasse Gesichtsfarbe haben. Da bei uns genug Eisen in Form von Fleisch und Wurst auf den Tellern liegt, ist von den Töllners bislang keiner von der bösen Bleichsucht heimgesucht worden. Tatsache ist, egal ob aus medizinischen Gründen oder weil sich die Menschen einfach nur erholen wollen, es besuchen mehr und mehr Gäste Sellin. Ein Grund für die stetig steigenden Besucherzahlen dürfte sein, dass es hauptsächlich im Bürgertum in Mode kommt, mit oder ohne Familie in die Ferien zu fahren. Und die haben scheinbar das nötige Kleingeld. Je nach Ausstattung kosten die Zimmer mit Vollpension bei Töllners zwischen 25 und 35 Mark pro Woche, die Kammern sind für zehn Mark zu haben.

Sommer für Sommer stehen in Sellin mehr Übernachtungsmöglichkeiten zur Verfügung. Schon seit Jahren belegen gegenüber der jeweiligen Vorsaison ungefähr 1.000 zusätzliche Urlauber die neuen Zimmer. Vor 20 Jahren waren es gerade mal 400 Gäste, zurzeit sind wir bereits bei über 10.000 angelangt. Das bringt zwar gehörig Geld in die Kassen, schafft in anderen Bereichen einige Probleme, denn zum Beispiel möchten auch im Urlaub die Gläubigen gerne zur Kirche gehen. Bloß wohin, wo Sellin keine Kirche hat? Fünf Kilometer nach Lancken sind zum einen schlicht zu weit, zum anderen wäre die kleine Backsteinkirche für die vielen Besucher zu klein. Und wo sollen die immer zahlreicher werdenden Katholiken hin, die unter der einheimischen Bevölkerung eher Seltenheitswert haben? Deren Gottesdienste finden nämlich momentan unter Beaufsichtigung eines Polizisten in verschiedenen Hotelräumen statt. Das kann ja auf Dauer nicht

Waldkirche

die Lösung sein. Was Sellin zu bieten hat, ist eine Waldkirche. Unter alten Buchen steht neben vielen Bänken eine überdachte Kanzel, dazu ein Kreuz aus lichtem Birkenholz. Traumhaft schön bei Sonnenschein. 500 Menschen können sich in der Blätterkathedrale zusammenfinden.
Welche Lieder gesungen werden sollen, kann man den Holztäfelchen entnehmen, die an den Stämmen der Bäume angebracht sind. Begleitet wird der Gottesdienst von einem Kinderchor. Das ist im Sommer eine tolle Sache, aber Hermann Holtz weiß, dass es so nicht bleiben kann. Als bereits Pläne zur Errichtung einer katholischen Kirche vorliegen, hat die Fürstin ein Einsehen, und stellt der Gemeinde ein Grundstück für den Bau einer evangelischen Kirche zur Verfügung, die dann Dank zum Teil überaus großzügiger Spenden gebaut wird. Eine Witwe spendet ungelogen 14.000 Mark. So bekommt Sellin zwei Kirchen. 1912 die katholische Maria Meeresstern auf der anderen Seite des Ortes nahe der Seebrücke, und 1913 die evangelische Gnadenkirche direkt bei mir ums Eck. Für uns in Sellin ist es ein gutes Jahr, Binz dagegen erlebt ein tragisches Unglück. Der 28. Juli 1912 ist ein warmer Sommertag. Himmel und Menschen sind beim Pferderennen, flanieren auf der Promenade oder der Landungsbrücke, wo viertel nach sechs der Ausflugsdampfer „Kronprinz Wilhelm“ anlanden soll. Ob der Dampfer nun einen Brückenpfosten rammt oder sich einfach zu viele Personen auf der Plattform befinden, kann letztendlich niemand mehr genau sagen. Plötzlich bricht ein etwa zehn Meter langes Brückenteil ein. Über 100 Menschen fallen ins tiefe Wasser. Viele können sich selbst retten. Andere können aber gar nicht schwimmen und müssen von Matrosen und Offizieren der vor Binz ankernden Linienschiffe in Boote oder an den Strand gezogen werden. Held des Tages wird Richard Römer, Sergeant eines Garderegiments, der ohne Urlaubsschein und Genehmigung die Kaserne unberechtigterweise verlassen hatte, sich mutig seiner Jacke und Säbel entledigt und 12 Menschen das Leben rettet. Für einige Frauen allerdings werden ihre Korsette und bauschig-langen Röcke zum tödlichen Verhängnis. Am Ende zählt man 17 Tote, darunter auch Kinder. Es ist schrecklich. Man ist sich einig: So etwas darf nie wieder passieren. Ausgebildete Rettungsschwimmer werden gebraucht. Daraufhin gründet sich in Leipzig 1913 die Deutsche Lebens-Rettungs-Gesellschaft, kurz DLRG. Trotz seines Ungehorsams bekommt Richard Römer mit fünf anderen Marineangehörigen vom Kaiser persönlich die Goldene Rettungsmedaille am Bande umgehängt.

Blick in die Granitzer Straße um 1908

Sellin entwickelt sich derweil zügig weiter. Mittlerweile haben ja nicht nur die Häuser, sondern ebenfalls die Straßen Namen. Ich bin ab jetzt Granitzer Straße 47, und beide Straßenseiten werden mit kleinen Linden bepflanzt. Glück gehabt. In der Hauptstraße, an die ja meine Schwester Hedwig angrenzt, mussten für die Verbreiterung der Bürgersteige Straßenbäume und Teile der Vorgärten geopfert werden. Dank Hermann Holtz geht der Fortschritt sogar noch weiter. Ein Wasserwerk mit Kläranlage entsteht, Wasserleitungen und Rohre für die Kanalisation werden verlegt. Das neue kaiserliche Postamt steht gleich am Anfang der Wilhelmstraße. Ein schöner Rücken kann ja bekanntlich auch entzücken, aber leider versperrt es mir nun, gemeinsam mit der Hinteransicht der Villa Miramar, die Sicht auf die hübsche Front der Villa Waldfrieden. Nur ein winziges Stückchen des Turms kann ich erhaschen. Schade eigentlich. So manch eine Weiterentwicklung bringt eben eine Schattenseite mit sich. Eine Sonnenseite ist für Sellin aber in jedem Fall das neue Spritzenhaus, für das sich nach langem Hin und Her endlich ein Platz findet, und somit Feuerspritze und Wasserwagen untergebracht werden können. Die lokalen Bösewichte müssen sich nun nicht mehr ganz so warm anziehen, denn es gibt dort für sie zwei beheizbare Arrestzellen.

Die Welt steht Kopf. Krieg!

Ich werde allmählich älter und gewöhne mich über die Zeit an den Rhythmus des Jahres. Nach einem quirligen Sommer wird es nach und nach immer stiller. Als würde das Herz Sellins langsamer klopfen. Weniger Menschen auf den Straßen, weniger Fuhrwerke, nur vereinzelte Gäste in den Zimmern. Im Garten wird geerntet, das Obst gelagert und eingekocht. Der Ort gehört allein sich selbst. Und der Natur. Dem entfernten Brausen der See, dem Rauschen des Windes durch die Wipfel der Bäume, dem Rufen der Kraniche. Dann dauert es nicht mehr lang, bis der erste Schnee fällt und die Geräusche auf der Straße verschluckt, und meine dicken Außenmauern die behagliche Wärme des prasselnden Ofens vor dem Frost schützen. Der Winter atmet ruhig und tief. Vor allem wenn der Eiskeller einmal befüllt ist. Im Laden ist im Vergleich zum Sommer kaum was los. Keine Hotels und Restaurants, die zu beliefern sind, aber viele Selliner kaufen ihren täglichen Bedarf an Fleisch, Schinken, Wurst und Speck bei uns. Fleischer Peters hat sein Geschäft am Ortsausgang, und so kommen wir uns nicht ins Gehege. Die Menschen hier brauchen den winterlichen Frieden zur eigenen Erholung. Die Haupternte ist im Rummel der Saison eingefahren worden. Jetzt kann man mal länger schlafen oder der Verwandtschaft einen Besuch abstatten. Wenn die Märzsonne die letzten Schneereste schmelzen lässt und die Buschwindröschen ihre Köpfe durchs alte Laub recken, öffnen sich wieder die Fenster und Türen der Häuser. Ich höre es klappern und hämmern. Überall wird ausgebessert. Ich kann Farbe riechen. Der nasse Wind der Winterstürme hat die Holzveranden abblättern lassen. Alle drei Jahre muss so ein Balkon gestrichen werden, damit er wieder weiß glänzt. Und in den Gärten tut sich was. Marie, Hedwig, Lene und die Hausmädchen wuseln durch die Beete und richten den Vorgarten her. Die Vorbereitung auf die Saison hat Fahrt aufgenommen. Meine Fremdenzimmer erwachen aus dem Winterschlaf. Die Betten werden geschüttelt und gelüftet, die Böden gewischt, die Ablagen entstaubt. Frühjahrsputz. Sellin putzt sich für seine Gäste innen und außen. Der Puls und die Anspannung steigen. Und wenn dann der Kuckuck aus der Granitz ruft, sind die Gäste nicht mehr weit. Der Frühling atmet schnell, während im Sommer die Gastgeber regelrecht nach Luft schnappen. Für sie selbst bleibt kaum Zeit für die Dinge, mit denen sich die Feriengäste neben dem Strandspaß ihre Urlaubswochen vertreiben. Am Brückenkopf spielt die Kurkapelle mehrmals wöchentlich auf. Mit 10

Pfennig ist man dabei. Im Herren-, Familien-, und Damenbad tummeln sich die Badevergnügten. Die Herren können auf den an Holzwände gepiekten Zetteln lesen, dass sich Sellin judenfrei halten soll. Sie spielen Tennis, gehen zu Theater- und Operettenaufführungen. Da stehen „Der Fidele Bauer“ und „Charleys Tante“ auf dem Programm. Oder soll‘s nicht doch der Wilhelm-Busch-Abend sein? Für Kinder gibt es Puppentheater. Sie halten sich dank der Kurtaxe in eleganten Rauch-, Schreib- und Spielzimmern auf oder schippern mit einem Bootsführer auf der Ostsee herum. Das übernehmen für eine Mark die Stunde gerne die hiesigen Fischer. Das Zubrot ist ihnen sehr willkommen. Im Kurgarten lauschen die Gäste Freikonzerten, die bei Regen in den schönen Räumlichkeiten des Kurhauses genossen werden können. Die Glasveranden anderer Hotels entlang des Hochufers sind bei Wind und Wetter beliebt. Vielleicht hat man Lust auf einen kleinen Bummel durch die Geschäfte und Verkaufsstände. Andenken, Muscheln, Postkarten, frische Flundern. Wer möchte, kann sich ablichten lassen. Es sind viele Fotografen unterwegs, die einen flüchtigen Augenblick des Sommers als Erinnerung festhalten. Bereits am Abend sind die Abzüge fertig. Es locken das Kaufhaus „Ernst Paulsen“ mit Modewaren, Konfektion, Stoffen und Badeartikeln, oder das Kolonialwarengeschäft, das in unseren ehemaligen Fleischerladen in die Villa Hedwig gezogen ist; feinste Konfitüren gibt’s bei Bardelebens. Die Restaurants haben an den Straßenbäumen ihre Speisekarten befestigt. Heringe sind schon für 75 Pfennige zu haben, aber auch Aal blau, ein halbes Huhn, Krebssuppe und gefüllter Weißkohl laden zum Essen ein. Dazu bestellt sich der werte Gast gern ein gepflegtes fränkisches Sandlerbräu. Oder doch einfach nur im belaubten Schatten einer Bank am Hochufer sitzen, Thomas Manns neuesten Roman „Tod in Venedig“ lesen, den Kopf ab und an heben und auf die stille, blaue Weite blicken. Was die Welt bewegt, steht in der Zeitung, und die wird überall verkauft, gelesen und diskutiert. Wer in diesen Jahren Urlaub an der Ostsee macht, gehört zum deutschen Bildungsbürger-tum und ist entsprechend informiert und interessiert. Die Gemüter der Menschen beschäftigen die Olympischen Sommerspiele in Stockholm; Triumph und Tragödie der Südpolentdecker Amundsen und Scott; der Untergang der Titanic, ausgerechnet an Ottos 22. Geburtstag; die dubiosen Theorien eines gewissen Sigmund Freud in Wien; Großbritanniens neuer König. Angst und Schrecken verursacht der Halleysche Komet, durch dessen eventuell hochgiftigen Schweif die Erde rast. In Paris wird die „Mona Lisa“

gestohlen, Cézannes Malereien werden von vielen als Kinderkritzeleien wahrgenommen, in München malt Franz Marc blaue Pferde. Darüber echauffiert man sich enorm, genau wie in Bremen, wo sich über den Kauf von van Goghs „Mohnblumenfeld“ gestritten wird. Eine neuerliche Schiffskatastrophe beherrscht die Schlagzeilen Anfang Juni 1914. Über 1.000 Menschen sterben, als die „Empress of Ireland“ im Lorenzstrom mit einem Kohlefrachter kollidiert. Man diskutiert Wegeners Theorie der Kontinentalverschiebung, aber vor allem Politik. Nach den Balkankriegen werden dem Osmanischen Reich riesige Gebiete abgeknöpft. Damit sind die Konservativen sehr einverstanden, bloß dass in Norwegen Frauen ein Wahlrecht eingeräumt wird? Gott bewahre, wo kommen wir denn da hin? Schlimm genug, dass seit sechs Jahren Preußen den Frauen das Studium an seinen Universitäten erlaubt. So sitzen sie und reden in den feinen Cafés und Restaurants und genießen die herrlichen Sonnentage im Juni 1914. Rügens Badeorte haben Hochkonjunktur. So viele Badegäste wie nie zuvor verbringen ihren Urlaub an den weißen Stränden der Insel. Das Leben pulsiert.
Und mitten hinein in den summenden Sommer, am letzten Juni-Sonntag, klirrt die Nachricht vom Attentat auf den österreichischen Kronprinzen und dessen Frau in Sarajevo wie scharfes Glas. Die unbekümmerte Leichtigkeit zersplittert. Das deutsche Kaiserreich sichert bereits eine Woche nach dem Anschlag Österreich volle Rückendeckung bei einem Schlag gegen Serbien zu, auch wenn sich daraus ernste Komplikationen für Europa ergeben sollten. Es wird überall heftig debattiert. Die Deutschnationalen wittern eine Verschwörung der Freimaurer und Juden zwecks Erlangung der Weltherrschaft. Ist der Kaiser verpflichtet, dem verbündeten Österreich-Ungarn Rückendeckung zu geben oder nicht? Trotz der angespannten Stimmung sagen die Gäste ihren geplanten Urlaub nicht ab. Selbst der Kaiser ist mit seinen Dackeln auf Nordmeerreise. Bei uns ist einerseits alles wie sonst, die Damen promenieren unter aufgespannten Schirmchen, die Kinder bauen Sandburgen, andererseits zieht sich die Luft unter dem preußisch-blauen Ostseehimmel immer weiter zusammen, verdichtet sich zu Unbehagen und düsteren Ahnungen. Und dann geht es Ende Juli ganz schnell. Österreich stellt den Serben ein Ultimatum. Eine Woche später befiehlt der russische Zar die Mobilmachung. Die Gäste sind verunsichert. Viele packen ihre Koffer. Am 1. August erklärt der deutsche Kaiser Russland den Krieg und mobilisiert das Reichsheer. In Sellin und den anderen

Seebädern Rügens verlassen die Urlauber in Scharen ihre Unterkünfte. Wo eben noch in Gaststätten, Hotels und Kursälen von nationaler Begeisterung getragen patriotische Lieder geschmettert wurden, herrscht nun lähmende Stille. 5.000 Rügengäste verflüchtigen sich binnen weniger Tage. Auch unsere Gäste sind auf und davon. Die Straßen wie leer gefegt. Es ist nicht zu fassen. Plötzlich befinden sich außer Italien alle europäischen Großmächte im Krieg. Nichts ist mehr so, wie es war. Die ausländischen Gäste reisen daher völlig überstürzt ab. Denjenigen, die sich nicht umgehend auf den Weg machen, droht die Festsetzung. Völlig hysterisch vermutet man speziell unter den Franzosen, Russen und Briten Spione. Arbeits- und Wehrfähige müssen bleiben, Alte, Frauen und Kinder werden abgeschoben. Und rauf auf die Insel darf auch keiner mehr so einfach. Aus Angst vor Angriffen werden ganze Küstenabschnitte bewacht. In Sellin bezieht die „Landsturmkompanie Rügen" an der Waldhalle Stellung. Die 1.000 Meter lange Göhrener Seebrücke wird sogar größtenteils abgerissen, es könnte ja dort ein feindliches Schiff anlanden wollen. Alle heben wie verrückt Bargeld in der Bergener Sparkasse ab. Schweinswale und Seehunde werden für die Fettproduktion so gut wie ausgerottet, Orgelpfeifen und Kirchenglocken beschlagnahmt. Die beiden Glocken unserer Gnadenkirche müssen ebenfalls dran glauben, die nagelneue Orgel bleibt zum Glück unangetastet. Ich fühle mich von den Ereignissen vollkommen überrollt und weiß nicht mehr, wo mir das Dach steht. Draußen herrscht gespenstische Stille, mitten im Sommer, und innerhalb meiner vielen Wände wird's politisch. Über die Lage disputieren ist Männersache. Fritz senior und Otto sind beileibe keine Sozialdemokraten, eher konservativ und zentrumsnah. Sie unterstützen selbstverständlich ihren Kaiser, der nur zwei Jahre älter ist als unser Familienoberhaupt Fritz. Otto und sein jüngerer Bruder fühlen sich dem Oberhaupt des Reichs verbunden und würden jederzeit ihr Vaterland verteidigen. Selbst als die Soldaten der ersten Stunde nicht, wie von Wilhelm zwo vollmundig angekündigt, zu Hause sind, bevor im Herbst die Blätter von den Bäumen fallen. Fallen tun die Tausende Soldaten, die sich auf den Schlachtfeldern zerfleischen. In den ersten neun Kriegsmonaten verliert Rügen allein 356 junge Männer. Fritz junior verschlägt es an die Westfront; Otto, vielleicht nicht mehr ganz so enthusiastisch wie bei Kriegsbeginn, wird im September 1915 eingezogen.

Bei 14 Selliner Familien ist bis dahin die Nachricht eingetroffen, dass ihr Sohn nicht mehr nach Hause kommen wird. Mit gemischten Gefühlen

Otto Töllner in Uniform - 1915

geht's für ihn von Senftenberg über Cottbus nach Frankfurt/Oder. Dort lernt er das gängige Maschinengewehr zu bedienen. Für Otto gibt's kein Nullachtfuffzehn. Er muss sich mit dem Vorgängermodell, Seriennummer 08, rumschlagen. Wassergekühlt und so schwer, dass es auf einem eigenen Wägelchen transportiert wird. Gewehrschlitten nennt man das. 5 bis 6 Soldaten sind nötig, um ein solches MG zu bedienen.

Hier wird unterdessen jeden Tag auf Briefe der Söhne gewartet. Auf diese Weise findet der Krieg direkt zu mir. Wie unmittelbar dieser Krieg zu uns einzieht, kann ja keiner ahnen, als ein Brief eintrifft, mit dem niemand rechnet. Ein Brief aus Moskau. Fritz' ältere Schwester Therese hatte in Stralsund einen russischen Kaufmann kennengelernt. Nach der Heirat war das junge Paar nach Moskau gezogen, wo es zu dieser Zeit eine große deutsche Kolonie gab. So kommt es, dass nicht nur die Cousins Zar Nikolaus und unser Wilhelm, die sich in ihren Briefen mit *mein lieber Nicky* und *mein lieber Willy* anreden, einen Krieg beginnen, sondern sich Otto und seine beiden Cousins an der Ostfront quasi gegenüber stehen. Therese teilt ihrem Bruder mit, dass ihre Söhne in deutsche Kriegsgefangenschaft geraten sind. Und zwar ausgerechnet in ein Lager an der nordwestlichsten Spitze der Insel. Am Bug, einer Stelle Rügens, von der man beinahe bis Hiddensee spucken kann. Kaum zu glauben, dass der Krieg eine solche Blüte treibt. Aber sie blüht in der Tat schicksalshaft und leise mitten in einer Zeit, als die Welt, so wie wir sie kannten, droht unterzugehen. Fritz fährt ins Lager. Seine Geschichte hat er sich gedanklich schon zurechtgelegt. Er kann für seinen Betrieb jede Unterstützung brauchen. Seine eigenen Söhne verteidigen schließlich das Vaterland. Wie soll er eine Fleischerei betreiben, wenn ihm die Gesellen fehlen? Zwei von den Gefangenen möchte er gerne aussuchen und mitnehmen. Er verlässt das Lager mit seinen beiden Neffen. Wir können es alle nicht fassen. Ein bisschen Glück in sehr harten Zeiten. Der Familienzuwachs lebt sich ein, geht dem Onkel zur Hand. Wir können froh sein, dass wir die Fleischerei haben. Daher trifft die Töllners die Wirtschaftskrise nicht so hart wie viele im Ort. Obwohl 1915 an der Ostsee, im Gegensatz zur Nordsee und ihren Inseln, vom preußischen Kriegsministerium bis auf wenige Abschnitte kein Badeverbot verhängt wird, kollabieren die Gästezahlen. Unter ihnen der berühmte Physiker Albert Einstein, der gerade irgendwelche bahnbrechenden Theorien entwickelt. Er logiert in der Villa Johannes-Horst. Trotzdem, die Rechnung ist einfach. Keine Gäste, keine Einnahmen. Laufende Kosten können nicht beglichen, Kredite nicht abgezahlt werden. Viele Besitzer sind außer Stande, ihre Häuser zu halten, und müssen verkaufen. Uns trägt der Laden über den nächsten harten Winter, auch wenn viele Kunden anschreiben lassen und erst am Monatsende bezahlen. Zum Glück sitzen wir im wahrsten Sinne des Wortes an gefüllten Fleischtöpfen, während Tausende von Reichsbürgern verhungern. Weit und breit nichts als Steckrüben. Wenn überhaupt.

Otto hat im November mit dem 52. Regiment in Ungarn seinen ersten Einsatz und wird am 1.1.1916 mit der 107. Division zu Stellungskämpfen nach Dünaburg versetzt. Nach drei Monaten bricht für ihn die Hölle los, als er im Zuge der russischen Märzoffensive in die Schlacht von Postawy geschickt wird. 20.000 deutsche Soldaten und 100.000 Russen verlieren ihr Leben, wobei die Offensive von der preußischen Armee soeben noch erfolgreich zurückgeschlagen werden kann. Weiter geht's zu Stellungskämpfen am Narotschsee.

Jeder der spärlichen Briefe, die der Briefträger von den Jungs hier vorbeibringt, wird von der Familie mit Spannung erwartet. Das Unglück zieht in viele Häuser. Die Familie ist gleichzeitig erleichtert und besorgt, als die Nachricht eintrifft, dass ihr ältester Sohn schwer verwundet wurde. Irgendwann im Juni hatte sich der schon immer ein wenig verfressene Otto für den Auftrag, Essen zu organisieren gemeldet. Vielleicht lockte eine Extraportion als Lohn. Lohn und Dank waren in diesem Falle Lungensteckschuss, Beinschuss, Daumenschuss. Kein Spaß. Wochenlange Lazarettaufenthalte folgen. Davon alleine zehn Wochen im Festungslazarett Posen. Bis Oktober 1916. Für Otto Töllner ist der Krieg vorbei, in Verdun und an der Somme schlachten sich Millionen junger Männer gegenseitig ab. Otto ist noch nicht aus dem Kriegsdienst entlassen, und so wird er über die Zwischenstation Cottbus ins schmucke Residenzstädtchen Gotha im Freistaat Sachsen-Gotha versetzt.

Sellin versucht, für die Sommersaison 1916 den seit Kriegsbeginn eingebrochenen Besucherzahlen entgegenzuwirken. Die letzte Saison war mit lediglich 973 zahlenden Gästen katastrophal. Eine kleine Werbebroschüre wurde verfasst, vom Generalkommando des II. Armeekorps lt. Vfg, v. 17.4.1915 genehmigt und in Umlauf gebracht. Die schwarz-weiß-rote Fahne und ein von Eichenlaub umkränztes Eisernes Kreuz schmücken das Titelblatt. Sellin wird als bekanntes und beliebtes Kinderbad und ruhiger, angenehmer und billiger Erholungs-Aufenthaltsort für Kriegsteilnehmer bezeichnet. Und weiter:

Meer mit deinem Silberschilde
Du klarer unermeßner Raum
Du altes Lieblingsspielgefilde
Für Menschensehnsucht, Menschentraum (Strecker)

Die „Perle der Insel Rügen" wird SELLIN genannt, und dies mit Recht, denn der Ort liegt einzig schön. Aus dem herrlichen Grün des Hochwaldes hervorblickend, liegen die Villen und Hotels und bieten den Sommergästen Aufnahme, ebenso von üppigen Gärtchen umrahmte freundliche Fischerhäuser, welche zwischen dem Selliner See und der Ostsee sich hinstrecken. So ist Sellin, welches vor 25 Jahren noch ein kleines einfaches Fischerdorf war, nicht zu einem Mode- oder Luxusbad, aber zu einem wunderschönen Seebad und herrlichen Kurort geworden, welcher von Jahr zu Jahr einer steigenden Anzahl Ruhe- und Erholungsbedürftigen seine Schönheiten in unvergleichlich herrlicher Natur gespendet hat; auch namentlich als klimatischer Kurort ist Sellin beachtenswert, denn es ist durch bewaldete Höhenzüge, deren höchster Punkt etwa 70 Meter über dem Meere liegt, gegen scharfe Winde geschützt.

Herrlich vor dem Beschauer liegt das Meer, ein Begriff der Allmacht Unendlichkeit und Ewigkeit; nichts ist vom gewaltigen Krieg und seinen Schrecknissen vernehmbar, nur dann und wann sind am fernen Horizont vorüberziehende Kriegsschiffe sichtbar, sie sind auf der Wacht für uns; welch ein herrliches Gefühl der Sicherheit und Ruhe.

Sanatorium, Kurhaus, Hotels, Pensionate und sämtliche Villen, deren Verzeichnis und Zimmerzahl beigegeben ist, stehen zur freundlichen Aufnahme von Gästen bereit. Pläne und gute Strandansichten dürfen leider nicht beigefügt werden, dieses ist von der Heeresverwaltung nicht gestattet worden.

Ich verstehe. Keine Pläne und Strandansichten, der Feind könnte mitlesen, dafür eine Sammlung netter Aufnahmen der Seebrücke mit Dampfern und heitere Bilder von Urlaubsgästen in Ringelkostümen beim Sonnenbad, sogenannte Kraft- und Freiübungen und eine Aufnahme der Jugendwehr „Blau-Weiß-Blau" in Uniform und großen Hüten auf Vorposten. Neben

den Verkehrsverbindungen mit Schiff und Bahn sind auf den nächsten Seiten weitere nützliche Informationen zu lesen. Zum Beispiel, dass sämtliche Lebensmittel stets zu gewöhnlichen Preisen zu haben sind, die Beköstigung in den Hotels und Pensionen durchweg gut und reichlich ist. Dass die Kurtaxe für eine Person bei einem Aufenthalt bis zwei Wochen 4 Mark beträgt, sich für eine Familie von vier oder mehr Personen auf 12 Mark steigert. Bei mehr als zwei Wochen 6 bzw. 18 Mark. *Die werten Gäste werden in eigenem Interesse dringend um sofortige Eintragung in das vom Hauswirt vorzulegende Fremdenbuch gebeten und zwar unter genauer Beachtung der Spalten.* In Sellin kosten kalte Seebäder den Erwachsenen 0,30 Mark, Kinder 10 Pfennig weniger. Warme Seebäder eine Mark, Kinder für die Hälfte. Weiterhin ist zu lesen, dass Sool-, Fichtennadel- und Medizinalbäder verabreicht werden und Masseur und Masseuse vorhanden sind. Sellin hat Kanalisation und moderne Wasserversorgung, (vorzügliches Trinkwasser). Neben der Freiwilligen Feuerwehr überdies eine Pflichtfeuerwehr, und:
Sellin hat ferner alten Ruf als beliebtes Kinderbad wegen seines feinsandigen Badestrandes. Keine Mücken!!!
Kriegskonvaleszenten werden alle nur möglichen Vergünstigungen gewährt, diesen, sowie den Familien der Kriegsteilnehmer steht der Badedirektor gerne mit Rat und Tat zur Seite.
Jede weitere Auskunft erteilt bereitwilligst die Badedirektion.
Sellin a. Rügen, im Kriegsjahr 1916.
Es folgen Stimmungsbilder des Selliner und Schwarzen Sees und abschließend ein komplettes Zimmerverzeichnis.
1916 stehen demnach Sellin 2.219 Fremdenzimmer in Hotels, Villen und Pensionen zur Verfügung, meine 18 mit eingerechnet. Schwester Hedwig steuert neun dazu bei. Ob in den Betten allerdings im Sommer Gäste schlafen, ist im Augenblick unwichtig. Die Wertigkeiten verschieben sich, wenn die Söhne im Krieg sind. Lieber Gott, mach, dass sie gesund wiederkehren. Bei Fritz ist das nach wie vor nicht absehbar, Otto scheint in Sicherheit. Es trudelt dann ein Brief von ihm ein, der die Familie und auch mich mit Freude erfüllt. Er hat nämlich in Gotha ein Fräulein kennengelernt.

Ein Leben kommt, ein Leben geht

Alma Dorst um 1914

Alma heißt sie. Alma Meta Louise Dorst. Am 30.3.1890 geboren ist sie zwei Wochen älter als Otto und schon 28. Alma arbeitet dort, wo sich das deutsche Versicherungswesen überhaupt gegründet hat, bei der Gothaer Versicherung. „Fräulein Dorst, zum Diktat", heißt es da. Sehr ungewöhnlich für die Zeit hat Alma im Gegensatz zu ihren vier Schwestern eine Ausbildung bei der Post gemacht und beherrscht sogar Stenographie. Die hübsche Alma stammt aus Steinheid, ganz oben aus dem Thüringer Wald. Das ist für mich unvorstellbar weit weg. Es soll dort hohe Berge mit gewaltigen Nadelwäldern geben. Nicht so sanft gewellt mit lichten Buchen wie in der Granitz. Der legendäre Ruf Thüringer Wurst- und Fleischwaren hatte sich bis zu uns verbreitet. Rostbratwurst, Rotwurst, Rostbrätel. Für Otto ist das wunderbar, der sitzt jetzt an der Quelle und kann sich durchs Sortiment probieren. Kleine Fortbildung sozusagen. Ich bin natürlich gespannt auf weitere Einzelheiten vom Fräulein Alma und ihrer Familie. Nach und nach treffen immer mehr Neuigkeiten bei uns ein. Ihr Heimatörtchen liegt mit seinen schieferverkleideten Häusern oben auf dem Kamm und ist mit 820 Metern einer der höchst gelegenen Orte in Sachsen-Meiningen, so heißt das kleine Herzogtum. Dichte, dunkle Fichtenwälder prägen die einsame Landschaft. Steile Abhänge und Schluchten mit rauschenden Bächen durchziehen das Schiefergebirge. Auf den kargen Höhenlagen blüht kein fettes Leben. Früher einmal haben Bergleute hier Gold abgebaut. Dann kam Gotthelf Greiner und erfand 50 Jahre nach Johann Friedrich Böttger unabhängig von ihm das „weiße Gold" in leicht veränderter chemischer Zusammensetzung. Im Ortsteil Limbach entstand daraufhin eine Porzellan-Manufaktur, in der Vater Eduard als Porzellanformer und -maler beschäftigt ist. Eduards Geschwister führen den Betrieb der von ihrem Vater Christoph übernommenen Massemühle

fort. Die steht im Nachbartal, dem Neumannsgrund, wo der Massemüller die wertvolle Porzellanerde aufbereitet. Seit vor rund drei Jahrhunderten in Lauscha die erste Glashütte gegründet wurde, wird dort, wo neben anderen Vorfahren 1858 ebenfalls Eduard zur Welt kam, Glas hergestellt und geblasen. Traditionell standen hauptsächlich Trink- und Apothekergläser auf dem Programm. In den Phiolen transportierte man Öle. Damit die Öle vor dem Sonnenlicht geschützt waren, wurden in Lauscha bräunlich dunkle Gläser gefertigt, für die der spezielle Sand aus Steinheid stammte. Eduards Großvater Johann und beide Großväter von Almas Mutter Ludovika stellten als Schachtelmacher die Transportkisten für die zerbrechliche Ware her. Ebenso Murmeln, Glasaugen, Tierchen und hohlgeblasene Perlen verließen auf diese Weise die Glashütten und Heimwerkerstuben. Hier erfanden pfiffige Glasbläser den gläsernen Christbaumschmuck, der nun die Schachteln und Regale der Kaufhäuser im nahe gelegenen Sonneberg füllt und von hier aus die Welt erobert. Almas weitläufige Sippschaft wurde seit Generationen im Umkreis weniger Kilometer geboren und beerdigt. Die Wurzeln der Ahnen haben sich über die Jahrhunderte hinweg tief in die magere Erde gegraben. Das Leben ist hart, arbeitsreich und äußerst bescheiden. Im steinigen Boden wächst kaum etwas. Mit ein bisschen Glück Petersilie. Obstbäume Fehlanzeige. Eine Ziege vielleicht. Die Sommer sind kurz, die Winter lang und schneereich. Der Wald mit seinem Holz, seinen Pilzen und Heidelbeeren hilft entscheidend, die Existenz zu sichern. Aus den frühlingsfrischen Spitzen der Fichten wird ein vitaminreicher Likör gebraut. Wacholderdrosseln mit Leimruten gefangen.
Als sich Otto zum ersten Mal bei Eduard und Ludovika vorstellt, leben Almas jüngere Brüder Oskar und Kurt noch im schiefergeschindelten Elternhaus. Kurt ist mit 15 Jahren Altersunterschied und seinen 12 Jahren das wirklich sehr kleine Brüderchen. Ihre älteren Schwestern haben bereits Familien gegründet. Anna lebt mit Mann und Kindern im für dortige Verhältnisse unfasslich weit entfernten Arnstadt. Frieda wohnt in Sichtweite, einmal die steile Wiese hinauf, im oberen Teil des Ortes. Der Krieg war nur wenige Wochen alt, da schlug er hier bitter zu. Friedas Mann fiel im September 1914, als das neue Haus gerade aufgerichtet war. Er hinterlässt vier Kinder, die von Friedas spärlicher Witwenrente allein nicht versorgt werden können. Ihnen kommt eine 1906 eingeführte Gesetzesänderung zupass, die besagt, dass Kinder unter zehn Jahren doch wieder in Familienbetrieben arbeiten dürfen. Also helfen schon die Kleinsten bei der Herstellung

von Christbaumschmuck. Mit ihren Fingerchen können sie die filigranen Klöppel in den versilberten Glocken und Glöckchen befestigen. Eline ist ebenfalls in ihrem Heimatort geblieben. Zwei Kinder sind bereits geboren, doch auch ihr Mann überlebt den Krieg nicht. Almas vier Jahre jüngere Schwester Rosa lebt mit ihrem Mann und Söhnchen Oskar in Gotha.
Trotz der seltenen Briefe überstürzen sich hier in Sellin die Ereignisse fast. Gerade eben hatte Otto seine Alma kennengelernt, da heiraten sie schon. Nämlich am 26. Januar 1918 in Gotha. Ziemlich plötzlich. Wir wundern uns etwas. Als erfahrene Mutter ahnt Marie natürlich den Grund. Alma ist schwanger. Was für eine Freude! Das Kindchen soll Ende Juni, Anfang Juli geboren werden, von daher hat man Verständnis, dass die werdende Mutter in der Obhut ihrer Eltern und Geschwister im fernen Thüringer Wald bleibt. Außerdem ist ihr Ehemann immer noch nicht aus dem Militärdienst entlassen. So müssen wir in dieser Saison wiederum ohne ihn auskommen. Die Besucherzahlen haben im letzten Jahr leicht aufgefrischt. Mit den Gästen gelangen die schrecklichen Folgen des Krieges auf unmittelbarem Weg zu mir. Kriegsgeschädigte und Verletzte hoffen auf ein wenig Erholung und Genesung. Es ist furchtbar. So wie der ganze Krieg, den niemand mehr versteht, weil er immer undurchschaubarer wird. Jetzt hat vor ein paar Wochen sogar Brasilien den Deutschen den Krieg erklärt. Mittlerweile steht die Welt, so wie wir sie kannten, auf dem Kopf und kämpft gegeneinander. Zu Wasser, in der Luft, an den Fronten. Einzig die russische Front hat sich aufgelöst. Und zwar ab Februar 1917 als Folge der von Lenin geführten Oktoberrevolution und eines geschlossenen Separatfriedens mit den Mittelmächten, inklusive Deutschlands. Vom Atlantik bis zum Mittelmeer, von Flandern, wo Fritz junior als Soldat irgendwo unterwegs ist, bis Ostafrika, mit U-Booten, Tanks und Giftgas.
Als alles um uns zerbricht, freuen wir uns auf das kleine Kindchen. Und das kommt deutlich zu früh. Alma wird von den ersten Wehen vollkommen überrascht und sucht das häusliche Plumpsklo auf, bei dem die Grube über mehrere Meter in luftige Tiefe führt. Dann spürt sie glücklicherweise, dass das Kind geboren werden will. Alma schafft es soeben ins Erkerzimmerchen, wo am 20. Mai 1918 mittags halb zwei ihr Sohn das Licht der Welt erblickt. Ein winziger Horst. Horst Manfred Heinz, um genau zu sein. Aber wird er überleben? Man macht der jungen Mutter keine Hoffnung. Viel zu klein ist er und mit drei ein halb Pfund viel zu leicht. Da hilft nur Körperwärme, Liebe und Gebet. Es ist für alle wie ein kleines Wunder, dass der Kleine

die schwierigen ersten Wochen übersteht. Am 30. Juni wird er in Steinheid getauft. Als Paten sind Rosa und unsere Hedwig ins Taufregister eingetragen. Wir können es kaum erwarten, den ersten Enkel der Familie in die Arme schließen zu können. Aber bis dahin müssen wir uns in Geduld üben. Noch ist Saison, und auch in diesem Jahr kommen die Versehrten. Die mit den Narben und fehlenden Gliedmaßen. Boten eines Krieges, die irgendwie Glück gehabt hatten. Millionen junger Männer lagen zerfetzt auf den Schlachtfeldern und in den Schützengräben, waren am Giftgas jämmerlich erstickt, mit U-Booten untergegangen oder im Flugzeug abgeschossen worden. Selbst Jagdflieger Manfred von Richthofen, den gefeierten Kriegshelden, hatte es im April erwischt. Diejenigen, die ein paar Wochen dieses Sommers in Sellin verbringen, hatten zwar überlebt, ihre Körper und Seelen sind jedoch tief verwundet. Wo ist sie geblieben, die begeisterte Stimmung der ersten Kriegswochen? Die deutschen Frühjahrsoffensiven an der Westfront, die sich bis in den Juli ziehen, bleiben erfolglos. Im Gegenteil, den Alliierten gelingt der Durchbruch. Die Zarenfamilie wird in Jekaterinburg erschossen. In Wilhelmshaven verweigern am 30.10.1918 Matrosen der kaiserlichen Kriegsmarine den Befehl, sich in einer sinnlos gewordenen letzten Schlacht gegen die englische Flotte verheizen zu lassen. Die Meuterei ist hochgradig ansteckend. Überall im Reich übernehmen Abordnungen der rebellischen Matrosen die Macht. Bereits am 9. November rufen in Berlin sowohl Scheidemann als auch Liebknecht die Republik aus. Der Kaiser dankt ab. Die revolutionäre Welle, die von Wilhelmshaven nach Kiel und zu guter Letzt über ganz Deutschland hinwegschwappt, spült binnen dreier Wochen die letzten Monarchen aus ihren Schlössern.
Ende 1918 wird Otto aus dem Militärdienst entlassen und plant mit Frau und Kind die endgültige Rückkehr nach Sellin. Und dann ist er endlich da, unser kleiner Prinz. Mit dem Zug reisen sie an. Ach, wie war es Alma peinlich, vor den Mitreisenden ihre Brust zu entblößen und den Jungen zu stillen. Wir sind alle so entzückt von dem Kleinen. Jeder möchte ihn drücken und herzen. Er hat an Gewicht zugelegt und ist jetzt schon recht niedlich. Von der Töllner-Sippe sieht er keinem ähnlich. Alma schleppt ihn umgehend ins nächste Fotoatelier, ein erstes Foto entsteht. Da liegt er gesund und rund auf einem weißen Fell. Mit einer Kuh auf Rädern, Stoffente und Häubchen auf dem blonden Haar. Vor allem Fritz ist extrem stolz. Des Patriarchen erster Enkel gleich ein Sohn, der den Namen weitergeben kann. Das gefällt ihm gut. Überhaupt ist es ein sehr glücklicher

Moment für die Familie, schließlich hat Fritz junior den Krieg unbeschadet überstanden. Otto ist durch seine Verletzung nur leicht angeschlagen. Die weggeschossene linke Daumenkuppe fehlt fast vollständig, das Bein zieht er etwas nach, dennoch steigt er wieder voll ins Geschäft ein. Fritz kann die Unterstützung seines Sohnes auf alle Fälle gebrauchen, er ist immerhin schon 57. Alma muss sich langsam eingewöhnen. So weit weg von der alten Heimat. Und alles so anders in der Fremde. Anfangs hat sie arge Schwierigkeiten mit dem Plattdeutsch. An der See ist sie nie zuvor gewesen. Mit dem Boot auf dem Wasser verträgt sie nicht, da wird ihr schlecht, und das mit der Fleischerei kann sie nicht gut aushalten. Die armen Tiere, das Schlachten, das Blut und alles, was dazu gehört. Sie muss erstmal in Maries Haushalt als junge Schwiegertochter ihren Platz finden. Zunächst ist Alma mit dem Säugling vollauf beschäftigt, aber Fritz betraut sie bald mit der Buchhaltung des Töllnerschen Kleinunternehmens. Da ist sie mit ihren Erfahrungen bei der Gothaer Versicherung ganz in ihrem Element. Sehr korrekt und gewissenhaft, und damit ein wahres Geschenk für die Familie und den Betrieb. Die Position der Frauen in Deutschland wird dadurch gestärkt, dass sie nun ebenfalls wählen dürfen. Hier im Haus nimmt man dies nicht ausnehmend überschwänglich zur Kenntnis. Vertrauen gegenüber der jungen Republik ist und bleibt Fehlanzeige. Es herrscht ja ein völliges Durcheinander. Überall im Land danken die Monarchen ab, während ein neues politisches System auf sich warten lässt. Karl Liebknechts Vorstellung einer Räterepublik findet keine Zustimmung. Straßenschlachten und bürgerkriegsähnliche Zustände folgen. Am Ende ist das Schwarz-Weiß-Rot des Kaiserreichs Geschichte. Schwarz-Rot-Gold strahlt die Fahne der neu geborenen Weimarer Republik. Rosa Luxemburg und Karl Liebknecht werden ermordet. Ottos Vaterland, so wie er es kannte und für das er seinen Kopf hingehalten hatte, gibt es so nicht mehr. Das Sellin, aus dem er 1915 aufgebrochen war, gibt es so auch nicht mehr. Inflation und geringe Besucherzahlen haben tiefe Spuren hinterlassen. Viele Villen haben einen neuen Eigentümer. Über 30 Selliner Männer sind gefallen. Der Badearzt Kruschewsky kommt auch nicht wieder. Er steckte sich 1916 in einem Seuchenlazarett an und starb dort.

Von der Leichtigkeit der Vorkriegssommer ist nichts mehr zu spüren. Keine Aufbruchsstimmung mehr. Eher eine „Zusammenbruchsstimmung“. Zumal weltweit seit dem Frühjahr 1918 Millionen und Abermillionen einer zuvor nie dagewesenen Grippeepidemie zum Opfer fallen. Vor allem junge

Menschen, die 20- bis 40-jährigen, rafft es dahin. Die Amerikaner verlieren annähernd gleich viele Infanteristen wegen der sogenannten Spanischen Grippe wie durch den Krieg. Und zu allem Überfluss noch dieser unsägliche Versailler Vertrag, über den sich alle aufregen. Deutschland wird die alleinige Kriegsschuld zugesprochen. Viele Gebiete gehen verloren; Nordschleswig, Westpreußen, Posen, Teile von Oberschlesien, von den Kolonien mal ganz abgesehen. Das Saarland ist dem Völkerbund unterstellt, das Rheinland von den Alliierten besetzt. Weitere Gebietsfragen müssen per Volksabstimmung entschieden werden. Und obendrein diese riesigen Reparationssummen, die die junge Republik leisten muss. Die Inflation lässt grüßen. Verrückt, wer den Vertrag so alles unterzeichnet hat. Unter vielen anderen solche Exoten wie Panama, Haiti und Siam. Von diesen Ländern hatte ich noch nie etwas gehört. Merkwürdige Art, die Welt kennenzulernen. Aber nicht nur Deutschland hat mehr als eine Feder lassen müssen. Österreich-Ungarn oder das Osmanische Reich werden ebenfalls schwer gerupft.
So gesehen geht es uns vergleichsweise richtig gut. Wir sind erleichtert, dass es überhaupt Menschen gibt, die den Sommer bei uns verbringen möchten oder sich ein Würstchen leisten können. Der Laden läuft, die Jungs sind einigermaßen wohlbehalten der Hölle entronnen, Otto wie gesagt mit Abstrichen, wobei er seine leichte Behinderung locker wegsteckt. Einzig Lenchen macht uns Kummer. Die drei älteren Töllner-Kinder sind zwar wahrlich nicht die größten, Otto mit seinen 1,58 alles andere als ein Riese, aber Lenchen ist ja noch deutlich kleiner. Wir hatten die letzten Jahre zwar nie aufgehört zu hoffen, doch mittlerweile ist sie 25, und wir, aber vor allem sie selbst, müssen annehmen, dass sie klein ist und bleibt. Schilddrüse? Hormonstörungen? Die Medizin hat keine Antwort. Lenchen muss wohl damit leben und leidet unter ihrer Kleinwüchsigkeit, auch wenn die

Helene Töllner um 1918

hochhackigen Schnürschuhe dies ein bisschen kaschieren können. Es ist für sie mühsam, im Haushalt mitzuhelfen. Bereits ein Tablett die Treppen hoch- oder runterzutragen ist unmöglich. Umso mehr freut sie sich auf den kleinen Horst, auf den seine Tante Lene so schön aufpassen kann, wenn die anderen eingespannt sind. Noch wohnen sie alle unter meinem einen großen Dach. Jetzt, am Ende einer durchwachsenen Saison, ist das vollkommen unproblematisch mit dem Platz. Augenblicklich habe ich genügend leere Zimmer. Keiner hat eine abgetrennte Wohnung für sich allein. Privatsphäre gibt es nicht. Mit der kleinen Familie würde es vermutlich zu eng werden, wenn, ja wenn unsere Hedwig nicht andere Pläne für die Zukunft hätte. Ihr Verehrer heißt Paul Steinfurth und ist zweieinhalb Jahre jünger als sie. Ein Installateur. Wie bei Otto und Alma wird das Hochzeitsdatum ziemlich überstürzt angesetzt. Marie hört die kleine Nachtigall janz laut trapsen. Ich auch. Hedwig sowieso. Am 8.10.1919 geben sie sich in der ehrwürdigen Lanckener Kirche das Jawort. Fritz lässt sich nicht lumpen und richtet seinem Schwiegersohn eine Werkstatt ein. Hedwigs kleines Geheimnis bleibt natürlich nicht klein und wächst versteckt unter Kleid und weißer Schürze heran. Was dann passiert, ist für mich schwierig zu beschreiben. Es fängt alles so harmlos an. Hedwig fühlt sich unwohl, ein paar kleine Beschwerden, Kopfschmerzen, Frösteln, Müdigkeit. Man schiebt die Unpässlichkeit auf ihre fortgeschrittene Schwangerschaft. Fieber kommt hinzu, zunehmende Schwäche. Marie vor allem, aber die gesamte Familie tut, was sie kann, für sie. Wahrscheinlich hat sich Hedwig an der Spanischen Grippe angesteckt, vielleicht läuft etwas mit der Schwangerschaft schief, keiner kann das genau sagen. Der Arzt vermag ihr nicht zu helfen. Es gibt keine wirksame Arznei. Nur Hausmittel. Ihr Leben liegt in Gottes hoffentlich schützenden Händen. Sie wachen und beten an ihrem Bett. Umsonst. Hedwig schließt gerade mal vier Monate nach ihrer Hochzeit und vier Tage nach ihrem 31. Geburtstag für immer die Augen. Ihr Kind wird nie geboren. Die Familie wählt einen wunderschönen Findling für das Grab der beiden aus. Einen Friedhof gibt es in Sellin erst seit letztem Jahr. Dort werden sie beigesetzt. Danach bleiben jedem einzelnen nur tiefe Trauer und brennender Schmerz. Hedwig fehlt allen überall, für Marie ist es schwerlich zu ertragen. Sie hat mit ihrer Tochter nahezu jeden Tag verbracht, jahrelang war Hedwig ihre große Stütze im Haushalt und mit den Gästen. Ihr ältestes Kind, dem sie jederzeit vertrauen und auf das sie sich blind verlassen konnte. Natürlich haben viele Familien insbesondere in letzter Zeit entsetzliches Leid erfahren müssen. Aber das ist letztlich auch nicht wirklich tröstlich. Sicherlich, Gott hat es offenbar so gewollt, trotzdem. Ich sehe sie sitzen, am Tisch mit Bekannten und höre, wie sie sagt: „Ach, warum hat mir der liebe Gott nun ausgerechnet die Hedwig genommen." Ich kann verstehen, was Marie in ihrer tiefen Verzweiflung damit meint. Wer das überhaupt nicht verstehen kann, und für wen es ganz furchtbar ist, was sie da von den anderen unbemerkt durch die offene Tür hört, ist Lenchen. Das trifft sie bis ins Mark. Für sie fühlt es sich so an, als ob ihre Mutter lieber sie statt Hedwig hergegeben hätte. Weil sie weniger wert ist. Da helfen alle Erklärungsversuche nichts. Die Beziehung zwischen Marie und ihrer jüngsten Tochter ist in den Grundfesten erschüttert. Lene kann es ihrer Mutter nicht verzeihen. Mit einem Schlag ist alles anders. Eine bleierne Stimmung breitet sich im Haus aus und zieht mir fröstelnd ins Gebälk. Die Stimmen gedämpft, jeder versucht auf seine Art, mit dem quälenden Verlust fertigzuwerden. Einzig der kleine Horst scheint davon unbelastet. Er ist die Quelle für Freude und ein bisschen Trost. Fritz macht sich derweil Gedanken darüber, ob es wohl sinnvoll wäre, ein Zusatzhäuschen zu kaufen. Ein Ableger, in dem sein kleiner Enkel auf jeden Fall mehr Ruhe hätte. Vor allem im Sommer, wenn es bei uns beinahe rund um die Uhr hektisch und laut ist. Darüber hinaus hofft er natürlich, dass es nicht bei dem einen Kindchen bleiben wird. Er findet eine alte Kate, dicht am stillen Ufer des Selliner Sees gelegen, und kauft sie. Ganz schlicht, ganz einfach. Roter Backstein, eine ebenerdige Etage, die Schlafstuben unter dem rohrgedeckten Dach, ein Garten drum herum. Zu Fuß läuft man von mir ein knappes Viertelstündchen. Um über Hedwigs Tod hinwegzukommen, bleibt eigentlich keine Zeit. Vielleicht gut so. Sie versuchen, den Kummer mit Arbeit zu ersticken, und stürzen sich regelrecht in einen Sommer, der überschattet bleibt.

Für Alma ist dies alles ein denkbar schwieriger Start. Für ihre bodenständigen Verhältnisse war der Umzug von Steinheid nach Gotha ja bereits eine kleine Weltreise. Jetzt sitzt sie mit Otto, Horst und dem angeheirateten trauernden Anhang in der Fremde am weißen Ostseestrand. Die geliebte Heimat samt Eltern, Geschwistern, Nichten und Neffen ist weit entfernt. Für Alma liegt ihr „Schtenhäd“ weiterhin in Sachsen-Meiningen. S.M. schreibt sie aus alter Gewohnheit auf die Adressen ihrer Post, dabei ist es das mit Sachsen-Meiningen seit dem 1. Mai 1920 gewesen. Bis auf den Freistaat Coburg - die wollten zu Bayern gehören - bildete sich nach der Abdankung der acht Monarchen aus den restlichen sieben Kleinstaaten das neue Land Thüringen. Von dort reist nun der ein oder andere mit seinem für meine Ohren äußerst fremdartigen Dialekt bei uns an. Einer der ersten, der die umständliche und lange Reise auf sich nimmt, ist Vater Eduard. Er will mal nach dem Rechten sehen und überprüfen, ob es seine Alma gut getroffen hat. So sitzt er dann in Anzug und Fliege mit seiner Tochter und Enkelchen auf dem Schoß im Strandkorb. Alma mit Fuchspelz und der Kette mit den großen, zum Verschluss hin kleiner werdenden, ovalrund geschliffenen Bernsteinen. Ein Geschenk ihrer Schwiegermutter Marie zur Hochzeit. Einer der umherwimmelnden Fotographen hält diesen kleinen Augenblick fest. Diese Fotos werden regelmäßig als Postkarten oder in Briefe gesteckt nach Thüringen verschickt und bilden damit die Brücke zu ihrem alten Zuhause. So schreibt Alma am 12. Juli 1920 auf eine Postkarte, auf der unser Horst breitbeinig, mit Mäntelchen bekleidet, die Hände in den Taschen seiner kurzen Hose versenkt, forsch und selbstbewusst in die Kamera grient:

Umstehend seht Ihr Euren kleinen Schelm. Ist er nicht ulkich? Von Tag zu Tag war er putziger. Er spricht jetzt immer „I hei Horsti Töllne zwei Jahr“ herzliche Grüße Eure Selliner.

Horst Töllner um 1920

Am selben Tag können die Dampfer an der Seebrücke wieder an- und ablanden, nachdem zehn Tage zuvor das Brückenkopfrestaurant komplett abgebrannt war. Zum Glück konnte die Ausbreitung des Feuers dank der Freiwilligen Feuerwehr und der Dampfspritze des Dampfers „Hans August“ verhindert und die schlimmsten Schäden rasch beseitigt werden. Und Otto? Der arbeitet nicht jeden Tag von morgens bis abends, sondern genießt zwischendurch heitere Momente mit Frau und Kind am Strand. Er findet sogar Zeit, im Männergesangsverein zu trällern. Unter dem Motto: „Ernst und Toll, Dur und Moll, Weihe-, Wehe-, Wonnevoll“ haben sich 30 Männer zu einem Chor zusammengeschlossen. So richtig wonnevoll gestaltet sich das Leben in Sellin und den anderen Seebädern allerdings nicht. Eher wehevoll. Die Urlauberzahlen erholen sich in den nächsten Jahren nur sehr, sehr schleppend. Eine immer verheerendere Inflation frisst sich zerstörerisch durch die Republik. Aber das ist ja nicht in allen Ländern so.

Otto mit Horst, Alma und Freundin im Strandkorb 1920

Die Selliner Sommergäste kommen jetzt verstärkt aus Schweden oder der Tschechoslowakei. Glück und Segen für viele, aber gemessen an den zahlreichen Pensionen sind längst nicht genug Gäste für alle da. Burg Walhalla auf meiner rechten Seite heißt mittlerweile Haus Gertrud, an meiner linken Seite wechselt 1921 Villa Fichtenwalde den Besitzer. Eine Familie Wittstock zieht ein. Die junge Frau heißt ebenfalls Alma. Ihr Mann, Paul Wittstock, hätte eigentlich die Windmühle in Putbus, die seit mehreren Generationen in der Hand der Familie ist, übernehmen sollen, aber er wird Kapitän, den der Hauch des Heldenhaften umweht. Am 24. September 1909 war im Kreis und Rügenschem Anzeigenblatt über das „Putbusser Kind“ ein Artikel erschienen. Als 1. Nautischer Offizier der „Aachen“, eines

Schiffes des Norddeutschen Lloyd, hatte er doch 1909 die erste Silberne Rettungsmedaille überhaupt der Hansestadt Bremen erhalten, nachdem er *mit besonderer Bravour und mit großer Lebensgefahr* eine Rettungsaktion im brasilianischen Hafen Santos ausführte. Geradezu unvorstellbar, wo er schon überall war und was er gesehen und erlebt hat. Und das Essen erst. Hartbrot mit drei verschiedenen Sorten Würmern und Erbsen so hart, dass nicht einmal ein Hund sie verdauen konnte, erzählt er. Als junger Matrose hatte Paul Wittstock sogar das Kap Horn umsegelt. Wahnsinn. Seine Mitbringsel aus fremden Welten landen auf dem Dachboden. Zwei Kinder haben sie. Malte ist genauso alt wie unser Horst, Schwester Lonny zwei Jahre jünger.

Während der Saison wohnt die Familie unten am See, damit so viele meiner Zimmer wie möglich vermietet werden können. Die Tage sind lang. Mit dem Sonnenaufgang wird aufgestanden und bis spät am Abend geschuftet. Lenchen übernimmt die Aufsicht über unseren Augenstern. Horst will wissen, wann denn seine Eltern wieder zurückkommen. Lenchen antwortet: „Wenn der Mond aufgegangen ist." Jetzt löchert der Kleine seine Tante die ganze Zeit, ob denn nun der Mond schon aufgegangen sei. Natürlich ist diese Lebenssituation nicht einfach, doch was ist in diesen Jahren einfach. Uns geht es verhältnismäßig gut. Wir haben genug zu essen, die Fleischerei läuft, das Pensionsgeschäft ebenfalls. Und die Erde dreht sich weiter. Fritz junior gibt im fernen Berlin seiner Gertrud das Jawort. Im Herbst des Jahres 1922 heiratet Hedwigs verwitweter Mann die geschiedene Käthe Schmidt. Sie bringt eine kleine Hanni, die wie Horst vier Jahre alt ist, mit in die Ehe. Für die Töllners ist das nicht leicht. Eben hatten wir noch Hedwigs Hochzeit gefeiert, da liegt sie schon auf dem Friedhof unter dem schönen Findling, und der Schwiegersohn steht wieder vor dem Traualtar. Aber so ist das Leben. Schicksal? Für uns ist Käthe trotz der unverheilten Trauer ein Gewinn. Alma und die zwei Jahre jüngere Käthe freunden sich an. Man trifft sich, spaziert zur Waldhalle, trinkt zusammen Kaffee, und der kleine Horst hat neben Tante Trude gleich noch eine Tante Käthe. Überhaupt erfreut sich die Familie vielfältiger Kontakte und Freundschaften, wie zur Familie Kempe, bei der man sich für die Konfirmation des Sohnes Fritz in Schale wirft. Horst im modischen Matrosenanzug mit passendem Mützchen. Klar, unser alter Fritz und der gesellige Otto kennen in Sellin sowieso jeden. Otto trinkt in seiner spärlichen Freizeit gern Bier und kloppt eine oder mehr Runden gepflegten Skat. Zudem gibt es kaum jemanden, der nicht bei uns im

Waldhalle, Blick nach Sellin (1953)

Laden einkauft. Fritz überlässt das Geschäft mehr und mehr seinem Sohn, und der legt sich mächtig ins Zeug für seine hochwertigen Produkte. Für die Leberwurst schmelzt er in einem großen Kessel haufenweise Zwiebeln und mischt für die besondere Geschmacksnote Sardellen hinzu. Otto würzt mit exotischem Ingwer und lässt sich ausgewaschene Schafsdärme aus Persien schicken. Da diese Därme fein und zart sind, eignen sie sich vorzüglich für die Frankfurter Würstchen. Dem Restaurantbesucher soll keinesfalls eine zadderige Würstchenhaut im Hals stecken bleiben. Damit sich die Pökellake im Schinken bestens verteilt, spritzt Otto sie direkt in die Adern. Er probiert seine gesammelten Rezepturen aus, entwickelt sie weiter. Es wird geräuchert, getrocknet, gepökelt, gesalzen, gekocht. Mit Erfolg. Einige Wurstsorten sind preisgekrönt. In allen Größen und Formen hängen sie prall gefüllt überall herum. Was für ein schöner Anblick. Wenn es um die Güte seiner Produkte geht, kann Otto richtiggehend pingelig sein. Da benötigen die Restaurant- und Hotelbesitzer Nachschub an Steaks und Roastbeef, und der gute Otto rückt aus seinem Kühlkeller nichts raus, weil das Fleisch noch nicht genügend abgehangen ist. Der Kunde kann drängeln und quengeln, nur die beste Qualität verlässt den Laden, schließlich bürgt er mit seinem guten Namen. Nicht auszudenken, wenn sich der zahlende Gast

über ein zähes Stück Fleisch beschweren würde und es womöglich heißt, das Fleisch stammt aus der Fleischerei Töllner. Beim Eis ist er allerdings großzügiger. Geht der Sommer zur Neige, geht bei den Bars in den Hotels häufig das wertvolle Eis für die Cocktails zur Neige. Dann klopfen sie bei uns an, weil sie wissen, dass im Eiskeller immer noch ein bisschen was zu holen ist.
Was bewegt uns ansonsten zu Beginn der zwanziger Jahre? Howard Carter entdeckt in Ägypten das fast unversehrte Grab des Tutanchamun, aber wir hier können ebenfalls mit einer archäologischen Minisensation aufwarten. Unser Howard Carter ist Fritz Worm, ein Lehrer aus Alt Reddevitz. Er macht sich, inspiriert von einer Sage, ab 1920 auf die Suche nach dem Herzogsgrab und findet es doch wahrhaftig unter Gesträuch und Moos auf der Halbinsel Mönchgut. Es werden Urnen und die Überreste von 40 Menschen entdeckt. Ferner Grabbeilagen wie Steinbeile, Flinte, Pfeilspitzen und Bernsteinschmuck gräbt man aus. Keine goldenen Masken wie in Ägypten, aber immerhin. Von den drei Deckplatten hat lediglich eine die Jahrtausende unbeschädigt überstanden. Sie wiegt sechs Tonnen. Es müssen schon intelligente und kräftige Menschen gewesen sein, die diese Steine vor rund 4.000 Jahren bewegen konnten.
Die feinen Damen von heute, speziell die Urlauberinnen, tragen keine Steine mehr. Sie tragen Perlenketten und Stirnbänder, wenn sie ausgehen. Und dazu einen Kurzhaarschnitt namens Bubikopf. Offenes Haar? Für diese neue Mode ist Marie nicht zu haben, selbst Alma und Lene bleiben bei ihrer Steckfrisur, dennoch werden auch ihre Kleider luftiger und etwas kürzer. Die Stimmung steigt, es treffen wieder mehr Gäste in Sellin ein. Die Schrecken des Krieges stecken den Menschen zwar weiterhin in den Knochen, aber vielleicht wird gerade deshalb das Leben gefeiert. Zumindest bei denen, die es sich leisten können. Und diejenigen, die von Dampfern und Zügen in den Sommern der 20er Jahre ausgespuckt werden, können sich Leben, Urlaub und Vergnügen problemlos leisten. Da die Gäste vor der ehemals kaiserlichen Post unter den verschiedensten Zeitungen auswählen können, bin ich eigentlich durchweg bestens informiert, wenn sie auf der Veranda frühstücken und sich über die aktuellen Nachrichten austauschen. Manches Mal kriege ich die eine oder andere Neuigkeit sogar eher mit, als die Familie oder das Personal, die haben in der Saison fürs Zeitunglesen gar keine Muße. Ich erfahre, dass die Republik eine neue Nationalhymne hat. Vor dem Deutschen Krieg von 1866 sang man eine Hymne, zu der „unser“

Ernst Moritz Arndt aus Groß Schoritz den Text mit dem Titel dichtete: „Was ist des Deutschen Vaterland“. Da reimte er unter anderem:
Ist's Preußenland, Ist's Schwabenland, Ist's wo am Rhein die Rebe blüht, Ist's wo am Belt die Möwe fliegt, Ist's Pommerland, Westfalenland, Ist's, wo der Sand der Dünen weht, Ist's, wo die Donau brausend geht, Oh nein, nein, nein, Sein Vaterland muß größer sein, das ganze Deutschland soll es sein.
Die Kaiserhymne war später zwar keine offizielle Hymne, aber sie wurde besonders am Anfang des Krieges enthusiastisch zur Melodie der Englischen Nationalhymne geschmettert:
Heil Dir im Siegerkranz, Herrscher des Vaterlands! Heil Kaiser Dir! Fühl in des Thrones Glanz die hohe Wonne ganz, Liebling des Volks zu sein! Heil Kaiser Dir! Heilige Flamme, glüh, glüh und erlösche nie fürs Vaterland! Wir alle stehen dann mutig für einen Mann, kämpfen und bluten gern für Thron und Reich. Und dann: Wenn Du Bogen und Axt, Schlachtbeil und Sense packst, Zwingherrn den Kopf zerhackst, Brenn, alter Mut!
Ich kann mir nicht vorstellen, dass die Männer auf den Schlachtfeldern gern geblutet und sich die Köppe zerhackt haben. Die Volkshymne wurde parodierend umgeschrieben und folgender Text entstand:
Heil Dir im Siegerkranz! Kartoffeln mit Heringsschwanz, Heil Kaiser Dir! Friß in des Thrones Glanz, Die fette Weihnachtsgans, Uns bleibt der Heringsschwanz, in Packpapier.
Keine Ahnung, ob die Texte der Hymnen Omen für die Zukunft sein können, jetzt heißt es im Deutschlandlied: *Deutschland, Deutschland über alles, über alles in der Welt.* Wir werden sehen.
Ich erfahre vom Mord an Außenminister Walther Rathenau, der hart erkämpften Unabhängigkeit Irlands, das den irischen Freistaat um den Preis von sechs verlorenen Nordprovinzen gründet. James Joyce macht mit seinem „Ulysses“ Furore, Hermann Hesse mit „Siddhartha“. In den ersten Lichtspielhäusern kann man sich bei Murnaus „Nosferatu“ gruseln. Es ist die goldene Zeit des Stummfilms, in der Schauspieler wie Charlie Chaplin, in Deutschland Pola Negri und Emil Jannings Weltruhm erlangen. Kino soll es nun auch bei uns geben. Otto Kempe mietet den großen Saal des Central-Hotels in der Hauptstraße, kauft Bestuhlung und Projektor und so können Gäste und heimisches Publikum auch in Sellin Filme sehen. Es steht bei diesen Veranstaltungen eine extra zu diesem Zweck eingeteilte Feuerwache bereit. Sicher ist sicher. In und um die Häuser zieht ein frischer Stil. Art Deco, Bauhaus, neue Sachlichkeit. Nicht bei uns. Vielleicht ist die

eine oder andere Fassade eines neu gebauten Hauses etwas nüchterner gehalten, trotz alledem überwiegen die Balkone, die teilweise wie hölzerne, weiße Spitzendeckchen aussehen. Bei mir ranken sich inzwischen links und rechts des Haupteingangs rotblühende Kletterrosen an den Veranden empor.

Wenn's doch nur die Rosen wären, die in die Höhe wachsen. Was leider viel rasanter in die Höhe schießt, sind die Preise; die Inflation grassiert. Im Juni 1923 muss ein Selliner Gast für die Kurtaxen-Saisonkarte 55.200 Mark berappen, nebst 200 Mark Verwaltungszuschlag. Hatte Alma 1920 für einen Brief an ihre Lieben in Thüringen 20 Pfennige bezahlt, kostet das Porto im September 100.000 Mark, am 9.11. eine ganze, unglaubliche Milliarde. Das kann sich keiner mehr vorstellen. Geld ist nichts mehr wert, Wurst schon. Brot und Essensmarken ebenso. Damit werden sogar Arbeitsstunden entlohnt. So zahlen letztendlich diejenigen die Zeche für den verlorenen Krieg, die reine Geldvermögen haben oder abhängig beschäftigt sind. Die Masse macht's mal wieder. Eine echte Masse Geld befindet sich zu diesem Zeitpunkt in der Kasse der Freiwilligen Feuerwehr, nämlich sagenhafte 11.897.000.000 Mark. So viel haben wir nicht in der Kasse, eher weniger, denn Fleisch kann sich der normale Mensch bei vermillionenfachten Preisen kaum leisten. Vielleicht langt es noch für schwartige Schweinefüßchen und Ringelschwänzchen im Erbseneintopf. Den wirklich Notleidenden gibt die Gemeinde gratis Bretter für Särge aus. Ein Herr Hitler versucht einen Putsch in München, der von der bayrischen Landespolizei jedoch niedergeschlagen werden kann. In Sellin herrscht der pure Existenzkampf. Einige Hausbesitzer fallen dem Bankrottgespenst zum Opfer, das wieder einmal durch die Straßen zieht. Wir schaffen es irgendwie. Zu Silvester sind wir alle froh, dass dieses bedrückende Jahr endlich hinter uns liegt. Nach der Einführung der Rentenmark erreichen wir langsam wieder ruhigere Gewässer.

Ein besonders ruhiges Gewässer ist in diesem Winter die Ostsee. Still liegt sie unter einer dicken Eisschicht. Bis zum 24. Februar 1924. Wie von einem unsichtbaren Regisseur angeschoben setzen sich die Eismassen laut knarzend in Bewegung. Binnen weniger Minuten reißen durch die entfachten Kräfte die Brückenpfähle mitsamt ihrer Befestigung heraus und liegen wie umgeknickte Streichhölzer auf dem Eis. Das Gekrache und Getöse ist unüberhörbar. Alles rennt los. Ich nicht. Ein Haus hat keine Beine. Ein schlimmer Anblick muss es sein, diese zerstörte Seebrücke. Entsetzen,

Trauer, ein bisschen Faszination, so in etwa ist die Gefühlslage derer, die den Totalschaden begutachten. Die Gemeinde beschließt nicht nur den Wiederaufbau, sondern setzt ihn sofort um. Bis zur Saison steht zumindest die Landungsbrücke wieder, die sogar ein kleines Stückchen länger ist als zuvor. Die Gestaltung des neuen Brückenhauses prägt natürlich die kommende Saison. Was allerdings das Strandleben maßgeblich prägt, sind die verlotternden Sitten. Die frechen Berliner haben damit angefangen. Gehen ins Familienbad, schwimmen, plantschen und kehren danach nicht, wie es sich eigentlich gehören würde, zurück hinter den Brettersichtschutz, um sich dort wieder vollständig zu bekleiden, sondern laufen direktemang zu ihrem Strandkorb. Erstaunen, Verwunderung, es gibt verärgerte Reaktionen. Da prallen gegensätzliche Weltbilder aufeinander. So etwas hatte man zuvor auf Rügen nicht erlebt. Es herrschte von je her züchtiger Bekleidungszwang am Strand. Auf viele konservativ verklemmte Herrschaften wirken die, die in Badekleidung im Sand und Wasser herumspringen, wie wilde Halbnackte. Und sich dann noch mit den nassen Klamotten in den Strandkorb setzen. Das ist ja der Gipfel! Was für eine Verrohung des guten Stils. Andere erfreuen sich der neugewonnenen Freiheit und des Anblicks der Damen und Herren in knappen Badeanzügen, wie man sie sonst allein in den abgegrenzten Bädern betrachten konnte, denn ab 1922 ist das Freibaden jenseits des Damen-, Herren- und Familienbades offiziell erlaubt. Für weiterführende anatomische Studien bleiben selbstverständlich die Astlöcher in den Holzwänden des Damenbads interessant, das nach wie vor gut besucht ist.

Wachsen und Aufwachsen

Unseren Horst interessieren die verborgenen Welten unter dem Stoff nicht. Er genießt es sehr, in der lockeren Obhut von Hausgästen an Strand und Wasser herumzutoben. Die nehmen den Kleinen gerne mit und entlasten Alma, die Schritt für Schritt mehr Aufgaben im Geschäft übernimmt. Sie steht hin und wieder hinter der Theke und bedient Kunden. Eine kleine Marotte von ihr ist es, sich zwischendurch kleine Stückchen rohen Fleisches abzuschneiden und zu essen. Schmeckt doch wie Tartar, meint sie. Eine andere Delikatesse sind die weißen Kugelpupillen, die sie aus den Augen der geräucherten Bücklinge pult. Sie hat sich nach fünf Jahren gut in Sellin eingelebt und ist so stolz auf ihren Sohni, der im April dieses Jahres eingeschult wird. Mit Tante Käthes Hanni und Malte von nebenan. Die zwei sind mittlerweile zu einem unzertrennlichen Gespann herangewachsen. So sitzen und lauschen sie mit angehenden Mitschülern und den Eltern am Tag ihrer Einschulung dem ehrwürdigen Herrn Pfarrer. Er liest aus dem Evangelium die Speisung der 5.000, bei der Jesus auf wundersame Weise fünf Brote und zwei Fische vermehrte und so 5.000 Menschen versorgte, die sich um ihn scharten. Horst kommt das komisch vor. „Malten, glööwst du dat?", fragt er für alle laut und vernehmlich seinen Freund. Alma ist es ziemlich unangenehm, dass nun ausgerechnet ihr Sohn die biblische Geschichte in Frage stellt. Schon jetzt wohnt in dem kleinen Jungen ein reger, kritischer Geist. Und er ist sehr lebendig. Die Kreise, die Malte und er, manchmal mit der kleinen Lonny im Schlepptau, ziehen, werden größer und größer. Die kleenen Kruken irrlichtern wie zwei freie Elemente durch die Gemeinde. Der magische Dachboden reizt mit den Schätzen des Kapitäns. Sie stöbern sich durch Masken aus der Südsee, Speere und andere Artefakte aus fernen Ländern. Dort finden sie eines Tages ein altes Vorderladergewehr, machen sich mit dem unhandlichen Teil auf den Weg und treffen Gemeindevorsteher Hermann Holtz. Der möchte wissen, was die Jungs vorhaben. „Wir wollen Hirsche schießen", verkünden sie selbstbewusst. „Na, dann braucht ihr aber einen Jagdschein", meint daraufhin Hermann Holtz, nimmt sie mit in sein Büro, füllt ein Formular aus, knallt einen Stempel aufs Papier und unterschreibt zur kolossalen Freude der Jungs. Mit ihrem frisch ausgestellten Jagdschein in der Tasche schleppen sie das Gewehr in den Wald. Malte will überprüfen, ob der Vorderlader stabil genug ist und haut den Lauf kräftig gegen einen Baum. Das alte Gewehr besteht diesen Härtetest nicht. Es zerbricht. Bedröppelt schleichen sich die beiden nach ihrer erfolglosen Jagd wieder heim, wo das dicke Ende auf sie wartet. Ja, die Zeiten waren einerseits außergewöhnlich frei, andererseits streng. Verzärtelt wird Horst nicht unbedingt. Wenn er unpünktlich zum Abendessen erscheint, heißt es „In der Ecke stramm stehen, und ohne einen Mucks." Frei ist überhaupt das Stichwort für die kommenden Jahre. Alles ist irgendwie anders, verglichen mit der Zeit vor dem Krieg. Frei und ein bisschen wild. Ein Besuch beim aktuellen Badearzt kann zu einer nicht ganz ungefährlichen Angelegenheit werden. Im parkähnlichen Garten von Villa Wiking Hall turnen Affen in den Bäumen. Oder eben nicht, denn als der unbedarfte Horst dort einmal etwas abholen soll, klettert so ein Affe in buchstäblich affenartiger Geschwindigkeit herunter, rennt auf ihn zu, beißt ihn herzhaft ins Knie und flitzt zurück auf den Baum. Aber es kommt noch doller. Wieder trifft es den armen Horsting, der es ein andermal ohne sonstige Zwischenfälle bis ins dustere Wartezimmer geschafft hat, wo er Platz nehmen soll. Während er da so alleine sitzt, faucht es plötzlich mächtig. Der Schreck saust ihm in die Glieder, vor allem als er unter dem Sofa einen Puma liegen sieht. Der war sicherlich dort vergessen worden, denn offiziell sollte er da nicht liegen. Horst übersteht die Begegnungen mit den bedingt zahmen Haustieren des exzentrischen Badearztes zum Glück unbeschadet. Die Zeiten sind nicht nur freier und wilder, sondern glänzen etwas goldener. Es geht eindeutig wieder aufwärts. Das Brückenhaus hat jetzt am Beginn des Landungsstegs zusätzlich seitliche Anbauten zu bieten. Links nimmt die Kurkapelle für die täglich stattfindenden Konzerte Platz, rechts gibt es eine Konditorei und Lesehalle.

Bei Töllners geht es gleichfalls aufwärts. Der alte Fritz und Otto investieren in eine neue Idee. „Auto-Rundfahrt Sellin a. Rügen" heißt Ottos Firma, und das steht auch auf dem Gefährt, das wie eine riesige Badewanne auf Rädern aussieht. Um die 30 Leute finden in diesem dachlosen Gefährt Platz. Mit Chauffeur geht's dann zu den Sehenswürdigkeiten der Insel. Ausflüge beispielsweise nach Stubbenkammer zu den Kreidefelsen oder zum viereckigen Schinkelschen Leuchtturm am Kap Arkona, der nördlichsten Spitze Rügens, werden daher für größere Gruppen überhaupt erst möglich. Der Nachteil liegt auf der Hand. Wenn's regnet, wird es trotz des behelfsmäßigen Verdecks für alle eine feuchte Angelegenheit. So besonders motorisiert ist man zu dieser Zeit nicht. Es gibt zwar seit 1910 einen Automobilclub auf Rügen, wobei Autos und Taxis doch eher Mangelware

Töllners Bus mit Aufschrift und Gästen um 1926

sind. Die Urlauber kommen nach wie vor hauptsächlich mit der Bahn oder dem Dampfer aus Stettin und Swinemünde. Da ist solch ein offener Bus schon etwas Besonderes und sehr modern. Für mich ist es zeitweise richtig schwierig, mich an die schnellen Veränderungen zu gewöhnen. Seit der Saison 1919 können zahlungskräftige Urlaubsgäste sogar mit dem Wasserflugzeug aus Stralsund zu den verschiedenen Ostseebädern fliegen. Manchmal kann ich die Flugzeugmotoren über mir knattern hören.

Innerhalb der Familie gibt es wieder Grund zur Freude. Zum einen haben der junge Fritz und seine Trude in Berlin Söhnchen Burchard bekommen, zum anderen Lenchens bevorstehende Hochzeit mit Erich Vieth, ebenfalls aus Berlin. Am 2.10.1925 ist es soweit. Sie heiraten und ziehen in die Villa Granitz. Dieses Haus steuert Fritz senior zum Eheglück mit bei. 1897 erbaut und getauft steht die schmucke, zweistöckige Villa am oberen Ende der Wilhelmstraße. Eine Freitreppe führt zum Eingang, zwei Säulen stützen einen schmiedeeisernen Balkon, ein riesiger Garten mit Waldbäumen schließt sich nach hinten an. Das Paar nimmt den Pensionsbetrieb auf. Lenchen startet darüber hinaus einen Strandkorbverleih. Damit lässt sich bei einer Miete von fünf bis zehn Mark wöchentlich, je nach Jahreszeit, ganz gut was dazu verdienen.

Villa Granitz um 1897

Wie praktisch, dass die Strandkörbe in der Kriegsgefangenenbaracke überwintern können, die Fritz nach dem Krieg aus aus Dranske geholt und auf unserem Grundstück aufgebaut hat. Alle sind froh, dass nach den turbulenten Jahren jetzt so etwas wie Normalität in das Selliner und unser Leben einzieht. Die Besucherzahlen steigen unaufhaltsam. 1924 kann Sellin 16% der Urlauber aller Badeorte Rügens für sich verbuchen, 14.000, um genau zu sein. 1925 werden die Gäste im neu erschienenen Badeprospekt mit einem Geleitwort auf ihren Urlaub eingestimmt:

Was den Badeorten an der Küste unserer deutschen Heimat ihren einzigartigen Reiz verleiht, was sie zu magnetischen Anziehungspunkten für die Bewohner des Binnenlandes macht, das ist das unvergleichliche Panorama der blauen Ostseefluten. Die Melodie des ewig rauschenden Meeres, der unermeßlich weite Blick über seine schaumgekrönten Wellen zieht jeden in seinen Bann und übt seine faszinierende Wirkung auch auf die Söhne seiner Küste immer von neuem aus. Die Ostsee! Welche Geheimnisse mag sie in ihrem Schoße bergen, sie, die Jahrtausende kommen und gehen sah, in deren Wellen schon in grauer Vorzeit die Kiele stolzer Wikingerschiffe silberne Furchen schnitten? Mit immer wechselndem Spiel hält sie uns in ihrem Zauberbann: ob sie ihren Spiegel glättet und leuchtendes Blau aus ihren Tiefen strahlen läßt, ob sie unterm Seewind lustig ihre Wellen kräuselt und nach uns hascht, oder ob sie zornbebend, mit gigantischer Kraft, ihre sturmgepeitschten Wogen hoch auf den Strand schleudert. Tausende schöpfen alljährlich neue Kraft, neue Stärke aus ihr; und der müde Wanderer, welcher an ihrem Strande ausruht von den Sorgen des Alltags, von den Anstrengungen des Berufs, er badet nicht nur den Körper gesund in den kühlenden Fluten, nein, er findet auch, von der köstlichen reinen Seeluft umspült, die Spannkraft und Frische des Geistes wieder.

Es folgen tiefschürfende Betrachtungen über *Sellin als Seebad und klimatischer*

Kurort, die natürlich dazu dienen sollen, Gäste außerhalb der Sommersaison anzulocken:

Zwei Hauptfaktoren bedingen bekanntlich die Heilkraft eines Seebades: Luft und Wasser. Während die anregende Wirkung der kalten und warmen Seewasserbäder seit alters her feststeht, ist es erst den unermüdlichen und verdienstvollen Forschungen der Gesellschaft für Meeresheilkunde zu verdanken, daß heute auch über das umfangreiche Gebiet der klimatischen Einflüsse genauere Ergebnisse vorliegen.

Der Salzwassergehalt der Luft in den Küstengebieten beruht bekanntlich auf der Vermischung mit unendlich feinen Wasserteilchen, welche, vom Seewind aufgewirbelt und in Atome zerstäubt, den Luftmolekülen anhaften und weit ins Land hineingetragen werden. Daraus erhellt ohne weiteres, daß die Windverhältnisse bzw. Luftströmungen ausschlaggebend für die Beschaffenheit der Seeluft sind, und weiterhin, daß der Salzgehalt progredient mit der Entfernung von der Küste abnimmt. So unterscheidet man mit Recht ein allgemeines Seeklima und ein Strandklima; es sei hier nur die Tatsache aufgeführt, daß beispielsweise Holländer, welche aus dem feuchten Seeklima ihres Landes an den Strand transferiert werden, doch deutlich die Umstimmung zeigen, welche das eigentliche Strandklima im Körper hervorruft.

Schade, dass an dieser Stelle nicht weiter darauf eingegangen wird, wie ich mir einen umgestimmten Holländer vorzustellen habe. Weiter heißt es im diesjährigen Badeprospekt:

Nun liegt es auf der Hand, daß eine Insel in ganz besonderem Maße und mehr als die Küste des Festlandes vom Seewind bestrichen wird und deshalb den denkbar höchsten Seewassergehalt ihrer Luft aufweisen muß. Die von Jahr zu Jahr zunehmende Bevorzugung der Nordsee-Inseln ist nichts als die praktische Nutzanwendung dieser Beobachtung und ist zur Selbstverständlichkeit geworden.

Doch was für die Nordsee gilt, das trifft in mindestens gleichem Maße auch für Rügen, Deutschlands größter Ostsee-Insel zu. Es ist längst durch einwandfreie Untersuchungen bestätigt worden, daß die im Gebiet der Ostsee herrschenden Luftströmungen keineswegs, wie vielfach angenommen wurde, hinter denen zurückbleiben, und daß daher an der Ostsee bei relativ milderen Winden der Seewassergehalt der Luft der gleiche ist wie an der Nordsee. Dazu kommt noch als besonderer Vorteil der stärkere Gehalt des Ostseewassers an radioaktiven Substanzen. Es verdient daher immer wieder hervorgehoben zu werden, daß Sellin einerseits alle Heilfaktoren eines Seebades bietet, andererseits aber gerade diesen milderen Winden neben seiner geschützten Lage den Ruf seines hervorragend günstigen Klimas verdankt.

Ich glaube, jetzt etwas besser verstehen zu können, weshalb die weiße Farbe auf meiner Veranda wieder und wieder abblättert und erneuert werden muss. Mir scheint, der Seewassergehalt in der Luft ist dafür verantwortlich. Außerdem lernt der Urlauber, wie einzigartig Sellin doch ist:

Von allen Seebädern der Insel Rügen dürfte nun Sellin das von der Natur am meisten bevorzugte sein. Durch die bewaldeten Höhenzüge seiner Umgebung gegen Nord- und Ostwinde völlig geschützt, sorgt seine ideale Lage inmitten ausgedehnter Waldungen und großer Wasserflächen für eine unvergleichlich reine, staubfreie Luft. Der blendend weiße, steinfreie, breite Strand wird nach der Landseite vollkommen durch das Hochufer abgeschlossen, und der unmittelbar angrenzende Hochwald bietet nicht nur dem Auge ein bezauberndes Bild, sondern erhöht auch das Gefühl des Geschützt- und Geborgenseins am Strande.

Es ist ein Irrtum zu glauben, daß der Erfolg einer Badereise an die See nur durch das Baden im Meer gewährleistet wird. Die oben besprochenen Faktoren sind für die Erholung und Genesung mindestens ebenso bedeutungsvoll! Schon die akute Klimaänderung, welche naturgemäß erheblich stärkere Anfangswirkungen als ein Daueraufenthalt zeigt, übt einen außerordentlichen Reiz auf den Gesamtstoffwechsel des Körpers aus. Unzweifelhaft finden durch die Reizwirkungen des Klimas Änderungen in den Regulationen des Zentralnervensystems statt, durch welche die Oxidationsprozesse in den einzelnen Körperzellen, die Funktion der Haut und der inneren Organe beeinflußt werden.

Sellin bietet daher einen besonders geeigneten Aufenthalt allen, bei denen eine Anregung des Stoffwechsels, eine Kräftigung erzielt werden soll. Also in erster Linie Erholungsbedürftigen und Genesenden jeder Art; Tuberkulose-Gefährdeten, Skrofulösen; an Störungen des Stoffwechsels und des lymphatischen Apparates Leidenden; ferner blutarmen, chlorotischen, rachitischen, unterernährten oder widerstandsschwachen Kindern; und endlich allen an Katharren der Luftwege, Heuschnupfen oder Asthma Erkrankten.

Warum die Ostsee von allen genannten Kranken fast nur im Sommer, nicht aber auch im Winter aufgesucht wurde, obwohl sie nach Professor Bachmeister und anderen Gelehrten sich für Winterkuren gleich gut eignet, das soll hier nicht weiter erörtert werden. Es mag sein, daß, im Gegensatz zur Nordsee, nicht genügend auf den Wert der Winterkuren an der Ostsee hingewiesen wurde; vielleicht auch tragen übernommene Anschauungen die Schuld, welche an dem Glauben festhalten, daß nur die Hochgebirgssonne im Winter Heilung bringen könne, während doch in Wirklichkeit die Sonnenstrahlung bei der klimatischen Einwirkung nicht der ausschlaggebende Faktor ist.

Wenn dieser Hinweis dazu beitragen sollte, dem schönen Sellin nicht nur Sommer-, sondern auch Wintergäste zu bringen, denen es seine Heilkraft zeigen kann, so haben die vorstehenden Zeilen ihren Zweck, auf die vielseitigen Heilwirkungen der Ostsee

aufmerksam zu machen, erfüllt.
Später wird noch darauf hingewiesen, dass Sellin ausgesprochen geeignet sei bei allgemeiner Erschöpfung, Schwächezuständen, Skrofulose und der bereits erwähnten Bleichsucht. Ich verstehe ja von Heilwirkungen und Erkrankungen nach wie vor nicht so viel, aber skrofulöse Patienten leiden wohl unter einer Art von Hauttuberkulose. Otto annonciert ebenfalls im Bäderprospekt von 1925. Unter der Rubrik *Wissenswertes über Sellin und seine Umgebung* erklärt die Broschüre: *Seine wachsende Beliebtheit als Kurort verdankt Sellin neben seiner eigenen Regsamkeit seiner von der Natur aus begünstigten Lage im Südostteile der Insel Rügen – Dort, wo der Greifswalder Bodden mit der sogenannten Having bis zur Meerenge nach Baabe ins Land dringt, um dann sein Salzwasser in den Selliner See zu ergießen, dort begrüßen uns die ersten Häuser von Sellin. Prachtvolle, schattige Straßen, malerisch mit Hotels und Villen geschmückt, führen bis zum Hauptstrande der Ostsee, und von hier aus bietet sich dem entzückten Auge eine unbegrenzte Fernsicht über den tiefer gelegenen Badestrand und das schimmernde Meer.*

Annonce Otto Töllner, 1925

Für die Unterkunft der Gäste stehen einige 120 Häuser zur Verfügung, und der Besucher findet von der stillen Fischerhütte bis zum komfortablen Kurhotel alles, was sein Herz begehrt.
Begehren könnte das Herz ebenso die vorgeschlagenen Ausflüge. Es reizt der *geheimnisvolle, tief im Walde versteckte Schwarze See, oder der sagenumwobene Herthasee* in der Nähe der Kreidefelsen, oder vielleicht doch *eine Fahrt mit Segel- oder Motorboot zur Insel Vilm mit ihren prachtvollen tausendjährigen Eichen.*
Von diesem ganz in der Nähe von Putbus im Wasser liegenden Inselchen sind die Gäste durchweg begeistert. Seit Jahrhunderten durften hier die uralten Eichen ungestört ihre mächtigen Kronen entfalten. Ein Miniatur-Rügen mit sandigen Hochufern, Stränden und Schilfrohr bewachsenen Ufern. Ein Vogelparadies obendrein. Wie eine weiße, gefiederte Flotte sammeln sich je nach Jahreszeit Hunderte von Schwänen im flachen Wasser zwischen Vilm und Putbus.
Es werden Sonntagsfahrten mit dem großen Rügendampfer angeboten:

In sechseinhalb Stunden *nach der dänischen Insel Bornholm, einer Fundgrube geologischer und historischer Sehenswürdigkeiten, und vor allem ein Besuch der Stadt Stralsund, deren Geschichte mit dem Namen eines Wallenstein und eines Schill aufs Engste verknüpft ist, und deren jahrhundertealten Bauten und Denkmäler dem Kunstfreund ein charakteristisches Bild vergangener nordischer Baukunst vermitteln.* Wer sich wegen Seekrankheit nicht auf einen Dampfer traut, kann sich ein Fuhrwerk mieten. Mit einem Auto kommt man mit fünf Personen für 15 Mark zum Jagdschloss, 20 Mark kostet es bis Binz, 25 nach Putbus. Oder aber, und das ist uns natürlich das Allerliebste, man setzt sich in unseren Bus und lässt sich über die Insel kutschieren. Für diese Urlaubsidylle mit den vielfältigen Angeboten muss der Gast 1926 für die Kurtaxe mehr als doppelt so tief in die Tasche greifen wie vor zehn Jahren. Die Zeichen der Zeit stehen auf Veränderung, und Sellin hat in der Tat jede Menge zu bieten. Für den angeschlagenen Urlauber ist ebenfalls bestens gesorgt: Arzt, Zahnarzt, Apotheke, alles im Ort. Bei gutem Wetter gibt es immer noch die Waldgottesdienste unter freiem Himmel. Aber für die Selliner wird auch einiges getan. Nachdem sie ja im Krieg konfisziert wurden, läuten 1926 in der Gnadenkirche endlich wieder zwei neue Glocken. Es gründet sich der Schützenverein, und der bereits 1924 ins Leben gerufene TSV Sellin bekommt seinen Sportplatz. Das Kriegerdenkmal, das unter grünenden Buchen am Rande des Friedhofs gegenüber der evangelischen Gnadenkirche steht, wird im Mai dieses Jahres feierlich eingeweiht. Auf der einen Seite des mit grauen Granitsteinen gemauerten und sich nach oben verjüngenden Blocks ist auf einer polierten Tafel mit Großbuchstaben eingraviert: *Helden, gefallen im Ringen Deutschlands um Ehre und Sein! Nie soll ihr Name verklingen! Heilig soll er uns sein!* Auf der anderen Seite sind unter dem Eisernen Kreuz die Namen der im Krieg gefallenen und der nach 1918 an den Folgen des Krieges verstorbenen Soldaten verewigt. Vielleicht ist dieser stille Ort ein guter Platz für die Trauer der Angehörigen. Nachdem Lenchen ausgeflogen ist und sich mit Erich in der „Granitz“ ein neues Zuhause baut, ist innerhalb meiner vielen Wände endlich Platz für die kleine Familie, die unverändert klein bleibt. Otto, Alma und unser Einzelprinz ziehen in zwei zusammenhängende Zimmer im hinteren Erdgeschoss, mit Veranda und Morgensonne. Für Horst scheint es in der Schule gut zu laufen. Lesen, Schreiben, Rechnen, kein Problem für ihn. Ich höre manchmal sein Stimmchen, wie er ein plattdeutsches Gedicht über die Liebe eines Jungen zu seiner Schwester aufsagt, das er gerade auswendig gelernt hat:

Wenn ick groot bin, Katrien
Und Du bist och groot
Dann wast Du min Fruh
Denn havn wie Pierd im Stal
Und wenn wie nich mehr rieden mögen
Dann spähln wie bettn Ball
Und wenn wie nicht mehr spähln mögen
Dann gorn wie to Beed
Und schloopen bed Glock nägen
Bet dat utschlogen hat
Und sind wie denn upstohn
Und ick heff mie balbiert
Dann steht schon die Kaffeekann
Warm upp'm Hierd
Unn dann plägn wir uns an Stuten, Katrien
Ach künnt et bald sin! *(Verfasser unbekannt)*

Horst ist allerdings nicht immer so brav und sagt Gedichte auf. Große Aufregung, als Malte und er einen ganzen Nachmittag verschwunden sind. Keiner weiß, wo sie stecken. Erst am Abend klärt sich die Sache auf, als sie völlig durchnässt, verfroren und kleinlaut wieder bei uns anlanden. Die beiden waren unten am Selliner See gefragt worden, ob sie Lust auf einen Segeltörn hätten. Klar wollten sie sich diese großartige Chance nicht entgehen lassen. Nach Hause rennen und Bescheid sagen dauerte jedenfalls zu lange. Das Boot mit den Urlaubern und den Jungs an Bord legte ab. Sie schipperten nicht nur den Bodden entlang, sondern segelten gleich raus auf die Having, einem Teil der offenen Ostsee, der zwischen Selliner See und der schmalen Halbinsel Reddevitzer Höft liegt. Wind wehte um ihre kleinen Nasen, sie fanden es himmlisch. Bis der Wind auf einmal drehte, und so stark wurde, dass Wasser ins Boot lief und sie kaum mehr den sicheren Hafen erreichten. Trotz der riesengroßen Erleichterung bei den beiden Almas bricht das Donnerwetter über die Entlaufenen herein.
Unsere Alma ist sowieso recht ängstlich. Es heißt, noch bevor sie Otto kennenlernte, hätte mal ein fremder Mann unter ihrem Bett gelegen, als sie nichtsahnend ihr Zimmer betrat. Seither sei sie so schreckhaft. Umso erstaunlicher ist es, was sie sich traut, als sie eines Nachts von lautem Geklapper wach wird. Otto ist nicht da, die Arme ist ganz auf sich allein

gestellt. Das Geräusch kommt eindeutig aus den Stallungen. Einbrecher? Ich traue meinen Fenstern nicht. Alma fasst sich ein Herz und Ottos Pistole, die sie allerdings gar nicht zu bedienen weiß, schleicht im Nachthemd aus der Hintertür und zögerlich über den Hof. Rums, da ist das Geräusch wieder. Mit allem Mut, den sie zusammennehmen kann, öffnet sie die Stalltür. Da steht kein Einbrecher, sondern das Pferd, das sich fröhlich an der Haferkiste bedient. Mit der langen Schnauze schiebt es den Deckel nach oben, holt sich ein Maul voll raus, zieht den Kopf zurück, und Bums fällt der Deckel wieder zu. So einfach.

Die lebendigen Pferdestärken sind nicht nur für unser eigenes Fuhrwerk wichtig, sondern ohne sie läuft auch bei der Feuerwehr nichts. Wenn der Feueralarm ertönt, muss es verflixt schnell gehen. So schnell, dass sich unsere Gesellen, wenn sie nachts aus den Betten springen, oft bloß die Hose überstreifen. Otto macht das Tor auf, und mit nacktem Oberkörper galoppieren sie zur Feuerwehr, wo die Pferde dann für den Spritzenwagen benötigt werden. Die Gesellen sind deswegen so flink auf den Beinen, weil ihnen eine Prämie winkt. 20 Mark für das Siegergespann, 15 für das zweite und immerhin noch 10 für das dritte.

Gegen die technischen Neuentwicklungen wie Flugzeuge muten Pferdegespanne geradezu altmodisch an. Otto geht bzw. fährt ebenfalls mit der Zeit. Er hat die Prüfung für den Motorradführerschein in Stralsund bestanden. Das neue Motorrad steht auf dem Hof vor der Kriegsgefangenenbaracke aus dem Krieg. Fürs Foto schwingt sich Alma mutig mit Brille und Lederkappe soagar auf den Fahrersitz.

Alma und Otto Töllner um 1927

Das Pädagogium in Putbus

Es ist ein neues Lebensgefühl. Fortschritt, Technik, Bewegungsfreiheit. Dafür steht ebenso der allseits bewunderte Charles Lindbergh, der vor kurzem mit einem Nonstop-Flug den Atlantik überquert hat. Die mühseligen Jahre sind überwunden, das Leben darf wieder Spaß machen. Die Strände sind gut gefüllt, der Sommergoldregen spült die Reichsmärker in die Kassen all derer, die an den Gästen mitverdienen. Und das sind viele. Aber nach wie vor ist die Saison kurz. Innerhalb von drei Monaten muss die Geldernte eingefahren sein. Bei uns ist der Druck nicht ganz so groß, denn das wirtschaftliche Fundament ist weiterhin die Fleischerei. Druck entsteht erst, wenn der Winter nicht kalt genug ist. Doch zum Glück reiht sich ein frostiger Winter an den anderen. Es gibt genug Eis für den Eiskeller. Bis auf ein Mal. Kein Eis bildet sich auf dem Selliner See. Auf der Ostsee schon gar nicht. Was tun? Otto und ein paar Angestellte zuckeln mit dem Fuhrwerk über holprige Waldwege zum Schwarzen See. Horst muss mit. Mit dem Kescher fischen sie nach im Wasser treibenden kleinen Eisschöllchen. Was für eine endlose Arbeit. Tagelang geht das so. Allerdings ist es genau dieses Keschereis, das über das kommende Jahr hinweg durch seine starke Verdichtung besonders langlebig ist.

Der Winter gehört denen, die hier verwurzelt sind. Die Ostsee glitzert an den Hochuferwegen durch das kahle Geäst, eine blaue Weite fast ohne Schiffsverkehr. Wenn der kalte Ostwind pfeift, höre ich die Brandung. Ein beruhigendes Grollen. Richtig laut wird es, wenn sich der Sturm durch die See gräbt, das Wasser aufpeitscht und Sturmfluten gewaltige Mengen an Sand aus den Ufern zerren. Riesige Stücke des Kliffs brechen so immer wieder ab. In Sellin wird er mit der Strömung davongetragen, Richtung Göhren frisch angeschwemmt. Meter für Meter frisst sich das Wasser in die Insel. Eben noch hat am Hochufer ein dicker Baum gestanden, manchmal als jahrelange Hängepartie über der Kante halb geschwebt, halb in der Erde gehalten, jetzt liegt er abgestürzt im Hang, das mächtige Wurzelwerk mit Erde und Sand aus dem Boden gerissen. Dann kann man sehen, wie dünn die Humusschicht ist, die sich über Jahrtausende mühsam gebildet hat und diese Buchenwälder trägt und ernährt. Vielleicht wird diesem Baum ein weiterer Frühling geschenkt oder mehr, wenn er so landet, dass er wieder Fuß fassen kann. Mitunter hält sich solch ein buchstäblich auf der Kippe stehender Baum noch jahrelang. Der Stamm in bedrohlicher Schräglage, ein Teil der

Wurzeln im Boden verkrallt, der andere als struppiges Luftwurzelpaket Wind und Regen ausgesetzt. Aber eigentlich ist es in Sellin im Winter ruhig. Die Fuhrwerke und seltenen Autos fahren leise auf verschneiten, ungeräumten Straßen. Schnee legt sich auf den schlafenden Garten, auf Baumgerippe, auf mein Dach. Oder er legt sich auf die zugefrorene Ostsee. Wie ein blendend weißes, riesiges Bettlaken, das sich von hier bis Schweden spannt. Horst denkt sich bei einem solchen Anblick, wie das so wäre, wenn man sich mit den Schlittschuhen aufmachen würde. Gleiten bis an die schwedische Küste. Ein aufregender Gedanke. Er genießt den Winter mit seinen vielen Kinderfreunden. In wechselnden Zusammensetzungen ziehen sie durch den Ort. Gerne mit Schlitten. Eine ihrer favorisierten Schlittenbahnen ist die steile Treppe an der Seebrücke. Die Himmelsleiter. Sie starten von der vorletzten Plattform. Ich habe keine Ahnung, ob eins der Mädchen von den Jungs herausfordert wird, oder ob sie allein auf die Idee kommt, so genau erzählt es Horst am Abend nicht; überliefert ist mir, dass sie den staunenden Jungs erklärt, sie führe von ganz oben. Und Huiiiii, ab ging‘s. Die Treppe entpuppte sich durch die Plattformen, die der Stiege zwischengebaut sind, als Multischanze. Das Mädchen hob mehrmals unkontrolliert ab, krachte in eine der Ausbuchtungen, die für die Bänke vorgesehen sind, konnte jedoch humpelnd nach Hause laufen. Was für ein Glück, dass sie sich nicht das Genick gebrochen hat. Keiner nach ihr traut sich jemals wieder von ganz oben.

Natürlich ist einer der großen Glanzpunkte des Winters das Weihnachtsfest. Heiligabend ist eigentlich ein normaler Werktag bei uns, so wie in allen anderen Familien auch, und trotzdem kein normaler Tag. Im Laden brummt‘s, bis Otto die Ladentür abschließt. Würstchen sind heiß begehrt, die mit dem seidenzarten Hammeldarm aus Persien, und besonders sorgfältig abgehangene Stücke für den Festtagsbraten. Schon Wochen zuvor beginnt die Vorbereitung. Alma kümmert sich um die Stollen. Reich an Zutaten sind sie. Teure Mandeln, Zitronat und Orangeat, so üppig, dass viel Hefe benötigt wird, um den Teig in die Höhe zu stemmen. Zum Abbacken bringt Alma sie zum Bäcker. Hinterher noch zerlassene Butter über die braune Kruste pinseln, mit Puderzucker bestreuen und ein paar Wochen durchziehen lassen. Horst kann’s kaum erwarten, bis die Kasse endlich geschlossen ist. Sie machen sich fein, gehen die paar Schritte um die Ecke in die Kirche. Dort gibt es für die große evangelische Gemeinde den weihnachtlichen Segen. Das ist ein ausgesprochen seltener Moment für mich. Niemand da. Absolute Stille. Die Zimmermädchen des Sommers haben Winterruhe, die Gesellen sind bei ihren Familien, der letzte Kunde gegangen, die Töllners aus dem Haus. Nur ich allein. Keine Stimmen, keine Schritte, kein Geklapper in der Küche. Der Kartoffelsalat steht fertig auf dem Tisch. Mit Speck und Gurken. Der Weihnachtsbaum ist geschmückt. Das nimmt Alma in die Hand. Aus Steinheid treffen in der Vorweihnachtszeit Päckchen ein. Mit Glaszeug, wie sie es dort nennen. Die meisten vom Andruff. So heißt die schmale Straße, an der sozusagen mein Schwiegerhaus steht. Almas Eltern und Brüder leben dort. Blasen Kugeln und versilbern sie. Vorsichtig mit Silbernitratlösung gefüllt und geschwenkt fällt der Silberspiegel innen aus und verleiht dem Schmuck seinen hauchdünnen Glanz. Um eine Kugel matt erscheinen zu lassen legt man sie anschließend in heiße Kartoffelstärke. Kurt beherrscht sogar die noch schwierigere Kunstfertigkeit des freihändigen Glöckchenziehens. Das kann nicht jeder. Schimmernd liegt der Silberschmuck in den grauen Kartons. Ein jedes Stück in seinem eigenen quadratischen Fach des Pappgitters, mit einem Papier umhüllt. Ich finde, am Ende ist der Baum jedes Mal wunderschön. Wenn die Familie von der Kirche zurückkommt, wird er mit Kerzen zum Leben erweckt. Dann glänzen und blitzen die Glöckchen und Kugeln. Feuer und Eis. Das soll ein echter thüringischer Weihnachtsbaum symbolisieren. Kleine Vögelchen mit Glasfaserschwänzen sitzen auf lamettabehängten Zweigen. Auf der Spitze thront ein längliches, kunstvoll gefertigtes, teilweise mit einem netzartigen Gewebe überzogenes Ding, das mich immer an eine Spezialpickelhaube erinnert. So landet Almas alte Heimat bei uns im Weihnachtszimmer. Wobei ich auch erwähnen sollte, dass mit einem weiteren Fritz noch mehr aus Almas Heimat bei uns gelandet ist. Fritz ist der älteste Sohn von Almas Schwester Frieda, der bei Otto in die Fleischerlehre geht. Für den geschwisterlosen Horst ist das eine schöne Sache, dass die Familie bruderähnlichen Zuwachs bekommt. Ja, der Horst. Knappe zehn Jahre ist er inzwischen alt. Mit der Volksschule wird er im nächsten Frühjahr fertig sein. Was dann? Für Otto ist eigentlich alles geklärt. Volksschule reicht allemal. Wozu eine höhere Schulbildung, wenn der väterliche und großväterliche Betrieb winkt und auf ihn wartet? Alma hat andere Vorstellungen, was mit ihrem einzigen Kind zu geschehen hat. Ich weiß nicht, ob sie mit sicherem Instinkt spürt, dass Horst einmal vielleicht nicht in die Fleischerfußstapfen der Vorväter treten will, oder ob sie für ihn einfach das Beste möchte, was auf dieser Insel möglich ist. Für

das Beste kommt nur eins in Frage, nämlich das staatliche Pädagogium in Putbus.
Ursprünglich hatte der baulustige Fürst Wilhelm Malte zu Putbus mit dem Preußenkönig Friedrich Wilhelm III. verhandelt, ob er nicht die Ausgaben für die Lehrergehälter tragen könne. Der König übernahm das Patronat und später auch die Hälfte der 30.000 Taler Baukosten für das 1836 fertiggestellte Gebäude. Es ist Teil eines klassizistischen Ensembles, das rund um einen Platz, dem sogenannten Circus, angeordnet ist. Weiß und strahlend stehen die Häuser da, vor ihren Fassaden sind Rosenbäumchen gepflanzt. Durch den zentralen Platz ziehen sich von allen Seiten kommend sternförmig Wege, die zur inneren Mitte hin angelegt sind, wo der 21 Meter hohe Obelisk steht. Seit fast 20 Jahren ist das Pädagogium staatlich, die Einheimischen nennen es einfach „Pädschen" und die Schüler „Pädschler". Horst ist ab dem Beginn des neuen Schuljahrs 1928 einer von ihnen. Ein Fleischersohn unter den vielen Vons und Zus aus Landadel und Bürgertum der Insel Rügen, sowie aus Pommern und Berlin. Selbst Schweden verirren sich nach Putbus. Feierlich sitzen sie beim Einschulungsgottesdienst in der Schlosskirche inmitten des riesigen Schlossparks mit seinen uralten Bäumen und dem Wildgehege. Es kann losgehen mit der Bildung. Auf einem Foto festgehalten sieht man sie zu zwölft im Klassenzimmer. Horst in der ersten Reihe als zweiter von rechts, Malte hinten links.

Pädagogium Putbus

Die Wand ziert das Bild eines dicken Hechts. Den kennt Horst gut. Hatte so einer doch seiner Oma Marie heftig in die Hand gebissen. Auf dem Markt gekauft wollte sie den Hecht in der Küche weiterverarbeiten. Offensichtlich untot schnappte das Biest plötzlich zu. Laut geschrien hat die Oma, und die eingeklemmte Hand musste aus dem zugeklappten Kiefer befreit werden. Da haben alle gestaunt, wie lange so ein Hecht an der frischen Luft überleben kann. Für Horst beginnt mit dem Leben in einem Internat ein neuer Abschnitt, selbst wenn sein alter Freund Malte bei diesem Abenteuer mit von der Partie ist. Für uns ist es ebenfalls im wahrsten Sinne des Wortes ein Abschnitt.

Die Familie, aber auch ich fühlen uns tatsächlich wie abgeschnitten von unserem Horst. Es ist deutlich stiller ohne ihn. Der Preis ist hoch, den Alma für seine ausgezeichnete Schulbildung zahlt. Damit meine ich nicht das Schulgeld. Wir werden ihn als Internatsschüler ja kaum zu Gesicht bekommen. Außer in den Ferien und an dem ein oder anderen Wochenende. Dann setzt er sich in die Kleinbahn. Oder Alma fährt mal nach Putbus. Eine echte Umstellung. Umso schöner, dass sein 10. Geburtstag in diesem Jahr auf einen Sonntag fällt, den er bei uns verbringen kann. Er hat Gäste eingeladen. Hanni, Malte und Lonny sitzen um den Küchentisch herum und essen Kuchen. Alma hat wie jedes Jahr eine Vase mit Maiglöckchen auf den Geburtstagstisch gestellt. Von dort verbreitet sich der liebliche Duft und zieht durch die Räume. Maiglöckchen sind Horsts Geburtstagsblumen. Sie stehen im Wald, an manchen Stellen dicht gedrängt, und erhaschen die Sonnenstrahlen, die noch nicht vom Blätterwerk der Bäume eingefangen werden. Selbst wenn der Winter kalt war, meist noch vor Horsts Geburtstag am 20. Mai, recken sich frischgrüne Buchenblättchen wie ein zusammengedrückter Fächer durch die braune Knospenhaut und entfalten sich. Der Wald taucht ein in dieses ganz besondere Licht, das nun durch diese zerbrechlichen, jungen Blättchen scheint. Ein paar verzauberte Tage nur, dann sind sie erwachsen. Fester und dunkelgrün geworden können die Blätter jetzt dem harten Regen oder dem ein oder anderen Hagelschauer trotzen. Das wünschen wir uns auch für Horst. Nicht im harten Regen zu stehen, aber dass er Unverhofftes und Schwieriges, das auf ihn einströmen wird, problemlos bewältigen kann. Er ist zwar kein Primus, eher Durchschnitt, doch es scheint für ihn gut zu laufen. Neben all dem neuen Lernstoff erkunden sie den Ort, haben ihre Verstecke im Park, bewundern die Rothirsche im Gehege oder sogar die echte Fürstin im Schloss. Jedes Jahr werden die Schüler zum ehrfürchtigen Sahnehäubchen eines Schuljahres von ihr eingeladen. Brav sitzen sie bei Kakao und Kuchen und geben die Wohlerzogenen. Was sie absolut nicht immer sind. Zum Glück erfährt und weiß Alma nicht alles von dem, was die Jungens im Einzelnen in ihrer Freizeit so aushecken. Einem Lehrer haben sie eine Schüssel Wasser auf die Treppe gestellt, in die er mit lautem Geschepper tritt, als sie im Schlafsaal extra laut sind, um den Lehrer auf die Treppe zu locken. Ein Tag Bau ist die Strafe. Ein Lehrer, der bisweilen mit Alkoholfahne im Unterricht erscheint, wird kurzerhand „Bibi“ getauft. Hört sich liebenswert an, heißt auf Latein jedoch „ich habe getrunken.“

Schloss Putbus 1928 -
Fritz, Horst und Alma

Eher harmlos ist der Versuch, kleine Eichhörnchen aufzuziehen, die er mit Freund Hans irgendwo aus einem Kobel geholt hat. Eine eigentlich für Schuhe gedachte hölzerne Kiste mit seitlich eingestanzten Löchern steht im Kleiderschrank. Sie wird zu einem Ersatznest umfunktioniert. Jetzt brauchen die beiden bloß noch ein geeignetes Fläschchen mit Sauger. Kein Problem. Liebesperlen sind die Lösung bzw. das Fläschchen, in dem sich die süßen Perlen befinden. Mehrere Versuche sind nötig, bis sie die passende Lochgröße ins Gummihütchen gestochen haben, dann ist der Sauger einsatzbereit. Abwechselnd schleichen sie sich zu ihren Zöglingen und schaffen es doch tatsächlich - selbst die Lehrer merken davon nichts - ihre halbwegs zahmen Eichhörnchen großzukriegen. Auf die Frage, wie sie es in den nahenden Sommerferien regeln sollen, finden die beiden eine Antwort. Die eine Hälfte der Ferien bekommt sie Hans, die andere Horst. Gesagt, getan, so fahren sie mit der Kleinbahn Richtung Sellin. Alles geht glatt, bis Hans den Transportkarton nochmal öffnet. Und prompt entwischen sie und jagen wie die wilden Äffchen über Sitzbänke und Mitreisende. Tumult im Kleinbahnabteil. Erschreckte Schreie, jetzt klettern sie sogar die Gardinchen hoch. Das Ende vom Lied: Alle Eichhörnchen verschwunden. Horst ist schwer enttäuscht, er hatte sich so darauf gefreut, sie uns vorzuführen. Aber weg ist weg, die Enttäuschung rasch verflogen. Der Sommer ist kurzweilig und prall. Prall wie die glänzenden Würste, die am 21. Juli 1928 in der Fleischerei im Ladenfenster am Haken hängen. Neben einem halben Schwein. Ein Fotograf arrangiert die Personen für das Bild.

Familie Töllner mit Angestellten und Bullen vor dem Fleischerladen 1928

Oben links vorm Laden auf dem Treppenabsatz der bärtige, alte Fritz mit seinen 67 Jahren. Die Hände an die Hüften gelegt mit einer Schifferkappe auf dem Kopf. Otto mit Hemd und Krawatte steht, wie man hier sagt, mastig vör der Döhr, die weiße, bodenlange Schürze vor den dicker gewordenen Bauch gebunden. Rechts daneben in Bluse und Schürze Alma, vor seinen Eltern Horst mit langärmligem Wollpulli und kurzer Hose. Die Arme angewinkelt wie sein Großvater. Richtig schick sehen die Gesellen und Lehrlinge aus, die sich für die Aufnahme in Positur bringen. Einer lehnt am Geländer, links unten Fritz aus Steinheid mit Kollege auf dem

Bürgersteig, zwei auf der Straße. Alle in Schlips und Kragen, die kräftigen Arme auf ihren langen Schürzen verschränkt. Bis auf den, der am Strick den Prachtbullen hält. Das 24 Zentner schwere Tier steht ebenfalls auf dem Bürgersteig. Den Kopf verhängt mit einem groben Tuch, zwischen die Hörner ein Palmzweig gesteckt. Am Ladenfenster klebt ein Plakat, das auf das allsommerliche Kinderfest hinweist. Das gab es schon, da gab's mich noch nicht. Seit 1890 ist für die Kinder diese Tradition in Sellin ein Höhepunkt des Sommers. Sowohl für die Einheimischen, Horst geht als Indianer mit großem Federschmuck und Holzschwert, als auch für die Urlaubskinder. Und Kinder, die in Sellin ihre Ferien verbringen, haben wir immer mehr. Dank Werner Schumann aus Leipzig. Letztes Jahr im Mai ist in den neuesten Leipziger Nachrichten sein Inserat erschienen:
Kinder an die Ostsee! Nehme in den großen Ferien noch einige Schüler(innen) mit nach dem Ostseebad Sellin (Rügen). 4 Wochen mit Fahrt und Verpflegung 95 RM. Ia Referenzen.
Diese Annonce schlug voll ein. Ein Zeitgeistnerv war getroffen. Viele Eltern konnten aus geschäftlichen oder beruflichen Gründen nicht gemeinsam mit ihren Kindern Urlaub machen und fanden das Modell vielversprechend, dass sie dank eines solchen Angebots ihren Nachwuchs an die See schicken konnten. Im Central-Hotel machte Herr Schumann für seine 75 Schützlinge Quartier. Er hatte bereits Ferienkolonien geleitet, in Sellin erscheint er jedoch erstmals auf der Bildfläche. Es wurde gleich ein voller Erfolg. Die Kinder fanden es großartig. Keine Überraschung also, dass in diesem Jahr schon 125 Schüler teilnehmen wollen. Er mietet sich für die Mädchen die Villa Frohsinn dazu. Geleitet wird der Aufenthalt von ehemaligen Ferienkolonisten und Lehrern. In kleinen Gruppen ziehen sie herum, machen Bootsfahrten, Wanderungen und Spiele. Disziplin, Ordnung und Kameradschaft werden groß geschrieben. Es gibt regelmäßig Kleider-, Schuh-, Zahn-, Fingernagel- und Ohrenappelle. Es läuft so gut, dass ehemalige Mitarbeiter von ihm auf diesen Zug aufspringen und zu unliebsamen Konkurrenten in „seinem" Sellin werden, immerhin hatte er es entdeckt. Wirklich schaden tut es ihm nicht, er ist schon zu bekannt in Leipzig. Die Anfrage steigt, für die kommende Saison bucht er überdies Zimmer in anderen Pensionen, zieht mit seinen Gruppen zum Fischerstrand, wo sie, fernab vom Rummel des Hauptstrandes, mit Faltboot, Zelten, Bällen und anderen Sportgeräten ihren Spaß haben.

Fette Jahre und doch fast K.O.

Für Horst ist Sommer einfach nur Vergnügen. Griechisch, Latein und Mathematik liegen hinter ihm. Malte ist sein allerliebster Freund, wenngleich Horst im überschaubaren Sellin aber auch die anderen Jungs in seinem Alter kennt. Beispielsweise hat er sich mit Kurt Schreitter angefreundet, dessen Mutter das mondänste Hotel Sellins führt. 1909 gebaut und Meeresgruß genannt liegt es neben dem Kurhaus, ehemals Fürst Wilhelm am Strande, unmittelbar oben am Hochufer. Aus den Zimmern der säulenverzierten Vorderfront hat man eine herrlich endlose Sicht über die Ostsee. Ab 1914 grüßt nicht mehr das Meer, sondern der Kaiser. Obwohl genau dieser Kaiser derzeit in Holland Holz hackt, heißt das große Hotel mit 120 Betten weiterhin Hotel Kaiserhof, das 1924 von Familie Schreitter übernommen wird.

Hotel Kaiserhof um 1910

Es wirbt nicht nur damit, erstes Haus am Platze zu sein, schließlich hatte 1921 der arbeitslose König von Sachsen samt Hofstaat hier Quartier bezogen, sondern bietet seinen Gästen zusätzlich ein vornehmes Restaurant, ein Café, das mit einer eigenen Konditorei verbunden ist, Konzerte, und Réunions.

Dann geschieht das Unglück. Vater und Sohn reisen mit dem Zug, als der

kleine Kurt irgendwie die Tür öffnet und aus dem Zug fällt. Der Vater überlegt nicht lange, springt hinterher. Kurt überlebt unverletzt, sein Vater ist tot. Trotz dieses entsetzlichen Schicksalsschlags schafft es Frau Schreitter, Kurt und seine Schwester alleine großzuziehen und zusätzlich das Hotel erfolgreich zu führen.
Mit der aufregenden Welt des Kaiserhofs kann ich nicht konkurrieren. Die Kinder gehen dort auf dicken Teppichen ein und aus, beobachten die feinen Herrschaften, nippen an verbotenen Getränken. Sie hoffen auf die eine oder andere Berühmtheit, obschon die vielmehr in Binz weilen. Aber eben nicht alle. Otto Kemmerich kommt nach Sellin! Sagenhaft. Ein echter Schwimmstar und Volksheld. Er hat den Bodensee durchschwommen und die 100-km-Strecke zwischen Pillau an der Frischen Nehrung und dem Seebad Zoppot in der Danziger Bucht ohne jede Begleitung in etwas über 23 Stunden zurückgelegt. Seit Kurzem hält er sogar den Weltrekord im Langstreckenschwimmen: 32 Stunden im Wasser, unglaublich, vor allem, wenn man bedenkt, dass ihm letztes Jahr beim Versuch, den Ärmelkanal zu durchqueren, höchstwahrscheinlich von einem Hai die Hand so schwer verletzt wurde, dass ihn seither ein steifes Handgelenk behindert. Auf der Seebrücke steht er und lässt sich von einer begeisterten Menge feiern. Unser Horst in vorderster Reihe reißt jubelnd und lachend die Arme in die Luft.

Otto Kemmerich inmitten einer begeisterten Menschenmenge 1928

Klick. Ein Foto entsteht, das er stolz in sein braunes Album klebt.
Auf der Seebrücke ist eigentlich immer was los. Insbesondere wenn die Kurdirektion Veranstaltungen wie Tellertauchen oder kleine Schwimmwettbewerbe organisiert, versammeln sich die Gäste in Scharen am Brückenkopf. Horst ist ein ausgezeichneter Schwimmer. Liebt es, aus dem kalten Wasser zu steigen und sich danach mit Genuss im heiß bestrahlten Sand zu aalen. Er sieht dann aus, als wäre er mit Semmelbröseln paniert. Ganz modern ist eine Sonnencreme mit Pigmenten drin, die einen Sonnenbrand verhindern soll. Aber da Horst bereits früh im Jahr in die Sonne kommt, ist er längst braun, wenn's so richtig heiß wird. Es gibt so Vieles, was die Aufmerksamkeit der Jungs fesselt. Zum Beispiel wenn Wasserflugzeuge am Strand landen. Seit 1925 gibt es eine Bäderfluglinie: Stettin-Swinemünde-Stralsund-Sellin. Oder sie sind am Wasserflughafen unten am Selliner See. Dort wassern ab 1926 Flugzeuge der kürzlich neu gegründeten Luft-Hansa. Wer Glück hat, kann sogar mal einen Zeppelin sehen, der silbrig glänzend über Sellin schwebt. Oder sie genießen die wundervolle Stimmung, wenn im Dunkeln die an der Seebrücke angebrachten unzähligen Glasbirnchen leuchten. Ein wahrer Magnet ist das prächtige Feuerwerk, das jedes Jahr zum Saisonhöhepunkt auf der Seebrücke gezündet wird. Was die Jungs allerdings beinahe noch aufregender finden, ist, heimlich durch Astlöcher des Damenbades zu spähen, um nach nackten Hautwelten Ausschau zu halten. Aufklärung durch die Bretterwand. Und an Regentagen winkt Horst die Strandbuchhandlung neben Kaufmann Raßmus in der Wilhelmstraße mit ihren 2.000 Bänden, die man dort durchstöbern und ausleihen kann.
Ja, es sind gute, fette Jahre, diese zwanziger Jahre. Fett, aber arbeitsreich. So arbeitsreich, dass Steinheider Verwandtschaft 1926 auf einer Postkarte an Almas Eltern festhält: *Alma hat sehr viel zu tun. Kommt gar nicht zu sich.* Stimmt. In der Saison bleibt selten Zeit sich um den lieben Besuch zu kümmern. Der muss häufig Sellin allein entdecken und geht jetzt über eine neu gepflasterte Wilhelmstraße an den Strand. Die Pflasterung. Endlich. Kaum einer hatte mehr an die Umsetzung dieses Projekts geglaubt, denn strenge Winter, fehlende Genehmigungen und Kreditprobleme führten zu immer weiteren Verzögerungen, aber nach zwei Jahren waren die Steine aus schwedischem Granit letzten Endes verlegt. Dann der Paukenschlag. Die Aktienkurse rauschen an der New Yorker Wall Street am 24.10.1929 ins Bodenlose. Ein rabenschwarzer Freitag. Am nächsten Tag erreicht der Zusammenbruch auch die europäischen Börsen. Was das mit uns zu

tun hat, ahnt zu diesem Zeitpunkt eventuell der eine oder andere, wir nicht. Im darauffolgenden März droht die Seebrücke unter einer dicken Vereisung zusammenzubrechen. Unsere Feuerwehr ist überfordert. Für die Sprengung des Eispanzers kommt erstmalig militärische Hilfe aus Stettin. Die Seebrücke wird gerettet. Allenthalben große Erleichterung, denn dort soll in der nächsten Saison ja wieder der Bär tanzen. Im wahren Wortsinn. Dann schlüpft ein Mensch in ein Eisbärkostüm, das eigens in Berlin gefertigt wurde, und begrüßt die Gäste, die am Brückenkopf anlanden. Manche warten extra, bis sie ebenfalls ausgiebig geherzt werden. Der Bär gehört Hans Knospe, der vor ein paar Jahren das 1916 gegründete Fotoatelier seines Vaters in der Wilhelmstraße übernommen hat und seitdem Jahr für Jahr das lebendige Treiben auf und rund um die Seebrücke auf seinen Fotos verewigt. Der weiße Zottelbär ist ein richtiges Selliner Maskottchen geworden. Eine tolle Idee, die Urlauber finden's prima.

Eisbär mit Hans Knospe

Am familiären Himmel ziehen allerdings kleine Wolken auf. Ich weiß nicht, woher sie kamen, doch plötzlich sind sie da. Und werden dicker. Fritz hatte neben anderen Gläubigern eine Bürgschaft übernommen. Der Besitzer des Central-Hotels war in eine finanzielle Schieflage geraten. Fritz hatte all die Jahre schon großzügig Kreditanfragen aus dem Freundeskreis bedient.

Bereits 1903, ich stand eben erst taufrisch in der Welt, wurde ich sogleich kräftig beliehen. 8.000 Mark hier, 5.000 Mark da, am Ende waren es allein in dem einen Jahr über 16.000 Mark. Natürlich verzinst, aber was nützt das, wenn das Geld schlussendlich nicht vollständig zurückgezahlt wird. 1928 dann satte 24.000 für die „Magira-AG", den Bushersteller. Mit Ottos Unternehmen „Rügenrundfahrten" läuft es allerdings gar nicht mehr so besonders rund. Die Post macht uns mächtig Konkurrenz mit einem Bus, der ein solides Dach und Scheiben hat. Gewiss ist so ein Gefährt gegenüber unserer offenen, ungeschützten Cabriolet-Wanne bei schlechtem Wetter im Vorteil. Fritz beschließt, zunächst einmal das Häuschen am Selliner See zu verkaufen; die Familie benötigt es nicht mehr, und ihnen käme diese Einnahme gerade recht. Fritz wollte ja im letzten Jahr zu meinem 25. Geburtstag exakt wissen, wie viel ich wert bin. Der Herr Taxator kam dafür aus Göhren angefahren. Um genau zu sein, der Taxator der Pommerschen Feuer-Sozietät. Er nahm mich mit allen Nebengebäuden und das Grundstück genauestens unter die Lupe. Zu guter Letzt wurde Fritz eine doppelseitige, handschriftliche Urkunde übergeben, in der alles präzise aufgelistet war. Lageplan, Neu- und Zeitwert der einzelnen Positionen. Haus, Veranda, Eiskeller, Kühlkeller, Wirtschaftsgebäude. Es wurde kaum was abgezogen. Statt der ursprünglichen Summe von 70.013 RM lag die Schätzung am 30.5.1928 bei 66.000 RM. Das heißt 4.000 weniger als 1903, macht einen Verfall von 44 Pfennigen für jeden Tag meines Lebens, kein Ding, damit komme ich zurecht. Eine kleine Randbemerkung freut mich besonders: *Haus sehr guter Zustand, sehr gut gebaut.* Wo er Recht hat, hat er Recht. Die Außenmauern im Erdgeschoss sind immerhin einen halben Meter dick. Aber Danke für das Kompliment.

Eine andere, dunkler werdende Wolke am Töllner-Himmel ist das Verhältnis zwischen Otto und seinem jüngeren Bruder Fritz. Zwar ist der weit weg in Berlin, besucht uns aber trotzdem regelmäßig mit Trude und Burchard. Wenn er hier ist, kann ich sie immer öfter streiten hören. Fritz findet, dass die aufstrebende und mehr und mehr Anhänger zählende NSDAP die politischen Probleme lösen kann. Die Schmach des Versailler Vertrags. Das zu Unrecht besetzte Rheinland. Das ausgegliederte Saargebiet. Die Arbeitslosigkeit. Und zu allem Überfluss noch diese furchtbare Demokratie mit ihrer unüberschaubaren Parteienlandschaft. Otto dagegen war dem Bund der deutschen Frontsoldaten beigetreten, dem „Stahlhelm". Den er selbst nie getragen hat, da er erst nach seiner Verwundung 1916 eingeführt wurde. Kurz nach dem Weltkrieg gegründet sollten hier das Wirken und der Einsatz aller Kriegsteilnehmer Anerkennung finden. Ehemalige jüdische Frontsoldaten sind unerwünscht. Otto ist einer von rund 500.000 Mitgliedern, die mit der Weimarer Republik nichts zu tun haben wollen. Man orientiert sich am alten Kaiser und dessen Reich, ist nach dem Reichsbanner Schwarz-Rot-Gold der zweitgrößte paramilitärische Verband und gilt als bewaffneter Arm der Deutschnationalen Volkspartei. Auf Rügen konnten in den Jahren nach dem Krieg bis auf 1924 jedoch die Sozialdemokraten die meisten Stimmen auf sich vereinen. 1930 gründet sich eine erste Ortsgruppe der NSDAP in Sellin, eine bunte Mischung aus Schuhmachern, Bootsbauern und Pensionsbesitzern. Die Stimmung ist miserabel. Eine Wirtschaftskrise macht sich breit, spannt sich um die ganze Welt. Eigentlich ist für uns diese Krise unproblematisch, und dann rückt sie uns doch beängstigend dicht auf die Pelle. Die sich düster auftürmenden, drohenden Wolken hingen bereits geraume Zeit gefährlich dicht über unseren Köpfen. Alle hofften, dass ein frischer Wind sie hinwegfegen würde. Vergebens. Der frische Wind bleibt aus. Vielmehr bricht ein gewaltiges Unwetter über uns herein. Die Bürgschaft platzt. Der Besitzer vom Central-Hotel ist zahlungsunfähig. Fritz hatte gemeinsam mit den anderen Gläubigern das Unheil über die letzten Wochen kommen sehen, als die Saison für das Hotel nicht so lief wie erhofft. Ein ganz harter Regen trommelt auf mein Dach. Das Fundament wackelt. Jetzt geht‘s uns an den Kragen. Wirtschaftlich gesehen ist es eine absolute Katastrophe. Und was wird aus mir? Dem Geschäft? Vor allem, was ist zu tun? Als erstes wird im Central-Hotel geguckt, ob dort möglicherweise etwas von Wert zu holen ist. Regale mit Konserven werden ausgeräumt. Horst schnappt sich exotisch anmutende Dosen mit unbekannten roten Früchten, ist allerdings einigermaßen enttäuscht, als sich deren Inhalt bloß als sauer eingelegte rote Beete entpuppt. Mir wird allmählich klar, dass es buchstäblich um die Wurst geht. Die hängen zwar immer noch schön fett im Laden, doch uns droht der Verlust der gesamten Existenz. Es scheint allein eine einzige praktikable Lösung zu geben. Fritz darf offiziell kein Eigentum mehr haben, das gepfändet werden könnte. Folglich bleibt als Ausweg nur Trick 17. Ich werde verkauft. Inklusive des Grundstücks und des Schlachthauses in der Nähe des Ostbahnhofs. Und wo verkauft wird, braucht es einen Käufer. Das wäre dann logischerweise Otto. Jetzt muss es fix gehen. Mit einem Rechtsanwalt besprechen und klären sie umgehend die nötigen Einzelheiten. Am 30.9.1930 wird in Stralsund zwischen Vater

und Sohn ein Vertrag aufgesetzt. Der Kaufpreis für die Grundstücke samt Inventar wird auf 40.000 RM vereinbart. 36.000 RM entfallen dabei auf mich, (gegenüber der Schätzung von 1928 sind das rasante 26.000 RM Gefälle), jeweils 2.000 RM auf Inventar und Schlachthaus. Otto übernimmt 18.500 Goldmark, die als Schulden auf mich eingetragen sind und Fritz 3.500 GM Eigentümergrundschuld. Weiterhin werden 3.000 RM mit dem Kaufpreis verrechnet, die Otto zuvor seinem Vater als Darlehen gegeben hatte. Bleiben unter dem Strich 15.000 RM, die noch zu zahlen sind. In Raten über die nächsten Jahre. Unter § 12 verzichtet Otto ein für alle Male darauf, *Ansprüche gegen den Verkäufer wegen offener oder heimlicher Sachmängel zu erheben. Und unter § 14 ist geregelt, wer wo von nun ab wohnen wird: Der Käufer gewährt dem Verkäufer und seiner Ehefrau Marie, geb. Vieth, das Recht, zeit ihres Lebens die in der Villa Helene gelegenen Zimmer Nr. 8 und 9 nebst der neben Nr. 7 gelegenen Küche unter Ausschluß des Eigentümers als Wohnung zu benutzen.*
Damit wäre eigentlich alles geklärt, diverse Gebühren fallen an, fertig ist der Kaufvertrag, und ich werde vom Vater an den Sohn übergeben. Ab dem 1.10.1930 gehöre ich also ganz offiziell Otto. Ich kann aufatmen. Obwohl, wie das immer so ist mit einer Krise, sie hat einen Rattenschwanz. Otto verkauft seine „Rügenrundfahrten", und für Horst wird das Schulgeld zu teuer. Er ist jetzt ein externer Schüler. Wir alle, aber allen voran freut sich natürlich Alma, dass ihr Sohni wieder bei uns wohnt, allerdings wird es für ihn erheblich umständlicher. Er muss jeden Tag mit der Kleinbahn ab Sellin-West über sieben Haltestellen bis nach Putbus bummeln. Und zurück. Wenn er die Bahn verpasst, holpert er die 15 km mit dem Fahrrad über das Kopfsteinpflaster der alleengesäumten alten Bäderstraße.

Otto bringt derweil unsere schlingernde Existenz wieder auf Kurs. Und investiert. Für mich wunderbar, ich werde nämlich modernisiert. Im November dieses Schicksalsjahres reicht Otto ein Gesuch um Genehmigung einer Haus- und Schmutzwasserleitung ein. Für diesen Antrag muss ein Formular ausgefüllt werden. Es gibt sechs Zapfhähne im Haus, drei Absperrhähne, eine Abortanlage im Erdgeschoss, zwei im ersten Stock und der Ablauf des Überlaufwassers erfolgt durch den Schmutzwasserkanal. Es fehlen die Zeichnung, der Windkessel, Rohrunterbrecher, die Kanalentlüftung, Rückschlagventil am Badeofen, Rückschlagklappe an der Schmutzwasserleitung. Die P.P.-Becken sind ohne Wasserspülung und Geruchsverschluss. Dann ist auch dieser Schritt getan. Am Ende dieses mühsamen Jahres 1930 bleibt festzustellen, das Töllner-Schiffchen hatte schwere Schlagseite, ist nicht gekentert, alle Mann und ich sind an Bord geblieben, es ist wieder genügend Wasser unterm Kiel. Oder wie es vielleicht der neue Boxweltmeister Max Schmeling sagen würde, angezählt, aber nicht KO. Als Otto zu Silvester traditionell bei Freunden mit der Bolzenschusspistole aus Jux einen Neujahrsgruß in den Hauseingang knallt und man sich zuprostet, sind alle froh, dass dieses schwierige Jahr zu Ende gegangen ist und uns nicht das Genick gebrochen hat. So wie es einem Kind passierte diesen Sommer, als es mit einem Seeschlitten auf der Wasserrodelbahn am Hauptstrand tödlich verunglückte. Die Bahn wurde gleich wieder abgebaut.

Wasserrodelbahn 1930

Wenn es die Zeit erlaubt, widmen sich alle jenseits der harten Arbeit auch den angenehmeren Dingen des Lebens. Otto tauscht sich bei Skat, Bier und Zigarre über die politische Lage aus, Alma spielt 66, raucht und trinkt nicht. Sie gehen am Wochenende gerne zur Waldhalle, zum Strand-Casino am Hauptstrand, wo Tische und Stühle direkt auf dem Sand stehen, mal zu einem Kostümfest, oder nebenan zu Alma Wittstock und ihrer Rollmopsdiele. Da sitzt man auf Holzfässern, trinkt sein Bier, und die Kapitänsfrau serviert leckere Kleinigkeiten.

Das Strand-Casino am Selliner Hauptstrand, 1934

Man freut sich über den Abzug aller Alliierten aus dem Rheinland, doch die aktuelle Situation nach der letzten Reichstagswahl finden sie bedenklich. Die NSDAP wird hinter der SPD zweitstärkste Kraft. In Pommern bekommt sie über 20%. Die DNVP abgeschlagen mit 7% noch hinter der KPD und der Zentrumspartei. Keiner weiß, was die Zukunft bringen wird, uns bringt die Zukunft zu Ostern 1931 den Herrn Schumann ins Haus. Wortwörtlich. Da fährt er vor mit seinem aufsehenerregenden Essex-Super-Six, einer amerikanischen Luxuslimousine. Was hat er vor? Er will sein Reiseangebot erweitern und plant, neben den Ferienkolonien für Kinder ebenfalls Urlaubsmöglichkeiten für Erwachsene anzubieten. Dafür guckt er sich nach einem Haus um, das er zukünftig in Eigenregie verwalten möchte. Nach den Überlegungen seines Kochlehrers würde dies nicht nur billiger, man erhofft sich zusätzliche Einnahmen durch einen Gastwirtsbetrieb, der für die Gäste eingerichtet werden soll. Der hoffentlich erwirtschaftete finanzielle Überschuss könnte für die Deckung seiner Institutskosten oder für die Finanzierung von Freistellen für arme Kinder verwendet werden. Er sucht daher ein Haus, und wen wählt er aus? Mich! Das schmeichelt mir. Otto und Alma sind einverstanden. Das würde sie sehr entlasten. Ein Pachtvertrag wird unterschrieben. Ich bin mächtig stolz. Er findet mich hübsch, und die 35 Betten sollten ausreichen. Die durch die gut geölten Werbetrommeln des Herrn Schumann angelockten Gäste treffen dann allerdings so zahlreich ein, dass wir letzten Endes nicht genügend Betten zur Verfügung stellen können. Was tun? Dieses Luxusproblem wird innerhalb der Familie gelöst. Lene und Erich nehmen diese Gäste in ihrer Villa Granitz auf. Soweit so gut. Bis auf den Bankenkrach. Die Banken sind über Tage geschlossen, niemand kann Geld abheben. Chaos. Also, Werner Schumann hat nicht die geringste Ahnung vom Pensionsbetrieb, er selbst ist in Leipzig und verlässt sich lieber auf den Kochlehrer Herrn Bitter. Das hätte er besser nicht tun sollen. Ich sag nur: Sodom und Gomorrha! Ich ahne zwar, wer ihm letztendlich einen anonymen Brief schreibt, ganz genau weiß ich es aber nicht. Zumindest *heißt es darin unter anderem, Bitter habe zwei Gesichter. Zu seinen Vorgesetzten sei er freundlich und zuvorkommend, zu seinen Untergebenen jedoch ein Teufel in Menschengestalt. Er würde dauernd Zimmermädchen beim Arbeitsamt Stralsund anfordern, und jedes würde von ihm belästigt. Ließe sich ein Dienstmädchen mit ihm ein, dann ginge es ihm gut, dann dürfte es alles essen und trinken, was es wolle. Wenn ein Dienstmädchen aber nichts von Bitter wissen wolle, schikaniere er es so lange, bis es die Stelle freiwillig aufgab. Neulich habe er seine Frau mit Fußtritten in die Speisekammer getrieben, dort eingeschlossen und, obwohl die eingesperrte Frau in der Speisekammer tobte und an der Speisekammertür trommelte, habe er sich in aller Seelenruhe im Nachbarzimmer an einem Dienstmädchen vergangen. Währenddessen sei auf dem Herde das Essen für 40 Personen angebrannt, und der gewissenlose Mensch habe die nur wenig angebrannten Speisen den Enten des Nachbarn als Futter auf den Hof geschüttet. Er habe daraufhin noch einmal für 40 Personen Essen gekocht, das natürlich nicht um zwölf Uhr mittags fertig gewesen sei; überhaupt habe dieser Bursche kein Pflichtbewußtsein. Unter den Gästen habe es darüber begreifliche Aufregung gegeben, denn gerade an diesem Tage war eine Dampferfahrt geplant, die um ein Uhr beginnen sollte. Die Gäste mußten also auf das Essen oder die Dampferfahrt verzichten, da für beides die Zeit zu knapp war. Damit aber nicht genug.* Im anonymen Brief heißt es weiter:

Öfters veranstaltet ihr tüchtiger Koch und Geschäftsführer mit einigen Bekannten bei gutem Essen, Bier und Wein gemütliche Abende, die meist in kleine Gelage ausarten. Auch die Dienstmädchen beteiligen sich daran und sind guter Dinge. Auf Ihre Kosten! Ich würde Ihnen raten, hierherzukommen und die eben geschilderten Verhältnisse nachzuprüfen.

Ach du lieber Himmel, was für eine Aufregung! Herr Schumann kommt sofort, diesmal in einer viersitzigen Opel-Limousine. Der empörte Briefeschreiber hatte nicht übertrieben. Bitter wird umgehend rausgeworfen und die Gäste zum Essen zu Lene geschickt. Und dann die ganzen Rechnungen. Um anfallende Rechnungen zu begleichen, hatte Herr Schumann dem Kochlehrer Geld gegeben. Die waren von ihm jedoch nicht bezahlt worden. Dem Bäcker schuldet Schumann 1.500 RM für gelieferte Brote, Brötchen und Kuchen, dem Fischhändler 1.000 RM, uns für Fleisch und Wurst rund 2.000 RM. Weitere Rechnungen über Wein, Bier und Sonstiges trudeln zusätzlich ein. Alles in allem über 10.000 RM. Schumann ist außer sich. Es wird geschickt verhandelt, und im Endeffekt erklären sich die Gläubiger einverstanden, sein Institut nicht zu verklagen, sondern bis zur nächsten Saison zu warten. Danach will er seine Schulden mit Zinsen zurückzahlen. Für Otto ist das eine verdammt dicke Kröte, die er da in seinem ersten Jahr als frisch gebackener Hausbesitzer und Verantwortlicher für die Belange der Familie schlucken muss. Bitter sozusagen. Und das nach dem schwarzen Vorjahr und mitten in der Wirtschaftskrise. Risiko. Das Vertrauen lohnt sich allerdings. Nicht nur, dass Werner Schumann in der kommenden Saison die Schulden begleicht, er bringt neben 200 Kindern gleich noch 1.250 Erwachsene nach Sellin. Die sind echt begeistert von der Fülle des Gebotenen. Alles läuft in diesem Jahr reibungslos. Als Organisationszentrale fungiert Lenes Mann Erich. Schumann führt ein ungewöhnliches Verrechnungssystem ein. Die Urlauber erhalten Gutscheinheftchen, mit denen sie in den Pensionshäusern wie mit Bargeld bezahlen können. Die eingenommenen Gutscheine sind bei Erich abzugeben, der dann dafür das Pensionsgeld auszahlt. Pro Gast und Tag werden sechs Mark veranschlagt, Herr Schumann steckt sich davon eine in die Tasche. Der Einfall ist brilliant, das Geschäft läuft für alle Beteiligten. Ein bisschen Aufatmen ist angesagt. Wirtschaftlich.

Privat ist es für Alma ein schwieriges Jahr, denn bereits im April starb ihr Vater mit 74 Jahren. Almas Mutter Ludovika ist zum Glück jetzt nicht allein. Ihre beiden Söhne Oskar und Kurt leben und arbeiten mit ihren

Frauen und den Enkeln Hans und der zweijährigen kleinen Hilde nach wie vor in Horsts nicht besonders geräumigem Geburtshaus. Almas Kontakt zu ihrer Familie bleibt über die Jahre immer warm und lebendig. Sie fährt mit Horst häufig in die alte Heimat. Er ist gern in Steinheid. Fühlt sich wohl inmitten der großen Schar seiner Cousins und Cousinen. In Gotha bei Tante Rosa sind Oskar und Rudi, über die Wiese oben bei Tante Frieda hat sich Cousin Fritz nach seiner Fleischerausbildung in Sellin ein kleines Ladengeschäft eingerichtet. Er hat zwei Schwestern und zwei Brüder, und Tante Eline mit Sohn und Tochter wohnen ja ebenfalls im Ort. Da wird es nie langweilig. Wanderungen durch den Neumannsgrund, hinauf zum 867 Meter hohen Kieferle, oder Ski und Schlitten fahren. Die Winter sind kalt in Steinheid, die Schlafzimmer nicht geheizt. Da helfen nur dick ausgestopfte Gänsefederdecken. Während nachts an der Fensterscheibe die Eisblumen blühen, liegt Horst platt wie eine Flunder unter der schweren Bettdecke, die er sich bis unter die Nase zieht. Am Morgen hat sich auf dem Bezug von seiner Atemluft wahrhaftig Raureif gebildet, und eine dünne Eisschicht bedeckt das Wasser in der Waschschüssel. So kalt ist es in den winterlichen Schlafzimmern. Gott sei Dank, selbst in diesen Höhenlagen schaut irgendwann mal der Sommer vorbei und bringt das Gras auf der steilen Wiese zum Wachsen. Wie praktisch, dass Horst mal wieder zu Besuch ist, dann kann er die ja gleich sensen. Kein Problem, bei der schweißtreibenden Beschäftigung geht das doch am besten mit nacktem Oberkörper, findet Horst und legt los. Er hat allerdings nicht mit dem gestrengen Einspruch seiner Oma gerechnet. Das Hemd muss umgehend wieder angezogen werden: So halbnackt, das schickt sich nicht. Und wenn der Magen nach getaner Arbeit knurrt, bereitet Ludovika ihrem Enkel das für die Gegend typische Rührzamt, eine Art Kartoffelbrei, der mit ausgelassenem Speck und gebratenen Zwiebeln aufgepeppt wird. Wenn er Glück hat, bekommt er seine heiß geliebten, gezuckerten Kartoffelpuffer, die dort Dädscher genannt werden, mit Heidelbeerkompott. Und welch ein Genuss sind erst die sonntäglichen Klöße. Was ein echter Steinheider Kartoffelkloß werden will, muss verschiedene Arbeitsschritte durchlaufen. Stundenlang stehen die Frauen für diese Delikatesse in der Küche und reiben mit der Hand rohe Kartoffeln. Die Masse wird durch Leinentücher gepresst, die Stärke aufgefangen, während gleichzeitig aus gekochten Kartoffeln ein Brei köchelt, den die geübte Köchin behutsam mit dem rohen Anteil vermischt. Die geformten und mit gerösteten Brotwürfelchen bestückten

Klöße ziehen im heißen Wasser, bis sie oben schwimmen, und dann, dann stehen sie, dampfenden Tennisbällen gleich, in einer Porzellanschüssel auf dem gedeckten Tisch. Alma hat sich diese Kunst zwar von ihrer Mutter abgeschaut, aber wenn die Steinheider Sippe bei uns ist, genießen sie eher geräucherten Aal, Kutterscholle und Heringssalat, die Weite, Meer und heißen Sand. Auch wenn sie nicht schwimmen können. Klar, für sie sind das unbeschwerte Wochen, die sie in Sellin verbringen.

Alma, Rosa, Cousine Lis, Horst und Cousin Rudi (v.l.n.r.)

Bei uns ist ja auch um einiges mehr los als in den kargen, nadeligen Höhen des Thüringer Waldes. Hier werden sogar Filme gedreht. 1931 entsteht in Binz eine luftig-sonnige Verwechslungskomödie mit Paul Hörbiger, bei dem ein Bauernmädchen den Hauptpreis bei einer Zahnpastawerbung gewinnt. Einen Rügenurlaub. „Lügen auf Rügen" heißt der amüsante Streifen, oder mit dem Alternativtitel für Österreich sinnigerweise „Das Bademäuschen". Weniger Mäuschen als handfeste Kerls spielen bei dem Film mit, der ein Jahr später auf dem Inselchen Oie gedreht wird. Sie liegt von der Spitze der Mönchguter Halbinsel aus gesehen in Richtung Südosten und wird zu einer Flugplattform umgestaltet, auf der in der Tat ein wagemutiger Pilot mit seiner Junkers 52 landen kann. Damit das überhaupt möglich ist, muss die Insel extra mit Wellblech verkleidet werden. Verrückt, aber da der Streifen in der Zukunft spielt, muss das wohl so sein. Die vorbeifahrenden Bäderdampfer kriegen regelmäßig Schlagseite, weil die Passagiere unbedingt einen Blick auf Dekorationen und Dreharbeiten erhaschen wollen. „F.P.1 antwortet nicht“ soll der Fliegerfilm mal heißen. Allerlei Aufregung verursacht der Star des Films: Hans Albers. Während der Film entsteht, logiert er in Göhren. Das bleibt nicht unbemerkt. Ein jubelnder Menschenauflauf erwartet den blonden Hans jeden Morgen, wenn er von der dortigen Seebrücke per Boot Richtung Oie in See sticht. Der in diesem Film von einem Chor erstmalig geschmetterte Titel „Flieger, grüß mir die Sonne“ wird zum viel gespielten Schlager.

An den Stränden ist in diesem Jahr echt was los. Ich sag bloß Zwickelerlass. Was das ist, und wie es dazu kommen konnte? Das ist eine etwas längere Geschichte. Natürlich unterliegt was und wie viel Mann und Frau in und außerhalb des Wassers tragen dem Wandel der Zeiten. Etwa zu der Zeit, als Fritz geboren wurde und die ersten Badegäste nach Rügen fuhren, trugen die Damen für den Wasserspaß Badekostüme mit Beinkleid und Bluse aus schwarzem, halbwollenem Stoff. Ein Netzhäubchen zierte das Haupt. In der Folge blieben die Stoffe wasserunbeständig und wurden aufwändig gestaltet. Ziernähte, Gürtel, Puffärmel. Die Badekappe hielt Einzug. Um die Jahrhundertwende machte erstmals gestreifte Badekleidung auf sich aufmerksam, die Bademutige mit Beinkleidern, Jacken, Blusen mit Gürteln und Badehauben kombinierten. Um 1906 war die Strandmode einfacher und eleganter. Das Badekostüm, bestehend aus Jacke und Hose, wurde mit Bordüren und Stickereien versehen. Schon vier Jahre später trugen die Damen erste Badeanzüge aus Baumwolle, mitunter Schwimmtrikot genannt. Woher ich das weiß, wo sich dieser Teil des geheimen Badetreibens damals strikt hinter den Bretterwänden der Damen-, Herren- und Familienbäder abspielte? Naja, schließlich hingen die Ungetüme bei mir auf den Balkonen und trockneten für ihren nächsten Einsatz. Nach dem Krieg breitete sich die frisch entdeckte Lebenslust auch bei uns am Strand aus und steigerte sich bis in die Zwanziger Jahre. Mehr Farbe, Freizügigkeit und Stoffe, die sich zwar besser für die Badefreuden eigneten, obwohl sie weiterhin nur schwer trockneten und deshalb schleunigst vor Ort umgezogen werden mussten. Eine tragbare Umkleidekabine, die zu dieser Zeit erfunden wurde, erleichterte diese lästige Prozedur. Und so zog sich die eine oder andere Badenixe, um neugierigen Blicken und der drohenden

Nierenbeckenentzündung zu entgehen, ihren nassen Badeanzug direkt am Strand in einer Art Stofftonne um, die mit Riemen auf den Schultern lag. Jedem Tierchen sein Pläsierchen. Andere sind da weitaus ungenierter. Seit dem Krieg frönen rund 100.000 inzwischen sogar organisierte Hüllenlose einer neu gewonnenen Freiheit und genießen Ganzkörperlichtluftbäder, bei denen sie sich mit Sonnenenergie elektrisch aufladen wollen. Auf Sylt entstand 1920 der erste offizielle Nacktbadestrand. Gesunde Bräune statt vornehmer Blässe war mit einem Mal angesagt. Von radikalen Nackedeis konnte der traditionell Bekleidete als „behoster Spießer“ oder „Trikotkapitalist“ beschimpft werden. Achtung, Sittenverfall drohte. Dem musste Einhalt geboten werden. Das Land Preußen verfasste 1931 eine Polizeiverordnung, in der unter §1 stand: *Das öffentliche Nacktbaden oder Baden in anstößiger Badebekleidung ist verboten.* Dem nackigen Treiben wurde damit vielerorts ein jähes Ende gesetzt. Aber was genau ist nun anstößige Badebekleidung? Das wird dann 1932 bekannt gegeben, und damit tritt der im Volksmund sogenannte Zwickelerlass in Kraft. Dort steht geschrieben: *Frauen dürfen öffentlich nur baden, falls sie einen Badeanzug tragen, der Brust und Leib auf der Vorderseite des Oberkörpers vollständig bedeckt, unter den Armen fest anliegt sowie mit angeschnittenen Beinen und einem Zwickel versehen ist. Der Rückenausschnitt des Badeanzuges darf nicht über das untere Ende der Schulterblätter hinausgehen.*

Den Männern ergeht es nicht viel besser. Ihre Badehose muss ebenfalls ein angeschnittenes Bein und einen Zwickel vorweisen. Allerdings nur außerhalb des Familienbades. Innerhalb hat der Herr einen Badeanzug zu tragen. Selbstverständlich mit Zwickel, diesem zusätzlich eingenähten Stückchen Stoff im Schritt, so dass sich für den Betrachter keinesfalls Details potentiell erregender Körperteile unzüchtig durch den nassen Trikotstoff abbilden. Wo kämen wir denn hin, wenn Unaussprechliches auch nur in Ansätzen erahnt werden könnte? Die Kabarettisten bedanken sich für die Vorlage, ganz Deutschland lacht, ausgenommen diejenigen, die von ausgeschwärmten Zwickelkontrolleuren zu drakonischen Strafen von 150 RM verdonnert werden. Ich habe gehört, dass auf Hiddensee ein Badegast Handstand machen sollte, damit überprüft werden konnte, ob der verfluchte Zwickel richtig sitzt. Im preußischen Parlament wird heftig darüber gestritten. Der Sozialdemokrat Alex Möller wettert in seiner Rede: „Naive Leute haben im Sommer dieses Jahres geglaubt, Reichsregierung und Reichskommissare würden sich darüber den Kopf zerbrechen, wie in diesem Winter 7 Millionen Arbeitslose ernährt und bekleidet werden sollen. Die Herren Reichskommissare aber haben sich den Kopf darüber zerbrochen, wie im Sommer die Badenden ausreichend bekleidet werden könnten." Franz Graf von Galen, ein Politiker der Zentrumspartei, meint, es würde bei diesem Gesetz um nichts Geringeres als die „sittliche Erneuerung des Volkes auf dem Boden des Christentums gehen." Ein kommunistischer Abgeordneter hält wahrhaftig ein Foto des ehemaligen Kronprinzen Wilhelm mit offensichtlich zwickelfreier Badehose in die Höhe und bezeichnet die Badepolizeiverordnung als „Ausfluss eines vor Blödheit völlig verwirrten Gehirns." Zusatzstöffchen hin oder her, alles in allem bleibt diese sehr verzwickelte Angelegenheit eine bürokratische Posse. Fazit des Jahres 1932 für uns, das Leben ist durch die Verpachtung des Pensionsbetriebs leichter geworden, nichtsdestotrotz sind es für die meisten wieder einmal schwere Zeiten. Gerade wenn man sich von einer Durststrecke erholt hat und Sellin mit seinen weißen Villen schön im Aufwind segelt, kommt die nächste Krise um die Ecke. Erst der Weltkrieg, danach die Inflation, der Börsensturz, jetzt diese Wirtschaftskrise mit einer kontinuierlich steigenden Arbeitslosigkeit. Niemand weiß, wo das noch hinführen soll. Politisch gesehen ist kein Licht am Horizont zu entdecken. 1932 gibt es gleich zwei Reichstagswahlen. Im Juli schießt die NSDAP auf 37,3%, das sind 19% mehr als bei der letzten Wahl. Im November muss, nachdem Reichspräsident Hindenburg das Parlament nach einer Niederlage der Regierung um Franz Papen aufgelöst hat, ein zweites Mal gewählt werden. Hitlers Partei verliert zwar 4,2%, bleibt aber stärkste Kraft. Auf Rügen legen sie gegenüber der ersten Wahl noch minimal zu und landen bei 41,9%. Keiner blickt mehr durch. Alles ist vollkommen undurchsichtig. Schleicher beerbt den parteilosen Papen und wird Kanzler, Papen kungelt mit der NSDAP. Er kann Hindenburg für eine Regierung Hitler-Papen gewinnen. Der alte Hindenburg ernennt am 30.1.1933 Hitler zum Reichskanzler. Die DNVP koaliert mit der NSDAP, obwohl viele die tiefen Gesinnungsgräben zwischen einer deutschnationalen und einer nationalsozialistischen Weltanschauung für unüberbrückbar halten. Politische Gegner aus SPD und KPD werden verfolgt. Am 1. Februar löst sich das Parlament nochmals auf, weil die Regierungsbildung zwischen NSDAP und der Zentrumspartei scheitert. In der Nacht vom 27.2.1933 brennt der Reichstag. Bereits am Tag darauf wird die Reichstagsbrandverordnung verabschiedet, die die Bürgerrechte der Weimarer Verfassung außer Kraft setzt. Nach acht Tagen muss wieder gewählt werden. Die NSDAP erhält satte 43,95%, auf Rügen gar eine absolute Mehrheit mit 54%. Keine drei Wochen später tritt das Ermächtigungsgesetz in Kraft, und die Republik ist endgültig zerbröselt. Auf dem Opernplatz in Berlin brennen auf loderndem Scheiterhaufen Bücher. Die DNVP löst sich im Juni auf, und ihre Reichstagsabgeordneten werden von den Nationalsozialisten geschluckt. Was eben noch eine parlamentarische Demokratie war, ist auf einmal eine Diktatur. Das i-Tüpfelchen auf dem Sterbeprozess der Demokratie ist aus Sicht der Nazis der Tod des alten Reichspräsidenten Hindenburg im August. Nach gut zwei Wochen liegt das *Gesetz über das Staatsoberhaupt des Deutschen Reiches* per Volksentscheid zur Abstimmung bereit. Sollen die Ämter des Reichspräsidenten und des Reichskanzlers zusammengelegt werden? 90% der Wähler sind dafür. Adolf Hitler ist jetzt Führer und Reichskanzler in einer Person. Vielleicht kann er ja was bewegen, das Ruder herumreißen und einen neuen Kurs einschlagen. Viele hatten das Gefühl, dass die Parteien, die in den letzten Jahren als Kapitäne das Steuerrad der Regierung drehten, schlicht versagt hatten. Der Führer und seine Partei können es ja probieren, wenn's nicht hinhaut, wählt man sie eben wieder ab. Die Menschen setzen große Hoffnungen in die neue Zeit. Es muss dringend was geschehen. Im letzten Jahr waren von annähernd 18 Millionen möglicher Erwerbstätiger ein ganzes Drittel, nämlich über sechs Millionen, arbeitslos. Es ist eine echte Not, die da um sich greift, vor allem weil einige Versicherungen ihre Leistungen kürzen, knapp 30% der Arbeitslosen erhalten gar keine Unterstützung. Für diejenigen, die Hitler nicht gewählt hatten, ist klar, das Wahlergebnis steht fest, das muss man hinnehmen und sehen, was die Zukunft bringt. Schon im vergangenen Jahr waren diverse Arbeitsbeschaffungsmaßnahmen angelaufen.

Auch auf Rügen. Ein gewaltiges Projekt begann: Der Rügendamm. Von einem Damm zwischen Rügen und der gegenüber liegenden Küste träumte einer Sage nach bereits vor vielen, vielen Jahren der Riese Balderich. Ihn verdross es ungemein, immer wieder durchs Wasser waten zu müssen, wenn er von der Insel zum pommerschen Festland wollte. Also band er sich eine große Schürze um die Hüften, füllte sie randvoll mit Erde und lief los. In seiner Schürze aber war ein Loch, und so verlor Balderich gleich bei Rambin so viel Erde, dass sie sich dort zu neun Bergen aufhäufte. Zwar stopfte der Riese seine Schürze, doch in Güstrow rieselten weitere 13 Berge heraus. Mit der restlichen Erde erreichte er zu guter Letzt die

Küste und schüttete sie ins Meer. So entstanden der Prosnitzer Haken und die Halbinsel Drigge, wobei zwischen Rügen und Pommern ein schmaler Zwischenraum bestehen blieb, der Balderich so doll ärgerte, dass ihn der Schlag traf. Er stürzte hin und starb. Nach diversen vergeblichen Anläufen in den letzten 120 Jahren scheint mit dem Baubeginn der alte Traum des Riesen Balderich, Insel und Festland miteinander zu verbinden, nun tatsächlich Wirklichkeit werden zu können. Würde Rügen damit aufhören, eine Insel zu sein? Schwierige Frage. Erstmal muss er gebaut werden. Das wird ja eine Weile dauern. Man hatte sich zuerst überlegt, einen Tunnel unter dem Strelasund zu graben. Oder eine Hochbrücke zu bauen, aber wie so oft hatte die Regierung für solche Projekte kein Geld. Jetzt hofft man, dass die Schweden den Damm mit unterstützen. Des weiteren entsteht neben der bestehenden alten „Bäderstraße" zwischen Putbus und Göhren eine neue, die einmal Bergen und die Seebäder bis hinunter nach Thiessow verbinden soll. In Sellin bekommen wir vom Kuchen der Notstandsmaßnahmen ebenfalls ein Stückchen ab. Begrenzt durch die Warmbadstraße wird 1933 zwischen dem oberen Ende der Wilhelmstraße und der Fürst-Franz-Allee ein Kurpark angelegt. Keine Ahnung, ob wir den so dringend benötigen, wo sich doch zu beiden Seiten Sellins von Spazierwegen durchzogene Waldungen erstrecken. Im nächsten Jahr soll er fertig sein, dann können Wandermuffel oder ältere Herrschaften gepflegt durch den Park flanieren und sich auf einer der weißen Holzbänke ein schattiges Päuschen gönnen. Solch einen Kurpark lasse ich mir ja gefallen, auch dass einige sogenannte Maikäfer durch den Ort schwirren, so nennt man nämlich diejenigen, die schon kurz nach der Wahl in die NSDAP eingetreten sind. Aber dass im Juli alle Parteien verboten werden? Wo soll das hinführen?
Baldur von Schirach fordert daraufhin: „Wie die NSDAP nunmehr die einzige Partei ist, so muss die Hitlerjugend die einzige Jugendorganisation sein." Das schaffen sie. Es wird verboten, aufgelöst, selbst aufgelöst, sogar der Großdeutsche Bund muss dran glauben. Der wollte als Gegengewicht zur Hitlerjugend die Eigenständigkeit der deutschen Jugendverbände sichern. Unser Werner Schumann, der im Laufe der letzten Jahre so vielen Kindern Ferienreisen nach Sellin organisiert und ermöglicht hat, zieht sofort Konsequenzen. Er ahnt, diese Hitlerjugend bedeutet das Ende aller privaten Ferienkolonien, und löst sie auf. Gleichzeitig erfüllt die neue Politik derart viele Menschen mit einer solchen Lebensfreude, dass sie ihre Koffer packen und verreisen wollen. Menschen, die sich das zuvor nicht

hätten vorstellen können. Schumanns Ostsee-Angebot und -Nachfrage für Erwachsene wächst dementsprechend beständig weiter. Getreu dem Motto: *Drei Worte genügen, Sellin auf Rügen.* So heißt es jedenfalls fröhlich gereimt auf einem Werbeplakat mit blond gelockter Badeschönheit im roten Zweiteiler. Den Besucherzahlen tut es natürlich gut, wenn gebräunte Haut in Mode kommt, die neue politisch braune Brise allerdings, die immer kräftiger von Berlin weit übers ganze Land weht, nehmen Otto und Familie nicht für voll. Wie auch, wenn das ein oder andere neue NSDAP-Mitglied sich zwar Hose und Uniformjacke leisten kann, aber sich für die Treffen in Bergen den Mantel ausleihen muss. Außerdem krakeelen sie für ihren Geschmack zu laut. Proleten. Primitiv. Lächerlich. Und Alma fragt sich, warum dieser Hitler bei seinen Reden immer so furchtbar schreien muss. Überhaupt ist es im Moment wichtiger, wie's dem alten Fritz geht. Der kränkelt im Frühjahr vor sich hin. Die Blase macht Beschwerden. Es geht ihm schlechter. Und schlechter. Es spitzt sich so zu, dass sie ihn nach Bergen ins Krankenhaus fahren müssen, wo er operiert wird. Wohl nichts mehr zu machen. Die Ärzte geben ihn auf. Sie bringen ihn zurück, zu uns, zu mir. Ausgerechnet zum Wochenende, an dem wir eigentlich Horsts großen Tag freudig feiern wollten. Seine Konfirmation. Die Stimmung ist gedämpft. Der eine tritt ins Leben der Erwachsenen ein, der andere ab. Und so müssen wir uns am Tag nach Horsts Einsegnung, am 20.3.1934, von Fritz endgültig verabschieden. Der Patriarch ist tot. 73 Jahre hat er gelebt, gewirkt, viel gewagt, viel erreicht, einiges verloren. Rechtschaffend, geradlinig, entschlossen, qualitätsbewusst, zukunftsorientiert. Aus seiner Sicht hat sich sein arbeitsreiches Leben gelohnt. Auch wenn es Hedwig und ihr Kind nicht schafften, die Familie hat überlebt. Das Oberhaupt der Familie Töllner wird zu Grabe getragen. Otto regelt den Nachlass und überweist ab dem 1.7.1934 in jährlichen Teilbeträgen mit mindestens 4%, maximal 6% Zinsen 500 RM als Erbe auf das Konto des Herrn Stadtinspektors Fritz Töllner junior nach Berlin. Alles zusammen 8.000 RM bis 1944. Damit sind die Brüder wenigstens auf dieser Ebene quitt. Verstehen tun sie sich nach wie vor nicht besonders. Es knirscht. Zu den politischen Differenzen, die sie miteinander ausfechten, kommt hinzu, dass Fritz seiner Trude einen Seitensprung nicht verzeihen kann und sich von ihr trennt. Zu stolz, zu starrsinnig, als dass er nachgeben könnte. Die Familie mochte Trude gern und hätte eine andere Entscheidung begrüßt, aber Fritz bleibt hart. Die Kontakte zu ihr und Söhnchen Burchard beschränken sich auf ein Minimum.

Ein erster Stein für das KDF-Bad in Prora

Der Tod des alten Fritz ist für alle eine immense Umstellung. Die gibt es in diesem Jahr auch im Fürstenhaus in Putbus. Der 45-jährge Malte Veltheim-Lottum erbt von seiner Tante Asta, die das Amt lediglich zwei Jahre innehatte, den Putbusschen Fideikommiss. Das bedeutet übrigens, dass das Vermögen inklusive Grundbesitz auf ewig geschlossen gehalten und prinzipiell nur an ein Familienmitglied weitergegeben werden kann. Zurück zu uns. Marie pflegt nun zwei mit Buchsbaum umsäumte Gräber auf dem stillen Waldfriedhof. Für Otto bricht eine neue Zeit an. Die starke Persönlichkeit seines Vaters hatte all die Jahre einen großen Raum eingenommen. Otto kann jetzt freier entscheiden und die Geschicke rund um Haus und Fleischerei alleine führen. Mit Alma an seiner Seite selbstverständlich. Otto hat nicht nur in die buchhalterischen Fähigkeiten seiner Frau vollstes Vertrauen. Sie führt ebenso im Laden Regie und bedient die Kunden. Es kann ihm nicht darum gehen, die Lücke zu füllen, die der Tod seines Vaters gerissen hat. Fritz war Fritz. Otto ist Otto. Ich sehe, wie sehr Horst um seinen Großvater trauert. Er hat ihn mit seiner gewissen Genialität absolut bewundert und hoch geachtet. Was der alles konnte. Keine Privatschule, nur ein Garzer Volksschulabschluss. Otto fehlt diese scharfe intellektuelle Brillanz. Er ist ein ganz anderer Typ. Nicht so drahtig-knorrig wie Fritz. Eher klein und rundlich, nachdem er nach dem Krieg Pfund um Pfund zugenommen hat. Es muss eben immer das größte Stück Fleisch und das dickste Täubchen auf seinem Teller liegen. Aber es sind ja schließlich auch seine Brieftauben, die auf und unter dem Dach des Schuppens gurren. Er verbringt viel Zeit mit seinen Tauben. Lässt sie mit Erfolg bei Wettkämpfen mitfliegen. In der Fleischerei weiß er genau was zu tun ist, da kennt er sich aus, die Arbeit erdet den mehr nervösen, ungeduldigen Otto. Manchmal nicht. Als ihm beim Stopfen des großen Fleischwolfs der Holzstock in die Maschinerie gerät und sie dadurch blockiert, ist er völlig außer sich, tobt und haut vor Wut wieder und wieder mit dem Beil in seinen Hackklotz, bis er sich soweit beruhigt hat, dass er das Getriebe auseinandernehmen und reparieren kann. Und Otto jagt gerne. Einmal sind sie mit stolz geschwellter Brust zur Wildschweinjagd losgezogen, dann jedoch etwas kleinlaut wiedergekommen. Die Sau war bloß angeschossen, die Kumpels hatten sich vor Schreck in die Büsche geschlagen. Otto mutig voran sollte es richten, mit der Saufeder. Doch es klappte nicht wie erhofft. Eigentlich

Villa Waldfrieden 30er Jahre

konnten sie froh sein, dass sie unverletzt wieder nach Hause kamen. Otto ist umtriebig, kontaktfreudig und beliebt. Tante Käthe, deren Familie übrigens die Villa Waldfrieden in der Wilhelmstraße gehört, sagt immer Schatzl zu ihm. Wenn Otto Zeit hat, nimmt er Horst mit zu den Tauben, und findet er beim Schlachten der Schweine und Rinder Innereien, die Anomalien oder krankhafte Veränderungen haben, holt er seinen Jungen, zeigt und erklärt ihm das. Nur, der interessiert sich nicht so wirklich für die Fleischerei. Essen tut er alles gerne, was der Vater produziert, aber das Geschäft übernehmen? Alma hatte das mit der höheren Schulbildung ja geschickt eingefädelt, ich bin mir nicht sicher, ob von da ab der Zug in eine andere Richtung zu fahren begann als die, die Otto für Horst vorgesehen hatte. Natürlich soll sein Sohn diese unter zeitweilig so schweren Bedingungen aufgebaute und erhaltene Existenz weiterführen. Nach und nach schwant ihm, dass es nicht so laufen wird, wie er sich das vorgestellt hat. Den Jungen fasziniert alles Mögliche, jedoch nicht wie man Fleisch entbeint oder Wurst macht. Es gibt so einige intellektuelle Flöhe, die man ihm in Putbus ins Ohr setzt. Einer davon heißt Erdgeschichte.

In Thiessow, einem kleinen auf der Mönchguter Halbinsel gelegenen Örtchen, haben die alten Fischer eine überlieferte Vorstellung davon, wie Rügen entstanden ist. Auf Bornholm hätte der liebe Gott gestanden und seine fast fertige Schöpfung betrachtet, als ihm die Küste Pommerns ein bisschen zu kahl vorkam. Einen übrig gebliebenen Klumpen Lehm schleuderte er Richtung Küste, wo er eine Meile vor dem Festland liegenblieb. Nachdem er die Küsten glatt gestrichen hatte, kratzte er

die letzten Erdreste zusammen und warf sie ebenfalls hinüber. So kam Rügen zu seinen Halbinseln Wittow und Jasmund. Ein allerletztes kleines Lehmbröckchen muss, wie's scheint, noch für die Insel Vilm im Wasser gelandet sein. Dann wollte Gott Feierabend machen. So blieb die Insel, wie sie war. Ein wenig unfertig.
Nette Geschichte, aber damit will sich unser Horst nicht zufriedengeben. Er möchte es ganz genau wissen, nicht nur, wo die Kreide herstammt, mit der er an die Schultafel schreibt, das ist ja einfach, von Rügen natürlich, wo sie im Tagebau mit Spitzhacken aus Abbruchwänden gehackt, mit Wasser ausgeschlämmt, zu Fladen geformt, getrocknet und zu fertiger Schreibkreide geschnitten wird. Und die leuchtend weißen Kreidefelsen von Jasmund sind ja unübersehbar, doch wo kommen sie wirklich her? Da ist von einem Meer die Rede, das vor 100 bis 65 Millionen Jahren Teile Nordeuropas bedeckt hat. Ein an der Oberfläche 20°C warmes Schelfmeer, in dem langhalsige Dinosaurier umherschwammen. Für die Entstehung der Kreideschichten spielen die großen Tiere keine Rolle, wohl aber die ganz kleinen. Panzergeißeltierchen heißen sie. Drei Viertel der Kreide besteht aus Schalen und Gehäusen dieser Einzeller, die auf den Grund des alten Meeres rieselten. Da musste es schon ein Weilchen rieseln, bis die Ablagerungen bis zu einer 500 Meter dicken Schicht heranwuchsen. Bei einem halben Millimeter pro Jahr, mal mehr, mal weniger, bräuchte man ja für die 500 m bereits eine Million Jahre, wobei allein das Kapitel Kreidezeit in der 570 Millionen Jahre alten Erdgeschichte 70 Millionen Jahre dauerte. Die Kreide liegt nicht überall auf Rügen sichtbar als Kliff oder als Schicht dicht unter dem Boden. In Thiessow müsste man 40 Meter tief graben, um auf Kreide zu stoßen. Und die Feuersteine, die sich in dunklen Bändern durch die Kreide ziehen, sind eigentlich organischen Ursprungs. Ach so. Das weiß ich übrigens alles von Horst. Diese Feuersteine stammen demnach allesamt aus der Kreide und bestehen aus den versteinerten Überresten von Kieselalgen und Kieselschwämmen, die sich ebenfalls im warmen Urzeitmeer tummelten. Korallen, Muscheln, Seeigel, freischwimmende Trilobiten und Tintenfische erscheinen nach 70 Millionen Jahren als Versteinerungen an der Küste. Die kalkhaltigen Spitzen der Tintenfische als Donnerkeile. Am Selliner Naturstrand Richtung Binz, wo verschiedenste Steine angespült werden oder aus dem Ufer brechen und haufenweise wie bunte Kugeln auf dem Strand liegen, kann man die Fossilien am ehesten finden. Allerdings nur wenn man geduldig sucht und sich über Jahre einen

geschulten Blick erwirbt. Und Horst ist geduldig. Das kann er stundenlang machen. Alleine losziehen, Kopf gesenkt. Er dreht nicht jeden Stein um, aber viele. Diese Leidenschaft kann er mit keinem so recht teilen. Die Freude an den gefundenen Stücken, säubern, betrachten, bestimmen. Und polieren, wenn es, ja wenn es ein Bernstein ist, den er findet. Vor allem im Winter nach heftigen Stürmen mit auflandigem Ostwind geht er los zum Strand, wenn das Meer so richtig aufgewühlt ist und die Wellen tosen. Er weiß, dass das spezifische Gewicht des Bernsteins deutlich niedriger ist als das von normalem Gestein. Also stochert er in dem hoch auf dem Ufersand liegenden, angeschwemmten Seegras, Tang und leichtem Treibholz herum. Da liegt hin und wieder mal einer zwischen. Eigentlich sind Bernsteine auch Fossilien. Harz, vor rund 40 Millionen Jahren aus damals subtropischen skandinavischen Nadelbäumen getropft, versunken, versteinert, und danach, vor ungefähr einer halben Million Jahre, mit dem Vorstoß der Vereisung Richtung Süden geschoben. Vor etwa 115.000 Jahren drängten sich während dreier Kaltzeiten die Eismassen besonders weit vor. Rügen war zu diesem Zeitpunkt unter einer bis zu zwei Kilometer dicken Eisschicht gefangen. Dann schürften, hobelten und stauchten die Gletscher noch um die hunderttausend Jahre am armen Rügen herum, bis sie sich endgültig zurückzogen. Das Geröll, das sie an ihren Rändern seitlich und vor sich herschoben, und der durch Schmelzwasser später ausgewaschene Sand blieben liegen. Endmoränen nennt man das, und die formen die hügelige Landschaft Ostrügens, da wo Sellin ist. Zurück gelassen haben sie ebenso die riesigen Findlinge. Überall liegen sie herum. Der dickste von ihnen wiegt 1.626 Tonnen, heißt „Buskam“ und liegt im Wasser nahe der Göhrener Seebrücke. Normalerweise ragt er teilweise heraus, daher kann man ihn sehen. In der Walpurgisnacht sollen sich die Hexen am „Buskam“ treffen und mit ihren Besen und wildem Geheule einen Tanz vollführen. Man erzählt sich außerdem, dass hier Meister Adebar die Kindchen, die er aus der Ostsee holt, zum Trocknen ablegt, bevor er sie den Müttern bringt. Der Sassnitzer Riesenfindling namens „Uskam“ ist der Überlieferung nach ebenfalls ein solcher „Adeborstein“. Das meiste Gestein wurde allerdings unter dem Gewicht der Eismassen schlicht zu Sand, Kies und Geschiebemergel zerrieben. Auch aus solchen Grundmoränen besteht die Insel. Es gab zudem Kräfte, die unter der Erdkruste gewirkt haben müssen. Die dicke Kreideschicht ist irgendwann gebrochen und aufgefaltet worden. Ursprünglich waagerecht abgelagerte Feuersteinbänder liegen am

Königsstuhl nahezu senkrecht in ihrem Kreidebett. Durch den Rückzug der Gletscher vor etwa 10.000 Jahren und das Schmelzen der Eismassen stieg der Meeresspiegel ziemlich rasant an. Die ausgeschabten Becken des Kleinen und Großen Jasmunder Boddens liefen voller Wasser, sandige Nehrungen wurden angeschwemmt. Und fertig war die Insel Rügen, kann man sagen.
Gletscherströme, Inlandseismassen, Geschiebemergel, Quarz, Granit, Gneis, Feldspat, Kalziumkarbonat, das ist die Welt, die Horst spannend findet. Geologie, Geographie, Chemie und Archäologie. Und Archäologie liegt hier ja genügend herum. Nicht nur das Herzogsgrab im Baaber Forst oder die auffälligen Grabbuckel bei Lancken, unter denen man ebenfalls Hünengräber vermutet. Horst weiß, dass er auf jedem gepflügten Acker das kulturelle Erbe jener Menschen finden kann, die vor rund 4.300 Jahren, als die alten Ägypter ihre Pyramiden bauten, in der Lage waren, sowohl die riesigen und schweren Findlinge von ihrem Fundort zur Grabstätte zu bewegen als auch die gewaltigen Deckplatten irgendwie auf die Tragsteine zu hieven. Später mit enormen Mengen Erde beschichtet und oft mit Bäumen bewachsen verschmolzen sie mit der Landschaft. Wie die Hügelgräber der Menschen aus der Bronze- und Eisenzeit, die vor circa 3.800 und 2.500 Jahren hier lebten. In ihren Gräbern wurden keine Menschen mehr bestattet, sondern Urnen. Oben bei Sagard gibt es ein Hügelgrab, das zehn Meter hoch aufgeschüttet wurde. Horst rennt in der Gegend umher, sucht und findet Fossilien und Bernsteine hier, Steinwerkzeuge und Tonscherben da, seine Sammlung wächst.
Ja, und 1935 ist es dann vorbei mit der Schule. Den Realschulabschluss hat er in der Tasche, ist 17 Jahre alt und voller Tatendrang. Für ihn heißt es nun „Ade, Pädschen“ und „Ade, Malte“, denn der folgt den Kapitänsspuren seines Vaters hin zu den Meeren dieser Welt. Was jetzt? Unseren Horst zieht es erstmal hoch in die Luft. Um genau zu sein in die pommersche Segelflugschule im Ostseebad Leba. Obwohl erst vor fünf Jahren gegründet, hat sie schon einigen Ruhm eingeflogen, denn 1933 wurde hier der Langstreckenweltrekord mit 17,5 Stunden aufgestellt. Während Alma echte Ängste um ihren Sohn aussteht, schwebt Horst lautlos und begeistert über die blaue Ostsee und die weißsandige Wanderdüne Lontzke, der bekanntesten und gewaltigsten Düne Pommerns. Was für ein Erlebnis. Da es zwischen Leba und der Segelflugschule keine Straße gibt, werden die Kursteilnehmer mit dem Motorboot über den Lebasee zu ihrem Lehrgang

gefahren. Dann die Flugstunden, etwaige Bruchschäden reparieren die Flugschüler selbst. Wetterkunde, Lagerleben. Die angehenden Flieger kommen aus allen Teilen des Reichs, sogar Mädchen sind dabei. Bin ich neidisch, dass Horst die Welt entdeckt, und ich unterdessen hier in Sellin feststecke? Eigentlich nicht. Ich bin ja bei allem Erlebten und den neuen Erkenntnissen putznah dabei. Seine Erkenntnisse werden zu meinen Erkenntnissen, daher weiß ich immerhin wo der Sand herstammt, auf dem ich gebaut wurde. Horst kommt nach seinem Lehrgang gesund und munter und braungebrannt wieder nach Sellin zurück und schwärmt vom Gleiten ohne Motor, während sein Vater mit seiner Neuerwerbung, einem 36 PS starken Opel, mehr über die Straßen rumpelt als gleitet. Horst schraubt sich lieber wie die Möwen mit der Thermik in den Himmel. Hat jetzt Ahnung von auf- und ablandigen Winden, Hochdruck, Tiefdruck, Kaltfront, Warmfront, und Achtung, wenn die Warmfront durch ist, lauert dahinter das berühmte Rückseitenwetter mit kühler, klarer Fernsicht. Die bösen Zirren, federhafte Wolken, die oft Boten für fallenden Luftdruck sind, oder die zu wahren Gebirgen aufschießenden Quellwolken, Horst kennt sich bestens aus. Er beobachtet die olle Granitzwolke, auch so eine Quellwolke, die sich im Sommer wie auf Bestellung ab Nachmittag über dem Wald bildet und gern vor die Sonne schiebt. Er beobachtet und betrachtet sowieso viel und aufmerksam. Es sei ihm gegönnt, ein paar ruhige Wochen, danach wird das Leben für ihn deutlich ernster werden. Reichsarbeitsdienst heißt das Stichwort. Noch so eine nationalsozialistische Idee. Wie so einige dieses Jahr. Die Entscheidung der Saarländer, im Januar zum Reich dazugehören zu wollen, gibt Hitler Rückenwind. Göring verkündet die Gründung der Luftwaffe, die allgemeine Wehrpflicht wird wieder eingeführt so wie das *Gesetz zum Schutze des deutschen Blutes und der deutschen Ehre*, soll heißen, dass es mit sofortiger Wirkung unter Strafe gestellt wird, wenn Juden Nichtjuden heiraten wollen oder sexuelle Kontakte miteinander haben. Später sind ebenso *Zigeuner, Neger und ihre Bastarde* von diesem Gesetz betroffen. Juden werden mit dem Reichsbürgergesetz die Bürgerrechte entzogen. In diesem Herbst verkündet die Stadtverwaltung von Putbus, keine Juden mehr bedienen und beherbergen zu wollen. Es tönt ein Spruch um die Häuser: „Nach Sellin und Göhren, die Juden nicht gehören, schickt sie nur nach Binz, da ist die Judenprovinz." Auf Hiddensee sollen wohl Schilder stehen, auf denen zu lesen ist: *Juden sind hier nicht erwünscht!* Ich weiß nicht, was ich davon halten soll, ich fand die kulturelle Vielfalt unserer Gäste eigentlich immer ganz attraktiv. Juden - Nicht-Juden, Bayern - Sachsen, Deutsche - Schweden, die Töllners haben da nie einen Unterschied gemacht. Die Betten waren für alle gleich, die Verpflegung auch, das einzig wichtige war und ist, ob sich der Gast bei uns wohl fühlt, wiederkommen möchte oder uns weiterempfiehlt. In Sellin wohnen die zum Katholizismus konvertierten Schwestern Bernstein, denen ich bisher nicht persönlich begegnet bin. Ich kenne lediglich einen Juden, der kauft regelmäßig Ottos Häute ab. Otto sagt, er zahlt für die Ware einen höheren Preis als der andere Händler, guckt dafür genau hin und zieht was ab, wenn im Leder oder Fell irgendwo eine Beschädigung zu finden ist. Wir hatten nie Schwierigkeiten mit ihm. Von den jüdischen Mitschülern, die Horst vom Pädagogium her kennt, spricht er immer sehr respektvoll. Ihm imponiert ihre besondere Bildung, die sie, im Gegensatz zu ihm, dem jüngsten Spross einer Schlächterdynastie, von ihren bürgerlichen Familien mitbekommen haben. Egal welche Haltung man vertritt, ab sofort weht über allem und jedem die Hakenkreuzflagge als einzig gültige Nationalflagge. Horst muss sich zunächst einmal auf den Reichsarbeitsdienst und im Anschluss auf seinen Wehrdienst bei der Wehrmacht einstellen. Ausgerechnet jetzt, in dem Jahr, als er die Schule verlässt, werden diese neuen Gesetze verabschiedet. Es betrifft natürlich nicht nur ihn, sondern alle jungen Deutschen. Jungen und Mädchen müssen von nun an ihrem Volk dienen, und da Horst noch keine 18 ist und somit nicht in die Wehrmacht eintreten kann, führt ihn sein Dienst am Volk im Herbst in das kleine Hansestädtchen Demmin an der Mecklenburger Seenplatte. Auf zu neuen Taten, mit dem Spaten durch nasses Erdreich waten. So in etwa. Sie buddeln an einem Kanal herum und stehen nebenbei stramm. Spatenparade. Bauch rein, Brust raus, Spaten schultern, absetzen, links rum, rechts rum, marsch. Der zackige Geist des zukünftigen Wehrdienstes weht den jungen Männern sofort spürbar entgegen. Kameradschaft, körperliche Arbeit, Disziplin. So wie beim Ernteeinsatz im Sommer und Herbst 1935. Dann kommt Horst zurück auf die Insel. Der Reichsarbeitsdienst soll zu dekorativen Zwecken bei einem Großereignis in Binz, um genau zu sein, in Prora antreten. Die Grundsteinlegung des KdF-Seebads Rügen steht an. Bereits im letzten Jahr hatte die NS-Organisation „Kraft durch Freude“ die benötigten Flächen beschafft. Auserkoren wurde ein Gelände, das sich hinter Binz von Prora Richtung Mukran entlangzieht. Kilometerlanger Kiefernwald und feinster Sandstrand. Eigentümer war, wie eigentlich fast immer und überall auf Rügen, das relativ frisch ins Amt gehobene Oberhaupt derer zu Putbus, Malte von Putbus. Ob er das Land so ganz freiwillig rausrückte, bleibt unklar, er stellte es auf jeden Fall der KdF-Organisation bei einem Frühschoppen kostenlos zur Verfügung. Da erlaube ich mir die Frage, ob es dabei mit rechten Dingen zugegangen ist. Am Ende der Verhandlungen schüttelte Robert Ley, seinerseits Reichsführer der NSDAP und Leiter der Deutschen Arbeitsfront, dem Fürsten, der sich nicht so nennen darf, die Hand, und die „Übergabe" war besiegelt. Dann wird im wahrsten Sinne des Wortes geklotzt und nicht gekleckert. Im Februar 1936 erhält sinnigerweise Clemens Klotz, Leib- und Magenarchitekt von Robert Ley, den Auftrag für seinen Entwurf, der sich an einer „Bandstadt" orientiert, die von Le Corbusier für Algier zwar geplant, letztlich jedoch nie umgesetzt wurde. Am 2. Mai ist es soweit. Ganz groß aufgezogen wird die Grundsteinlegung. Da läuft die Ausschreibung zwar noch, egal, das Datum soll symbolträchtig auf den dritten Jahrestag der Gewerkschaftszerschlagung fallen. Privatpersonen dürfen gar nicht teilnehmen. Dafür SA und andere Uniformierte, soweit das Auge reicht. An den Seiten des riesigen Geländes hat sich der Reichsarbeitsdienst aufgefädelt. Irgendwo dort steht Horst. Für die gute Stimmung gibt es reichlich Marschmusik und mittendrin Robert Ley, der in seiner markigen Rede erklärt, der Bau des geplanten Seebades sei Hitlers persönliche Idee und Wille. Weiterhin ist von einem Denkmal für das deutsche Volk die Rede, von dem er hofft, dass es in 1.000 Jahren noch erhalten sein möge, und: „In dieser Feierstunde beginnt die Arbeit an einer Riesenanlage, wie sie einzigartig in der Welt dasteht. Hier wird einst das Gewaltigste an Gemeinschaft herrschen, was man überhaupt kennt." Weiter: „Ich wünsche, dass wenn wir schon dem Arbeiter jetzt keinen höheren Lohn bringen können, so wünsche ich, dass man versucht, ihm genügend Urlaub und Erholung zu bringen." Nach der öffentlichen Einweihung muss natürlich gebührend nachgefeiert werden, und so geht Robert Ley, Spitzname „Reichstrunkenbold", mit SA-Männern aus Sellin in eine Binzer Kneipe. Bloß will er anschließend seine Zeche nicht bezahlen. Die Selliner Eskorte verpasst ihm einen Denkzettel und taucht ihn erbost in einen Wassertrog. Übrigens soll dem deutschen Arbeiter nicht nur ein solcher Bau in glorreicher Zukunft zur Verfügung stehen, man denkt an mehrere Erholungsheime entlang der pommerschen Küste bis Ostpreußen. Alle 200 km eins. Und dazu ein paar Kreuzfahrtschiffe. Die Pläne für das KdF-Bad konkretisieren sich über den Sommer. Zwei Hallenwellenbäder, Restaurants, eine Festhalle und immense Kaianlagen, obwohl Dampfer im Flachwasser vor Prora gar nicht anlanden können, aber was soll's. Wenn der Besucher dann wie auch immer gelandet ist, wartet eins der 10.000 Zimmer auf ihn. 12 m^2, mit zwei Betten, einem Sofa und Waschbecken ausgerüstet. Alle 50 Meter auf dem Gang hat Herr Klotz Toiletten und Duschen für den erholungsbedürftigen deutschen Arbeiter vorgesehen, der nun eine Woche lang unter weiteren 19.999 Arbeitern bei Sportprogramm kontrolliert aber umsonst entspannen kann. Hin- und Rückreise inbegriffen. Irgendwann mal soll es fertig sein, wobei das eine ganze Weile dauern kann, denn erst ein halbes Jahr nach der Grundsteinlegung gehen die ersten Bauarbeiten los.

Ein Heer von Arbeitern bereitet den Bauplatz für das KDF-Bad vor. Das Bild zeigt umfangreiche Rodungsarbeiten. Das große Gebäude beherbergt die am Bau beschäftigten Arbeiter.

Da ist bei uns die Saison bereits wieder in vollem Gange, und wer den Bäderprospekt dieses Jahres genau liest, erfährt, wieso die Gäste nach Sellin reisen sollen:

Ob Erwachsene oder Kinder, alles tummelt sich in fröhlicher Ausgelassenheit und schöpft so wahre Lebensfreude, um an Körper und Seele gestärkt nach Ablauf einer köstlichen Ferienzeit den Kampf mit dem Alltag wieder aufzunehmen.

Kampf mit dem Alltag? Mit dem ringen während der Saison nicht allein die Töllners, sondern ebenso die vielen andere Menschen, die dazu beitragen, dass wohlhabende Gäste ihre Sommerlust in Sellin ausleben und genießen können. Strandfeste, Strandburgenwettbewerbe und Gymnastikkurse sind im Angebot. Für das Sportlerherz gibt es eigentlich nichts, was es nicht gibt. Kleingolf, Rasensport, Rudern, Reiten, Turnen, Schwimmen, Angeln, Schießen. Lust- und Sportsegeln am Jachthafen. Und dann erst diese wundervolle Stimmung am Abend. Ich bin so gerne dabei, wenn sich die Badenixe vom Nachmittag für die Stunden nach Sonnenuntergang in eine elegante Dame verwandelt. Bisweilen erkenne ich sie kaum wieder mit ihren schicken Kleidern, vielleicht sogar Hose, teurem Schmuck, geschminkt und frisiert. Dann geht sie aus dem Haus, manchmal mit, manchmal ohne den Göttergatten, die fortschrittliche Frau verreist neuerdings immer häufiger allein oder mit der Freundin. Im still gewordenen Zimmer bleibt oft der Hauch eines exquisiten Parfüms hängen. Ich höre ihnen hinterher, wie die Absätze noch ein bisschen über das Pflaster klappern, und weg sind sie. Verschwinden in Richtung Wilhelmstraße und tauchen ein ins sommerabendliche Sellin, wo nicht nur der Kurpark festlich erleuchtet ist. Übrigens ist mir zu Ohren gekommen, dass so mancher Tourist Sellin als typischen Kurort empfindet, der keinen Baustil im eigentlichen Sinne vorzuweisen hätte. Zu viele Balkone, zu viele Anbauten, zu wenig klare Formen, zu wenig neue Zeit. Das ist ja allerhand! Für mich gar nicht nachvollziehbar. Ich finde mich und meine Nachbarn immer noch schön. Aber sei's drum. Was meine Gäste so erleben, erfahre ich, wenn sie wieder zurück sind. Oft erst spät in der Nacht. Sie besuchen die Innen- und Freilichtaufführungen des Kurtheaters, gehen zu den allseits beliebten Künstlerabenden, staunen über Prachtfeuerwerke oder bewundern Willy Fritsch, Lilian Harvey und Theo Lingen im modernen Tonfilmkino. „Schwarze Rosen", „Weißes Rössel", so heißen die diesjährigen Favoriten. Und Leni Riefenstahls „Triumph des Willens", über den viel geredet wird. Da geht es um Nürnberg, das neue, riesige Reichsparteitagsgelände mit wuchtigen Reden, Aufmärschen und Fackelumzügen. Was die Nationalsozialisten in kürzester Zeit aus dem Boden gestampft haben, fasziniert viele.

Zeiten der Superlative: Der Rügendamm

Es sind Zeiten der Superlative. Vor allem 1936. Im Februar eröffnet Adolf Hitler in Garmisch-Partenkirchen die Olympischen Winterspiele im neuen Olympia-Skistadion. Kleiner Auftakt gegenüber dem, was für die Sommerspiele in Berlin geplant ist. 77 Millionen Reichsmark verschlingt dort das Reichssportfeld, in dessen Mitte das soeben fertiggestellte Olympiastadion mit 100.000 Plätzen prangt. Erstmalig in der olympischen Geschichte wird ein Fackellauf von Griechenland bis Berlin eingeführt, 49 Nationen nehmen teil. Rekord. 960-mal ertönt bei der Ehrung der Sieger ebenfalls zum ersten Mal deren Nationalhymne. Neben den Medaillen erhalten die Gewinner kleine Eichen im Topf. Juden oder nach nationalsozialistischer Vorstellung sogenannte „Halbjuden“ sind von der Teilnahme so gut wie ausgeschlossen. Allerdings duldet Hitler den „Halbjuden“ Theodor Lewald als Präsidenten des Organisationskomitees. Wohl um der Welt zu zeigen, wie liberal er ist. Ja, und dieses Berlin ist von Rügen für Reisende demnächst eine Stunde schneller erreichbar als bisher, denn ein anderes Riesenprojekt ist nach drei Jahren Bauzeit fertiggestellt. Eins, das Rügen nachhaltig verändert. Der Rügendamm über den Strelasund. An einem windig-herbstlichen 5. Oktober hört Rügen auf, eine Insel zu sein, findet jedenfalls Reichsminister Julius Dörpmüller, der mit einem riesigen Festakt den Rügendamm endgültig eröffnet, nachdem im letzten Jahr bereits die Fahrspur freigegeben wurde. Jetzt ist er komplett, zusammen mit der eingleisigen Eisenbahnstrecke und einem Weg für Fahrräder und Fußgänger. Der Rügendamm besteht genau genommen aus drei Abschnitten. Bei Altefähr beginnt die auf neun Pfeilern stehende, 540 Meter lange Brücke. Die erste vollgeschweißte Großbrücke der Firma Krupp verbindet Rügen mit dem im Strelasund liegenden Inselchen Dänholm, wo es seit 1850 einen Marinehafen gibt. Der eigentliche Rügendamm beginnt auf Dänholm, ragt in den Strelasund hinein, über den im Anschluss die 133 Meter lange Ziegelgrabenbrücke bis Stralsund führt. Wenn Schiffe den Sund passieren wollen, wird die Stahlkonstruktion des Mittelteils hochgeklappt. So gesehen ist Rügen genau gesagt immer wieder dann eine Insel, wenn die Schiffe durch die Öffnung fahren. 11.800 Tonnen Stahl und 48.000 km^3 Beton wurden verbaut. Also ist die große Zeit der Eisenbahnfähren, die im Winter als Eisbrecher gedient hatten, vorbei. Die Passagiere können ab jetzt bei der Sundüberquerung bequem in ihren Waggons sitzen bleiben. Mir scheint, die

Welt verändert sich im Augenblick mit ungeheurem Tempo, während bei uns das Leben relativ gleichmäßig seine saisonalen Kreise zieht. Gut, Garz hatte ja bereits 1930 mit der Eröffnung von Deutschlands erstem Diabetikerheim für überregionales Aufsehen gesorgt, dieser Tage widmet das Städtchen Leben und Werk seines berühmtesten Sohnes Ernst-Moritz Arndt ein Museum. In Sellin waren die erwähnenswerten kleinen Höhepunkte dieses Sommers Torpedoschnellboote und U-Boote, die an der Seebrücke angelegt hatten. Da haben die Jugendlichen gestaunt und fanden es aufregend, diese modernen Boote bei Tauch- und Übungsfahrten zu beobachten.

Torpedoboote an der Selliner Seebrücke 1935

Wenn ich es genau bedenke, kam die Kriegsmarine in den letzten Jahren ausgesprochen häufig bei uns vorbei. Möglicherweise soll damit demonstriert werden, wie stark sie in den letzten Jahren wieder geworden ist. Ich kann das mal wieder nicht beurteilen, wie immer, wenn's politisch wird. Manchmal bin ich echt froh, ein Haus zu sein. Ich muss nichts entscheiden, keine Verantwortung übernehmen, Risiken eingehen, Geld verdienen, ich kann einfach ein Zuhause sein und die wärmenden Sonnenstrahlen des Herbstes auf meiner Dachpappe und meinen Außenwänden genießen. Ich, die Helene, bin nicht nur ein Dach über den Köpfen derer, die bei mir wohnen. Ich bin ebenso Geschäftsgrundlage und biete ein Zuhause. Mein eigenes Gefühl von Zu-Hause-Sein machen die Menschen aus, die ich kenne, seit ich der erste Stein auf diesem Grundstück war. Ihre Stimmen, ihre Bewegungen, ihre Eigenarten. Ich wurde in diese Familie hineingeboren, so wie Horst in mich geboren wurde. Selbst wenn ich nicht sein eigentliches Geburtshaus bin. Die Frage, ob ich diese Töllners eigentlich mag, stellt sich für mich nicht. Sie sind, wie sie sind. Naja, wenn ich ehrlich bin, kann ich diese merkwürdige Erika, die neue Frau von Fritz in Berlin, nicht so leiden. Ich finde sie ziemlich zickig. Otto kenne ich immerhin schon, seit er dreizehn ist. Man könnte sagen, dass wir ein Stück weit gemeinsam erwachsen geworden sind. Er dampft mit seinen 46 Jahren vielleicht nicht mehr durch alle, aber doch viele Gassen. Ich höre oft, wie er im Hof seine Anweisungen lautstark herumbölkt. Äußerst gesellig ist er außerdem, vertreibt sich weiterhin gerne die Zeit mit Skat und Bier. Manchmal übertreibt er die Zecherei, dann kann es vorkommen, dass er bei Friedel Hoffstädts Strand Casino unten bei der Seebrücke ordentlich beschwipst die Treppe runterfällt und sich das Knie verletzt. Otto führt nach wie vor einen erfolgreichen Betrieb mit mehreren Angestellten. Die braucht er auch, im Endeffekt beliefert er 75% der Selliner Hotels und Pensionen mit seinen Produkten. Die Beschäftigung mit den Brieftauben nimmt er so richtig ernst, jetzt hat er sich seine eigene Stechuhr angeschafft und kann somit die Ankunft seiner Tauben ohne Zeitverlust registrieren. Otto und seine Alma sind ein sehr ungleiches Gespann. Otto Modell Haudegen, Alma vornehme Dame, aufrecht und korrekt. Die Kinder machen ehrfürchtig jedes Mal einen tiefen Knicks vor ihr. Ab und zu habe ich darüber nachgedacht, wie das wohl wäre, wenn mich das gleiche Schicksal wie die vielen anderen Häuser träfe. Wenn sie mich eines Tages verkaufen müssten. Nicht auszudenken. Ich weiß nicht, wie das die anderen Häuser bewerkstelligen und sich mit einem Besitzerwechsel arrangieren. Kann sein, dass man sich daran gewöhnt. Für mich ist es einfach unvorstellbar. Ich habe über die Jahre schmerzlich begreifen müssen, dass Menschen kommen und gehen und nichts bleibt, wie es mal war. Selbstverständlich habe ich mich verändert, die 33 Sommer und Winter meines Lebens sind nicht spurlos über mich hinweggezogen. Aber die Töllners lassen mich nicht verlottern. Ich liebe es, wenn ich ausgebessert, repariert und gepflegt werde. Die Pinselstriche auf dem Holz, das Öl in den Scharnieren, den köstlichen Geruch frischer Farbe. Ich kann mich schon noch sehen lassen. Natürlich gibt es weitaus noblere Hotels und Pensionen in Sellin. Ich habe im Gegensatz zum Kurhaus keinen Koch aus dem Berliner Luxushotel Adlon zu bieten. Bei mir spielt keine Kapelle zum Tanz. Vielleicht bin ich weiter nichts als ein kleineres Licht unter den dicken Scheinwerfern des Ortes, dessen ungeachtet bin ich weiterhin stolz auf meine Balkone, den kleinen Vorgarten, in dem sich Alma und Marie um die Rosen kümmern, den Eiskeller, der zuverlässig seinen Dienst tut, und den schönen Laden, von dessen Wänden wie eh und je die Kacheln glänzen. Ich freue mich, wenn meine Fenster und Türen aufgesperrt sind und die Geräusche und Gerüche meiner Umgebung ungehindert in mich einströmen können. Vom Hof das Gurren der Tauben und der betörende Geruch von im Fett angebratenen Zwiebeln für die feine oder getrocknetem Majoran für die grobe Leberwurst. Vom Nachbarn auf der rechten Seite wabert die Verlockung von Streuselkuchen und Bienenstich herüber. Gelegentlich der Duft von Almas eigenem Kuchen, wenn sie ihn dort abbacken lässt. Ich liebe die Geschäftigkeit und die Geräusche des Lebens. Das Poltern und Scheppern, Lachen und Fluchen, Knarren und Quietschen. Wenn sie auf den Fluren laufen, die Türen schlagen, die Töpfe in der Küche klappern, das Feuer im Ofen brennt. Dann spüre ich das Leben und atme gerne mit. Die Walnüsse fallen wieder ins Gras. Die Äpfel sind reif. Ein golden dahinfunkelnder Herbst. Es ist die Zeit, in der in den Wäldern der Granitz die Pilze aus dem feuchten Boden schießen. Da hat die Alma nur drauf gewartet, nimmt sich ihr Körbchen und kommt mit reicher Beute wieder zurück. Mit Pilzen kennt sie sich aus. Das hat sie als Kind in Thüringen gelernt. Schirmpilze, Hallimasch, Maronen, Steinpilze, Stockschwämmchen, und sorgfältig geputzt ab in die Pfanne. Mit viel Zwiebeln und Speck. Wenn dieser Wohlgeruch durch meine Flure weht, ist im Garten das meiste Obst geerntet, in den Regalen stehen die Gläser mit dem Eingemachten, den Marmeladen und dem Johannisbeergelee für das kommende Jahr. Die Zimmer waren in diesem Sommer belegt, wir sind gesund. Das ist die Hauptsache. Kraniche und Gänse machen sich auf den langen Weg in ihre Winterquartiere.

Und unser Horst fliegt aus. Im Oktober muss er wieder seine Sachen packen. Diesmal für die Wehrmacht. Ausgerechnet im letzten Sommer hat man den Wehrdienst von einem auf zwei Jahre heraufgesetzt. Horst hat sich für die Luftwaffe entschieden. Er meldet sich als sogenannter „Freiwillig Längerdienender“ und verpflichtet sich damit auf viereinhalb Jahre, da die militärische und fliegerische Ausbildung in der normalen zweijährigen

Dienstzeit nicht absolviert werden kann. Seine erste Station ist Halberstadt im Harz. Sechs Monate Fliegerersatzabteilung. Junge Rekruten erhalten hier ihre Grundausbildung. Körperlicher Drill, Grundlagen des Funkverkehrs, Karten lesen stehen hier im Mittelpunkt. Ausgelesen und ausgesiebt werden taugliche Absolventen weiter an die Flugschulen versetzt. Horst wird für tauglich erklärt und zieht nach einem halben Jahr, im März 1937, zum vor drei Jahren eröffneten Großflughafen in Faßberg bei Celle. Als Mitglied des Kampfgeschwaders 257 lernt er zurzeit so richtig fliegen. Das ist für Alma gar nicht einfach, sie steht arge Ängste um ihn aus, schließlich ist eine Fliegerausbildung nicht ungefährlich. Immer wieder stürzt ein Kamerad ab oder verbrennt, wenn das Flugzeug bei der Landung unsauber aufsetzt, sich auf den Rücken dreht und Feuer fängt. Einmal steht Horst mit seinen Kameraden neben einer solch brennenden Maschine. Der in der Kanzel eingeschlossene Pilot kann sich nicht selbst befreien. „Holt mich hier raus", schreit er verzweifelt. Keiner kann ihm helfen. Es ist zu heiß. Die Schreie verstummen. Er stirbt. Diese grauenhafte Situation gräbt sich Horst tief ins Gedächtnis. Alle sind froh, als er zu Pfingsten unbeschwerte Tage zu Hause verbringt. Er lernt das junge Fräulein Lore kennen. Sie ist nicht das erste Mädchen, für das sich Horst interessiert, im Herbst letzten Jahres ist er zu einer Ursel nach Berlin gereist, dennoch glaube ich, Lore ist seine erste, wirklich große Liebe. Und drei Monate später hebt der 19-jährige Horst im August erstmals mit einer Junkers 52 ab. In einer mit BMW-Motor ausgestatteten Wellblechkiste mit 180 Sachen über die Lüneburger Heide, das ist ganz nach seinem Geschmack. Aber nicht nur die Fliegerausbildung macht ihm Spaß. Er legt sein Sportabzeichen ab, durchstreift die wunderschöne Heidelandschaft und, typisch Horst, inspiziert die ersten kommerziell genutzten Kieselgurgruben der Welt. Kieselgur, was ist denn das jetzt schon wieder? Es ist ein Sedimentgestein, das aus den Schalen von fossilen Kieselalgen besteht, die sich im Gegensatz zur Kreide im Süßwasser vor erst mehreren hunderttausend Jahren bis zu einer Dicke von 25 Metern abgelagert haben. In den untersten Schichten kann man sogar Fossilien finden. Wahre Fundgruben sozusagen. Dann ist es vorbei mit Faßberg. Für Horst ist die nächste Station für zwei Jahre als Gefreiter die Fallschirmschule in Stendal. Er macht fliegerische Erfahrungen mit den Kampfflugzeugen Henschel Hs 123 und Heinkel He 111, ist Teilnehmer der Unteroffizierlehrkompanie, geht zwischendrin zur Tanzstunde, bekommt neben Foxtrott und Walzer Unterricht in den Sparten Aerodynamik,

Luftfahrttechnik, Flugnavigation, die Wetterkunde wird vertieft. Ab und zu ist er auf Urlaub in Sellin, wo die jungen Damen hoch im Kurs stehen. Lore, Barbara und Adele, so viele Mädchen, da verliere ich manchmal den Überblick. Nicht zu vergessen die fesche Wienerin Marlies, die im Kaiserhof ein Hotelvolontariat als Haustochter macht. Vor den großen Hotels an der Hochuferpromenade wird nachmittags und abends zu den Klängen kleiner Combos elegant gewiegt und gedreht oder locker geswingt und gejazzt. Wobei sich Horst eher klassisch walzerlich dreht als modern swingt. Er besucht die illustre Kakadu-Bar im Binzer Kurhaus, in der Reiche, Schöne und Künstler verkehren, oder sitzt an einem der Holztische auf den nagelneuen Ostsee-Terrassen, die seit 1938 das linke Hochufer Richtung Kaiserhof säumen. Was für ein fantastischer Blick von dort oben. Auf die Seebrücke, den Strand mit den hingewürfelten Strandkörben und das Meer bis zum Horizont. Ganz entspannt und leicht diese gesamte Urlaubszenerie.

Die Selliner Seebrücke in den 30er Jahren

Allerdings nicht für alle. Die Gemeinden auf Hiddensee haben in diesem Sommer den völligen Ausschluss jüdischer Badegäste beschlossen.
Im Innen und Außen ist jenseits des Selliner Horizonts in den letzten zwei Jahren viel passiert. Der Gesamtentwurf des KdF-Bades in Prora hatte doch tatsächlich 1937 bei der Weltausstellung in Paris einen Grand Prix gewonnen. Den heimst auch Hitlers Lieblingsarchitekt Albrecht Speer für das Nürnberger Parteitagsgelände ein, und die Jury dekoriert Leni

Riefenstahls „Triumph des Willens“, der den Riesenbau monumental in Szene setzt, passend dazu mit einer Goldmedaille. Seit 1938 gehört Österreich per Anschluss zum Deutschen Reich. Das Sudetenland ebenso. Per Einverleibung. 1939 Böhmen und Mähren per Annexion. Das Memelland per erzwungener Übergabe Litauens. Der spanische Bürgerkrieg, bei dem das Deutsche Reich die Putschisten um Franco unterstützt und die Luftwaffe mit der Legion Condor das baskische Städtchen Guernica in Schutt und Asche gebombt hat, geht im Frühjahr 1939 zu Ende. Alle Juden verlieren den Mieterschutz, jüdische Apotheker, Zahn- und Tierärzte die Approbation. Im letzten Herbst haben Nazis jüdische Geschäfte in Stralsund verwüstet und ihre Synagoge angezündet. Und nicht nur ihre. Alle Synagogen brannten. Im ganzen Land. Herr Kaba-Klein, jüdischer Besitzer des Kurhauses, der schon 1935 sein Hotel an die Deutsche Feriengesellschaft verpachten musste, wurde vor zwei Jahren gezwungen, sein Hotel ganz zu verkaufen.

Und das nächste gigantische Bauprojekt ist im Gange. Hauptadmiral Karl von Dönitz treibt die Umsetzung einer Hauptmarinebasis in der Ostsee voran. Standort Rügen, rund um das Kap Arkona. Das hatten wir doch schon mal. 80 Jahre ist das jetzt her, damals bekam Kiel den Zuschlag. Seit letztem Jahr wird anscheinend wirklich ernst gemacht. In der Nordsee, genauer gesagt auf Helgoland, hat man zeitgleich mit den Bauarbeiten für eine Seefestung gegen die Briten begonnen. Am Jasmunder Bodden soll eine Art Garage für über fünfzig U-Boote und andere unterirdische Anlagen wie Öltanks und Trockendocks entstehen. Geplant ist ein Bunker von 800 m Länge und 200 m Breite, mit Stahlträgern und meterdicken Betondecken. Überdies beinhaltet der Entwurf noch einen Kanal, der in der Zukunft den Großen Jasmunder Bodden bei Glowe mit der Ostsee verbinden soll.

Diese Nachrichten scheinen nicht so weit entfernt zu sein, aber entfernt genug. Mit der Selliner und meiner eigenen Wirklichkeit haben sie wenig zu tun. Der Sommer ist außergewöhnlich heiß, die Gäste vergnügen sich am Strand, die Hotels und Pensionen sind gefüllt, die Restaurants ebenso. Im Kurhaus, dem leider, wie auch dem Strandhotel, die schmückenden Türme wegen Baufälligkeit abhanden gekommen sind, kann man vornehm speisen. Wie es sich für ein Hotel ersten Ranges gehört. Wer dort am Freitag, dem 14. Juli, sein Mittagessen einnimmt, beginnt sein Menü mit einer Mockturtle-Suppe, einem Schildkrötensuppen-Ersatz aus Fleisch vom Kalbskopf. Als zweiter Gang folgt eine Heilbuttschnitte in Weißwein, zum Nachtisch gibt

es Schokoladencreme mit Vanilletunke. Das Gedeck für 2,50 Mark. Für denselben Preis wird dem Kunden am Abend Kraftbrühe mit Einlage, kalter Braten mit Bratkartoffeln und der rosinengefüllte Kabinettpudding mit Rumtunke kredenzt. Für Sellin und uns ist der Sommer 1939 mal wieder eine runde und erfolgreiche Saison.
Im August steht für Horst die nächste Versetzung an. Es geht zum Militärflughafen ins brandenburgische Wittstock an der Dosse. Er ist ein gutaussehender, junger Mann, soeben volljährig geworden. Rank, schlank, trainiert.
Aber dann wird am 31.8.1939 zurückgeschossen. Beim Sender Gleiwitz in Polen. Die Zeichen stehen auf Krieg. Ich kann's nicht fassen. Der letzte Krieg ist doch gerade erst überwunden. Haben wir es kommen sehen? Sicherlich, die politische Atmosphäre komprimierte sich immer unheilvoller, die Sorgen wuchsen. Am 24.8. der Nichtangriffspakt mit der Sowjetunion, kurzes Durchatmen. Verdammt kurzes Durchatmen. Am 1. September beginnt der Polenfeldzug. Einen Monat später kapituliert Polen, Deutschland und die Sowjetunion teilen es unter sich auf, und Frankreich, Großbritannien, die Südafrikanische Union und Kanada erklären Deutschland den Krieg. Silvester '39 ist trotz des erwirtschafteten hohen Umsatzes von 80.000 RM aus Fleischerei und Pension kein fröhliches Fest. Sellin trauert um Hermann Holtz. 37 Jahre Amtsvorsteher, 28 Jahre Ortsvorsteher einer Gemeinde, deren Geschicke er über Jahrzehnte mit seinen Ideen und Initiativen gelenkt und geprägt hat. Der alte Häuptling geht, Sellin verneigt sich.
Was wird das nächste Jahr wohl bringen? Viele Theorien, viele Meinungen kursieren, keiner weiß was Genaues. Die Bauarbeiten des riesigen U-Bootbunkers am Großen Jasmunder Bodden sind vorerst zum Erliegen gekommen. In Sellin eröffnet ein Kindergarten. Mütter haben Angst um ihre Söhne. Alma hat ihren Jungen im Herbst in Wittstock besucht. Ein schwerer Weg für sie, mit einem etwas peinlichen Abgang. Um Alma zum Bahnhof begleiten zu können, bittet Horst im dortigen Casino seinen Vorgesetzten, ob er am Abend Ausgang haben dürfe. Reichlich betrunken lallt dieser Vorgesetzte ihn nun an, ob er sich da wohl mit einer Dame vergnügen wolle. „Die Dame ist meine Mutter", erwidert Horst pikiert. Sehr unangenehm, und das vor Alma, die sich jetzt Gedanken darüber macht, in was für ein Milieu es ihren Jungen verschlagen hat. Trotz allem ist Horst innerhalb seiner Flugausbildung relativ sicher.

Zeiten des Grauens: Leben und Überleben im 2. Weltkrieg

Im Frühjahr 1940 erobert die Wehrmacht blitzartig Dänemark und Norwegen. Italien ist neuerdings unser Verbündeter. Danach reiht sich ein Sieg an den anderen. Die Maginot-Linie ist durch die Besatzung der neutralen Beneluxländer erfolgreich umkurvt worden, und Frankreich kapituliert binnen weniger Wochen. Deutsche Piloten werfen Bomben über England ab, die U-Boote versenken Schiffe. Es gibt so viele Opfer. Überall scheint Krieg zu herrschen. China, Japan, Nordafrika. Und es hört nicht auf. Die Wehrmacht marschiert in Rumänien und Bulgarien ein. Im April 1941 beginnt der Balkanfeldzug. Jugoslawien und Griechenland werden besetzt. Im Juni Krieg gegen Russland. Keine Kriegserklärung. Überfall. Es scheint die Zeit für einen Augenblick die Luft anzuhalten. Lähmung. Entsetzen. Und jetzt auch noch gegen die Rote Armee. Die Hoffnung auf ein schnelles Ende des Krieges stirbt. Es ist so verrückt. Und so absurd. Sellins Villen strahlen weiß vor dem blauen Himmel, die Saison ist in vollem Gange, wir merken nichts von einem Krieg. Wobei, nichts ist nicht ganz richtig. Es sind kleine Veränderungen, die hier stattfinden. Die SA hat seit '33 im ehemaligen Elektrizitätswerk ihre Geschäftsstelle, und das Kurhaus dient seit einem Jahr als Erholungsheim für Mitglieder der Waffen-SS. Swing und Jazz werden, von den Nazis als „Negermusik" diffamiert, weitestgehend abgeschafft. Seit 1938 gibt es nicht nur die sogenannte „entartete Kunst", sondern gleichfalls „entartete Musik", zu der Werke jüdischer Komponisten wie Arnold Schönberg oder Kurt Weill gehören, die Musik eines Paul Hindemiths oder Igor Strawinskys. Zudem ist seit Kriegsausbruch Fleisch und Wurst rationiert worden. 500 g Fleisch pro Person pro Woche können die Selliner über die begehrten Lebensmittelkarten bei uns im Laden kaufen. Ansonsten erfahren wir die meisten Dinge aus den gleichgeschalteten Quellen: Zeitung, Radio oder der Wochenschau. Und tatatataa, Fanfare, da kann sich, wer will, an Siegen und noch mehr Siegen einer omnipotenten Wehrmacht berauschen. Aber den Russen den Krieg erklären? Eine nächste Front eröffnen? Das fühlt sich nach Wahnsinn an.

Der einzig erleichternde Gedanke ist, dass Horst zum Glück dies nicht betrifft. Er ist längst nicht fertig mit seiner Fliegerausbildung. Erstmal hat er neben seinem PKW-Führerschein auch den Pilotenschein in der Tasche. Er ist als Beobachter geeignet und zum Unteroffizier befördert worden.

Horst mit Kumpel 1940

Die Verpflichtung als Berufssoldat auf 12 Jahre lehnt er ab. Die Ausbildung geht weiter. Momentan ist er in Rheinsberg und hat Quartier in einer Milchhandlung bezogen. Wie praktisch. Von Rheinsberg aus nutzt er einen Distanzflug, in dem er die Maschine in Wien anmeldet und plötzlich bei seiner aktuellen Herzdame Marlies vor der Tür steht. Dornier Do 23 heißt das nächste Flugzeug, in dem er sich ausprobiert. Ein Bomber, der umgebaut gemeinsam mit der Tante Ju nebenbei bei der Minensuchgruppe Mausi im Einsatz ist. Hinter dem netten Decknamen verbergen sich Maschinen wie eben die Junkers 52, die mit einer Magnetspule ausgerüstet unter anderem entlang der gesamten Ostseeküste auf der Suche nach Magnetminen sind, die von den Briten abgeworfen wurden. Hochriskante Einsätze sind das, bei denen die explodierenden Minen Wasserfontänen von über 100 Metern in die Luft schießen, die ihrerseits die flach fliegenden Maschinen leicht abräumen können.

Wenn ich glauben darf, was ich erfahre, verläuft der Russlandfeldzug zunächst überaus erfolgreich. Über drei Millionen Soldaten haben sich auf den weiten Weg gemacht, erringen viele Siege, machen nach wenigen Wochen 300.000 Gefangene und sind auf breiter Front auf dem Vormarsch. Vielleicht zu gut. Jetzt soll es Richtung Moskau gehen. Und dann versinkt die Wehrmacht im russischen Schlamm. Schlecht ausgerüstet fehlt es an allem. Nach dem Schlamm kommt der Winter. Und der kommt hart. Der Blitzkrieg wird jäh gestoppt. Kurz vor Weihnachten erklären Deutschland und Italien obendrein noch den Amerikanern den Krieg. Die nehmen die Einladung an.

Die Stimmung unter dem silbrig geschmückten Weihnachtsbaum 1941 ist niedergedrückt. Und zu allem Übel muss man zurzeit höllisch aufpassen, was man so sagt. „Frischer Hering, fett wie .....“, rufen manche aus Quatsch. Jeder weiß im Stillen, dass sich auf den frischen Hering wohl am ehesten

kein geringerer als der dicke Oberbefehlshaber der Luftwaffe, Hermann Göring, reimt. Manchmal habe ich Angst um Horst, der kann so ironisch sein. Von wegen „Heil Hitler, Heilkräuter…!“ Es heißt, dass man wegen solcher Witze in einem Arbeitslager landen kann. Die Nazis haben bereits viele Kommunisten und Sozialdemokraten einkassiert. Von den Juden ganz zu schweigen, die werden umgesiedelt. Sagt man. Viele sind ausgewandert. In Stralsund sollen Juden verhaftet worden sein.
Über zwei Jahre geht dieser Krieg nun schon, und kein Ende in Sicht. Der Frühling 1942 ist geprägt von weiteren Versuchen der Wehrmacht sich gen Moskau voranzukämpfen. Das klappt mal mehr, mal weniger. Und wieder sterben so viele junge Männer. Rommel in Nordafrika hat mehr Glück. Fast überall scheint Krieg zu herrschen. Japan gegen China, Krieg in Südostasien und dem Pazifik, U-Bootkrieg im Atlantik. Alles so weit weg. In Sellin muss man sich mit der neuerlichen Zerstörung der Seebrücke befassen. Am 5. März kracht der Landungssteg auf seiner gesamten Länge bis hin zum Brückenhaus zusammen. Das geht auch ganz ohne Bomben. Der starken Vereisung hält die Holzkonstruktion nicht stand. Diese nicht, und die der Binzer und Göhrener Seebrücken ebenfalls nicht.
Viele freuen sich in der Folge über das reichliche Angebot an Brennholz. In der Zeitung darf nicht darüber berichtet werden. Die Angst, der Feind könnte mitlesen, ist zu groß.

Die zerstörte Selliner Seebrücke im März 1942

Dann rückt das Grauen Stück für Stück näher. Drei Wochen später geht die Altstadt von Lübeck bei einem Bombenangriff in Flammen auf, einen Monat drauf trifft es Rostock. Die Luftwaffe bombardiert ihrerseits englische Ziele ohne militärische Bedeutung. Wer gedacht hat, der Krieg 14/18 wäre an Entsetzen nicht zu überbieten gewesen, sieht sich getäuscht. Insbesondere weil überall derart viele Zivilisten sterben, verletzt und ausgebombt werden. Köln ist als nächstes dran. Trotzdem oder vielleicht gerade deswegen trällert ab Juni im UFA-Film „Die große Liebe" das Fräulein Leander mit tiefer Stimme: „Davon geht die Welt nicht unter" und „Ich weiß, es wird einmal ein Wunder gescheh'n".

Für uns geschieht im Sommer '42 wahrhaftig ein kleines Wunder. Horst bleibt beim Landeanflug mit seinem Segelflugzeug in einem Baum hängen, bricht sich nur das Schulterblatt und gewinnt einen Genesungsurlaub in Sellin. Er genest und genießt. Seit Neuestem rauchend. Das ist so üblich beim Kommiss. Anscheinend rauchen sie da alle. So ein paar Sommerwochen sind ruckzuck rum. Das Schulterblatt wächst etwas schief zusammen, so dass es, wenn Horst den Arm über den Kopf nimmt, seitlich komisch herausspießt, aber das ist weder schmerzhaft, noch behindert ihn das auf seinen ausgedehnten Schwimmtouren. Wenn er wollte, könnte er auch zwickelfrei baden oder, was für Horst allerdings nicht in Frage kommt, sogar ganz nackt, zumindest an nicht einsehbaren Stellen.

Die Nazis haben diesen Sommer ihren 1933 verabschiedeten Runderlass zur „Bekämpfung der Nacktkulturbewegung", danach umbenannt in „Kampfring für völkische Freikörperkultur", immerhin gelockert und den elenden Zwickelerlass wieder aufgehoben. Die FKK-Vereine waren entweder aufgelöst oder von nationalsozialistischen Vereinen wie dem „Bund für Leibeszucht" als Sportverband geschluckt worden. Im Augenblick scheint der durchtrainierte, gestählte, natürliche Körper wieder höher im Kurs zu stehen. An den Fronten sterben die Männer zu Tausenden, in Berlin jedoch macht man sich Gedanken darüber, wer wo die Hüllen fallen lassen darf. Als gäbe es nichts Wichtigeres. Das Thema Nackte interessiert mich nicht sonderlich, ich finde es eher erstaunlich, dass sich selbst in dieser Saison die Auswirkungen des Krieges kaum bemerkbar machen. Volle Häuser, voller Strand, und die Kurkapelle spielt dazu. Allerdings ohne Seebrücke. Da ist kein Wiederaufbau in Sicht. Bloß das Brückenhaus ist stehen geblieben.

Für Horst gibt es ein bisschen Leichtigkeit, ein bisschen Lebenslust. Tanzen, Mädchen. Für Stunden den Krieg vergessen. Gläser klingen im

Juli zu Maries 80. Geburtstag. Dann drückt der Abschied. Obwohl Alma das Schicksal der Familie gläubig in Gottes Hände legt, wachsen die Sorgen unentwegt weiter. Und da geht es nicht nur um Horst, sondern ebenso um ihre vielen Thüringer Neffen, die so gut wie alle im wehrpflichtigen Alter sind. Horst kommt im September zunächst in die Beobachterschule in Reichenberg, danach zu den Fernaufklärern in Großenhain bei Meißen, ab Dezember besucht er die A-B-Schule in Oschatz, ooch in Sachsen, um sich dort zum Flugzeugführer ausbilden zu lassen. Zum Ende dieses Jahres ahnen so einige, dass der Russlandfeldzug scheitert. Im August hatte die Luftwaffe Stalingrad vernichtend bombardiert, jetzt startet die Rote Armee eine Gegenoffensive. Die für die Energieversorgung so wichtigen Ölquellen im Kaukasus werden von der Wehrmacht zwar erreicht, bevor sie allerdings die reparaturbedürftigen Förderanlagen in Betrieb nehmen können, haben die Russen sie bereits wieder vertrieben. Panzer, Zerstörer, U-Boote und diese angeblichen Wunderraketen, die sie in Peenemünde auf Usedom, sozusagen gegenüber von Rügen, entwickeln und seit letztem Herbst bis in den Weltraum schießen, verbrauchen allesamt reichlich Sprit. Und der wird im Deutschen Reich in sieben Hydrierwerken mit Hilfe Tausender Zwangsarbeiter produziert. Die größten Anlagen sind die Leunawerke in Sachsen-Anhalt und stellen durch das Verflüssigen von Kohle auch das in rauen Mengen benötigte Flugbenzin her. Allerdings von etwas schlechterer Qualität, denn nach wie vor nimmt man auf amerikanische Patente bezüglich einzelner Treibstoffsorten Rücksicht. Es gibt zwar Ölvorkommen bei Wien und Importverträge mit Rumänien, wobei die den riesigen Bedarf der Wehrmacht nicht decken können. Der Rückzug aus dem Kaukasus im Januar ist endgültig. Während die 6. Armee in Stalingrad versucht, die drohende Niederlage abzuwenden, feiert die Familie im Januar ein kleines Fest. Silberhochzeitsglocken läuten im übertragenen Sinne am 26.1.43 für Otto und Alma. In der Gnadenkirche kann derzeit allerdings nur ein kleines Bronzeglöckchen bimmeln, nachdem wieder mal die beiden großen Glocken für irgendetwas Kriegswichtiges konfisziert wurden. Geschichte wiederholt sich. Die Gästezahl für die kleine Feier ist bescheiden. Horst ist in Oschatz, Fritz und seine Frau schauen fürs Wochenende aus Berlin vorbei. Diese Erika ist 'ne echte Berlinerin mit spitzer Zunge und ist 19 Jahre jünger. Trude war sympathischer, da sind sich alle einig. Bis auf Fritz natürlich. Wenn ich mir die Familie so angucke, dann hat der Zahn der Zeit schon ein wenig an ihnen geknabbert. Almas Haare sind bereits ergraut,

Otto und Fritz haben nicht mehr viele, dafür diverse zusätzliche Pfunde auf den Rippen. Marie wirkt mit ihren 80 Jahren recht klapprig. Die Stimmung ist angesichts der schlimmen Situation eher verhalten.
Einen Tag später bombardiert die US-Luftwaffe Wilhelmshaven. Noch ein paar Tage später kapituliert Generalfeldmarschall Paulus in Stalingrad. Das Ende der 6. Armee. Zehntausende Soldaten geraten in russische Kriegsgefangenschaft. Trotz alledem geht der Krieg weiter. Unüberhörbar tönt es am 18. Februar aus dem Berliner Sportpalast: „Wollt ihr den totalen Krieg?" „Jaaaa", schallt es euphorisch zurück, und ich frage mich, was an diesem Krieg noch nicht total genug ist, wo seit dem Wilhelmshavener Bombardement permanent und überall deutsche Städte von den Amerikanern aus der Luft angegriffen werden und Berlin aktuell davon auch nicht verschont bleibt. In Nordafrika läuft's alles andere als rund, in Ägypten und Tunesien hagelt es Niederlagen für Rommels Heeresgruppe Afrika. In München köpft man junge Menschen, die Flugblätter gegen die Nazis verteilten. Warschau erlebt die Niederschlagung des Aufstands im Warschauer Ghetto. Der U-Bootkrieg wird im Nordatlantik wegen der hohen eigenen Verluste zunächst einmal abgebrochen. Was für ein blutiger Frühling. Dabei ist er so herrlich. Schon am 12. Mai hängen mancherorts Kirschen am Baum. Horst, kürzlich zum Flugzeugführer ernannt, erscheint zu Pfingsten in Sellin, denn nebenan bei Wittstocks in der „Fichtenwalde" gibt es Grund zum Feiern. Malte verlobt sich. Klaus Müsebeck, dessen Vater in der Villa Wiking Hall eine Zahnarztpraxis betreibt, ist ebenso mit von der Partie.
Horst ist weit von einer echten Bindung entfernt. Kann er sich nicht zwischen Waltraud, Herma und neuerdings Brigitte entscheiden? Ich meine, er möchte sich in diesen unsicheren Zeiten nicht binden. Ich kann ihn verstehen, schließlich kann keiner wissen, ob man diesen Krieg überlebt. Egal, ob als Soldat oder Zivilist. Im

Maltes Verlobung: Klaus, Horst und das zukünftige Brautpaar (v.l.n.r.)

Juli hat der Bombenhagel Hamburg getroffen. Operation Gomorrha hinterlässt um die 35.000 Tote. Horsts Überlebenschancen sind mit der Erfindung des Schleudersitzes hoffentlich gestiegen. Zu viele erfahrene Piloten sind in den letzten Jahren tödlich verunglückt, und die neuen wachsen bekanntlich nicht auf den Bäumen. Also wurde ein Schleudersitz entwickelt, der tatsächlich funktioniert, wie bemannte Tests gezeigt haben. Nur wird er noch nicht serienmäßig in alle neuen Flugzeuge eingebaut. Horst sitzt diesen Sommer ohne Schleudersitz mit Lederkappe in den Arado-Typen Ar 66, Ar 90, Ar 96B, fliegt viel über Land und besucht bei der Gelegenheit in Gotha seine Tante Rosa und Onkel Hermann, während sich bei uns die Auswirkungen des Krieges in Bezug auf die Besucherzahlen so richtig bemerkbar machen. Es geht rapide abwärts. Der Strand und die Strandkörbe sind im Sommer '43 erstmals seit Kriegsbeginn etwas verwaist. Die Fleischrationen, die sich die Selliner pro Person pro Woche bei uns abholen können, haben sich seit 1939 um die Hälfte auf 250g/Woche reduziert. Sonst bekommen wir vom Krieg direkt wenig mit. Vielleicht verirrt sich mal eine V1- oder V2-Rakete aus der Heeresversuchsanstalt

Von oben nach unten: Arado Ar 66
Arado Ar 96
und Horst als Pilot

bei einem Testflug über dem rügenschen Luftraum. Wobei Peenemünde, das gegenüber der südlichen Spitze des Mönchguts auf der anderen Seite des Greifswalder Boddens liegt, durch einen Bombenangriff im August schwer beschädigt wurde. Sassnitz ist inzwischen zu einem nicht ganz unbedeutenden Stützpunkt der Kriegsmarine avanciert, mit einem Hafen für U-Boote, Zerstörer und Torpedoboote. Die Schwedenfähren nehmen zum einen leichte Waffen und Soldaten Richtung Norwegen mit, zum anderen werden sogar zwei Mal mit ihrer Hilfe Verwundete ausgetauscht. Und ich höre die Bomberpulks, die ihre Angriffe auf Berlin und Stettin fliegen. Bislang ist uns Gott sei Dank nichts passiert. Sellin hat den enormen Rückgang der Gästezahlen zu verkraften. Das Kurhaus ist übrigens Lazarett geworden. Im Haus Sellin logieren immer mehr Flüchtlinge. Unter ihnen auch Bewohner eines Berliner Altenheims, die aus Angst vor den Bomben hier gelandet sind. Aber es sind hauptsächlich Kinder da. Seit Oktober 1940 geht das so. Ursprünglich war Pommern als Aufnahmegebiet für Berlin und Westfalen-Süd vorgesehen. Ungefähr ein halbes Jahr sollten die Kinder bleiben, jetzt sind sie nach wie vor da und von ihren Eltern getrennt. Ab und an kommen sie mit neuer Kleidung auf Besuch. Kinderlandverschickung. Ein harmloses Wort für die Evakuierung vieler Kinder, für die deutsche Städte durch Bombenangriffe zu unsicher geworden sind. Nun treffen Kinder aus Stettin, Stralsund, Anklam und Swinemünde ein. Komplette Schulklassen transferiert man in sichere Gebiete unterrichtet sie dort und lässt sie bei der Ernte helfen. Ab der 5. Klasse werden die Jungs von der Hitlerjugend organisatorisch und ideologisch betreut. Fahnenappell, Hitlergruß, Exerzieren. Die Mädchen vom Bund deutscher Mädel. Baldur von Schirach führt dabei das Oberkommando. Wie viele andere Pensionsbesitzer öffnet Lene die Türen ihrer „Granitz“ ebenfalls für die kleinen Gäste. Wir nicht. Bei mir logieren nach wie vor Erwachsene. Wir haben augenblicklich andere Sorgen. Den Horst hat eine ausgewachsene Gelbsucht erwischt, die ihn über Wochen lahmlegt. Almas Mutter geht es bereits längere Zeit nicht gut. Darmkrebs vermutet man. Sie wird zwar von ihren Schwiegertöchtern im Haus gepflegt, doch es geht ihr kontinuierlich schlechter. Ludovika stirbt zehn Tage nach ihrem 79. Geburtstag am 28.9.1943. Ein entbehrungsreiches Leben geht zu Ende. Sieben Kindern hat sie das Leben geschenkt und großgezogen. Alle sind sie zur Beerdigung erschienen. Sogar Almas jüngster Bruder Kurt, der wie Oskar eingezogen ist, darf auf Heimaturlaub. In Horsts Geburtshaus ist es still geworden. Die

Eltern tot, Oskar und Kurt im Krieg, einzig Hanne und ihre Schwägerin leben mit den Kindern Hans und Hilde im verschieferten Haus am Andruff. Und wie es das Schicksal will, nur eine Woche später, am 6. Oktober, kommt der Tod zu Marie und nimmt sie mit. Ein Gedanke tröstet mich. Jetzt ist sie wieder mit ihrer Hedwig vereint. Ich war 40 Jahre lang ihr Zuhause. Die Hälfte ihres Lebens. Möglich, dass es nicht so entbehrungsreich wie das von Ludovika war, aber sicher genauso arbeitsreich. Fünf Kinder hat sie gehabt, drei leben noch, zwei Enkelsöhne. Ich denke an die vielen gemeinsamen Jahre, die unendlich vielen Augenblicke. Der Tag, an dem der Hecht in ihre Hand biss oder als sie die Glasaale einen Moment zu lang in einer unabgedeckten Schüssel in der Küche stehen ließ. Was haben sich alle erschrocken, als sich die Älchen auf einmal wie kleine Schlangen auf Tisch und Boden wimmelten und ringelten. Der Tag, an dem Hedwig mit ihrem Kind starb. Alles, was je geschehen ist, hinterlässt einen Abdruck. In jedem meiner Räume. Das Neue legt sich nicht wie eine feine Schicht darüber und verdrängt das Gewesene, sondern nimmt daneben Platz. Vielleicht etwas leuchtender und frischer in den Farben. Da steht Marie wieder am Herd, Hedwig schält Kartoffeln, Alma verarztet Horsts aufgeschürftes Knie, Otto verspeist ein dickes Täubchen. Eine Szene, die es so nie gegeben hat, trotzdem, wenn ich will, kann ich aus allen gelebten Teilen ein neues Bild entstehen lassen. Nichts ist je wirklich vergangen. Alles nur eine Frage der Perspektive.

Es scheint ebenfalls nur eine Frage der Perspektive zu sein, wie man diesen Krieg weiter beurteilt. Es wird immer undurchsichtiger. Eben waren die Italiener noch Deutschlands Verbündete, da erklären sie Deutschland im Oktober den Krieg. Mussolini ist gestürzt und verhaftet. Und es gibt eine weitere Front. Kaum eine größere Stadt, die nicht mit Bombenteppichen zugeschüttet wird. Gerade hat es Kassel getroffen. Die Fachwerkhäuser der Innenstadt brennen wie Zunder. Tausende Menschen finden den Tod. Dann Leipzig.

Horst ist weiterhin in Oschatz und damit ganz in der Nähe. Er muss mit seinen Kameraden beim Aufräumen der zerstörten Leipziger Innenstadt mithelfen. Seine Jagdfliegerausbildung, die er ab Dezember 1943 in Mannheim-Sandhofen absolviert, zieht sich zunehmend in die Länge. Zum einen hatte er wegen seiner Gelbsucht den Beginn des Kurses verpasst und musste auf den nächsten warten, zum anderen gibt es regelmäßig Treibstoffengpässe. Dadurch können die für einen Jagdflieger benötigten Flugstunden nicht mehr absolviert werden. Sollen die Metallvögel doch saftlos am Boden bleiben. Uns kann's recht sein. Das erhöht Horsts Überlebenschancen. Mit den eigenen Überlebenschancen spielt allerdings einer seiner Kameraden. Horst findet Willi eigentlich sehr nett, aber er ist im Gegensatz zu den meisten, die viel mehr an der Fliegerei und weniger politisch interessiert sind, von den Nazis total überzeugt. Und von Hitler, der hat schließlich sein Sudetenland zurück ins Reich geholt. Dennoch fühlt er sich gegenüber den „echten" Reichsdeutschen etwas benachteiligt. Ein Kumpel macht einen Witz, bei dem die Nazis durch den Kakao gezogen werden. Da steht Willi auf und sagt, dass er dies dem Vorgesetzten zu melden gedenkt. „Wenn Du das machst, das überlebst Du nicht", entgegnet daraufhin ein Kamerad in vollem Ernst. Damit ist diese Situation geklärt. Horst ist derzeit mit seinem Jagdgeschwader auf unterschiedlichen Militärflughäfen unterwegs. Hauptstützpunkt bleibt Mannheim, trotzdem schafft er es, pünktlich zu Maltes Hochzeit im Januar 1944 zu Hause zu landen. Hat mal wieder Dusel gehabt, der Horst. Mannheim wird am 30.12. schwer bombardiert. Seiner hübschen, blonden Kathi, die er im Café ihres Vaters kennengelernt hatte, bricht er in diesem Frühling das Herz. Horst wurde bereits als zukünftiger Schwiegersohn gehandelt, Kathi fühlte sich verlobt, da macht er wieder einen Rückzieher. Wieder diese Bindungsangst, denn was ist, wenn du nicht lebend zurückkommst. Lebend kommt ein amerikanischer Leutnant zurück, der zwar abgeschossen, aber unverletzt im Fliegerhorst abgegeben wird. Erste Anti-Flucht-Maßnahme: Gürtel abziehen. Ohne Hose rennt man nicht so schnell weg. Keiner kann Englisch. Horst ein bisschen. Er soll sich um den Ami kümmern. Macht er und bietet ihm als erstes eine Zigarette an. Sie plaudern im Rahmen ihrer Möglichkeiten, zum Schluss sagt der Leutnant zu ihm: „I hope you survive." Horst entgegnet, dass es auch für ihn einigermaßen gut aussähe, wo er doch gesund abgeschossen wurde. „Yes", meint der Amerikaner, „but our own bombs." Die Angst ist berechtigt. Der alliierte Bombenhagel von oben kann unten nicht zwischen Freund und Feind unterscheiden. Und sie kommen, die Bomben. Es wird immer schlimmer. Der Krieg ist verloren, da helfen keine Durchhalteparolen mehr. Die Russen drängen Richtung Westen, die Invasion der Amerikaner wird erwartet. Die Luftwaffe intensiviert ihre Angriffe auf England. Die Hydrierwerke Leunas werden ab Mai kontinuierlich bombardiert. Die Deutschen ziehen sich aus dem besetzten Rom zurück. Zwei Tage später landen die Amerikaner in der Normandie. Stauffenbergs Hitler-Attentat und der geplante Umsturz scheitern. Im August erreicht die Rote Armee die rumänischen Ölfelder, das bricht der Energieversorgung endgültig das Genick. An Maries erstem Todestag erwischen die Bomben Stralsund. Trotz eines Treffers auf die Ziegelgrabenbrücke können nach zehn Tagen wieder Eisenbahnen den Sund passieren. Derweil pendelt Horst zwischen den Flugplätzen in Sandhofen, Schussenried und Pocking bei Passau umher. Fliegt jetzt die Messerschmitt Me 109. Schnellster Mann der Welt mit knapp 500 km/h. Er ist dort auf 4.000 Metern Höhe in einer Art Paralleluniversum unterwegs. Hat Spaß daran, mit seinen Kumpels in den Wolkengebirgen Verstecken zu spielen. Klein und unwirklich liegt die Welt, die sich gerade zertrümmert, unter ihm. Hier ist er der Schönheit dieser Erde ganz nah. Küsten, Flussläufe, Erdkrümmung, endlose Weite. Unangetastet, unversehrt. Nur das Dröhnen des Motors. Ein Ort des Friedens. Solange man oben ist. Horst grüßt ein bisschen die Sonne, die Sterne, den Mond. Von hier aus gesehen ist der Krieg weit weg. Die Realitäten verschieben sich. Bei der Landung kann einen die Wirklichkeit schlagartig wieder einholen. Horst gerät im gefrorenen Boden in eine kantige Furche und landet seinen ersten Bruch. 50% Schaden. Eine solche Nachlässigkeit wird nicht gern gesehen. Denkzettel: drei Tage Bau. Knallharte Wirklichkeit ist dann auch der Bombenangriff auf Nürnberg im November. Horst befindet sich zu diesem Zeitpunkt im 30 Kilometer entfernten Roth.

Das Resümee des Jahres ’44 ist niederschmetternd. Viele von Horsts Fliegerkumpels kehren von Einsätzen nicht mehr zurück. Die Amerikaner und die Rote Armee rücken stetig vor. Die Russen haben bereits die Grenzen Ostpreußens überschritten. Nachdem sie per Befehl zunächst daran gehindert wurden, fliehen Millionen Menschen im eisigen Winter Richtung Westen. Mit Pferdewagen, Schiffen, zu Fuß über das zugefrorene Frische Haff. Die alte Hauptstadt Königsberg gibt es fast nicht mehr. Ausgelöscht. Der totale Krieg eben. Und wohl immer noch nicht total genug. Von russischen Torpedos getroffen versinkt am 30.1.1945 das ehemalige Kraft-durch-Freude-Kreuzfahrtschiff, die „Wilhelm Gustloff“, im eiskalten Wasser vor der pommerschen Küste. Wie viele Menschen umkommen, weiß niemand so genau. Nicht alle waren registriert. Man schätzt, dass es annähernd so viele wie beim Bombenangriff auf Kassel sind: 9.000. Die Toten und die Überlebenden werden nach Stralsund und Sassnitz gebracht. Seit Mitte Februar ist Sassnitz Ausweichhafen für das mit Flüchtlingen überfüllte und überlastete Swinemünde. Die zu

Hunderttausenden fliehenden Menschen aus den Ostgebieten werden seit Beginn des Jahres verstärkt evakuiert. Über 40.000 Menschen halten sich in Sassnitz auf, die in Schiffen und Eisenbahnwaggons auf ihre Weiterfahrt in den sicheren Westen warten. Am 6. März nachts um zehn werde nicht nur ich durch kreischende Sirenen aufgeschreckt. Flugzeuge donnern über Sellin hinweg. Viele. Ich kann die sogenannten Tannenbäume sehen, wie sie als Zielmarkierung den dunklen Himmel beleuchten. Dann regnet es Brandbomben und Luftminen. Auf Sassnitz. Ziel ist vor allem der Hafen. Letzten Endes haben etwa 1.200 Menschen diese Nacht nicht überlebt. Flüchtlinge, Militärs, Sassnitzer Bürger. Unter den Toten 353 Verwundete, die sich an Bord des Lazarettschiffs „Robert Möhring" befanden. Nie war uns der Krieg so nah wie in dieser fürchterlichen Nacht, und trotzdem fühlen wir uns in Sellin weiterhin nicht bedroht. Alma ist in Gedanken ständig bei Horst. Seit Januar ist er fertig ausgebildeter Jagdflieger und Feldwebel und gehört der Einsatzgruppe des Jagdgeschwaders 1 zuerst in Straußberg bei Berlin, danach in Deiningen an. Er kann jetzt jederzeit eingesetzt werden. Einige Kumpels müssen nach Norwegen. Die relative Sicherheit durch die Schulung ist vorbei. Aber was ist derzeit schon sicher. Er überlebt einen Tieffliegerangriff auf seine Unterkunftsbaracke in Deiningen, der eigentlich den am Boden stehenden Flugzeugen gilt. Sie spielen Skat, als der Fliegeralarm aufheult. Auf seiner Suche nach Deckung schmeißt er sich gegen eine Tür, landet im dortigen Abort und denkt sich währenddessen, wie unwürdig es wäre, tot auf einer Toilette gefunden zu werden. Es gibt Tote, er ist nicht dabei. Fast holt ihn sein Kumpel Rolf Strassburger vom Himmel. Beim Übungsschießen sollen die Auszubildenden nacheinander auf ein scheunentorgroßes Holzschild, das im freien Feld steht, zurasen, das anvisierte Ziel treffen und anschließend die Maschine wieder hochziehen. Rolf denkt, er ist an der Reihe, und übersieht Horst, der geradewegs auf das Zielschild lossteuert. Sie sind sich so nahe, dass sie sich gegenseitig in ihre entsetzten Gesichter blicken können. Den Zusammenprall können sie um Haares Breite vermeiden. Ein Kumpel, der plötzlich den glorreichen Einfall hat, unter gespannten Leitungen hindurchzufliegen, rauscht in eine hoch aufgeschichtete Strohmiete, bleibt glücklicherweise unverletzt stecken. Horst verlässt nur wenige Tage vor der Zerstörung Dresdens die Stadt, übersteht einen Tieffliegerangriff auf einen Zug, in dem er sitzt. Beim ersten Angriff nutzt er große Fallschirmballen als möglichen Splitterschutz. Dann flüchtet er aus dem Zug und überlebt die nächste Attacke, indem er in einem Bach unter der Eisenbahnbrücke Deckung sucht. Es ist der Tag, an dem er zum ersten Mal menschliches Gehirn sieht. Von einem, der sich nicht retten konnte. Und es sind viele, die sich an diesem Tag nicht retten können.

Horst mit Kumpel 1944

Im März hört er zwei sonderbare Vorträge. Bei dem einen dreht es sich um neue Angriffsvarianten. Der Pilot soll dabei mit seinem wendigen Jagdflugzeug ungebremst mitten in die feindlichen Bomberpulks fliegen, sich einen herauspicken, um ihn danach mit gezielten Rammstößen zum Absturz zu bringen. Kurz vor oder nach dem Zusammenprall steigt der Flugzeugführer aus und rettet sich mit dem Fallschirm. Toller Einfall. Kamikaze Made in Germany. 90% Verluste. Freiwillige werden gesucht. Horst findet das verrückt und meldet sich nicht. Andere schon. Beim zweiten Vortrag wird ihnen erklärt, dass jetzt, wo es im Deutschen Reich um alles geht, keine Rücksicht mehr auf Tabus genommen werden könne. Bislang wurde kein feindlicher Fallschirmspringer, der wehrlos am Schirm hing und gen Boden trudelte, abgeschossen. Horst muckt auf und gibt zu bedenken, dass in seinem Heftchen zum Thema Ehrenkodex stünde, dass dies nicht erlaubt sei und seines Wissens dieser Passus noch nicht aufgehoben wäre. Die Antwort ist eindeutig: „Halten Sie den Mund, Ihr Kopf sitzt locker."
Im März muss er in Munningen im Nördlinger Ries Felder beackern. Zäh schuftet er bei Familie Bühler selbst bei stundenlangem Regen. Horst reicht's irgendwann mit dem Regen und fragt Sohn Otto, der im gleichen Alter wie Horst ist, ob sie mal ein Päuschen einlegen könnten. Otto glaubt, dass der „Gast" vielleicht bessere Chancen hätte, seine Mutter zu überreden, als er. Horst bietet seinen gesamten Charme auf und bekommt zu hören: „Der Herr macht's nass, der Herr macht's trocken." Heißt im Klartext: weiter schuften.
Mitte April ist er beim Fallschirmspringen in Neubiberg bei München. Es plagt ihn eine üble Erkältung. Oder ist es gar eine Lungenentzündung? Er wird von einem Arzt untersucht, der ihn mit Verdacht auf Tuberkulose zum

Luftwaffenlazarett ins wundervoll gelegene, von frühlingshaft grünenden Bergen umrahmten Bad Wiessee schickt. Tuberkulose hat sich Horst aber gar nicht eingefangen. Horst vermutet vielmehr, dass ihn der Arzt mit dieser Verdachtsdiagnose das Leben retten wollte. Es folgen drei Wochen strikte Bettruhe im Kurhaus Rex. Zehntausende Kranke und Verwundete sind im Tegernseer Tal auf die bereits bestehende Kur- und Hotelinfrastruktur verteilt worden. Am 30. April, München ist bereits von den Amis besetzt, rücken die amerikanischen Truppen weiter vor. Das gesamte Tal wird kampflos übergeben, die Waffen-SS hatte sich zurückgezogen. Die Rote Armee reißt das Hakenkreuz vom Reichstag. Hitler ist eine verkohlte Leiche auf der Straße vor dem Führerbunker. Am 8. Mai dann die bedingungslose Kapitulation. Der Krieg ist aus. Eigentlich müsste doch die Erde bei einem solch fundamentalen Ereignis für einen kleinen Moment still stehen. Innehalten. Tut sie aber nicht und dreht sich unbeirrt weiter. Der Krieg ist beendet. Und doch auch wieder nicht. Im Pazifik tobt er weiter vor sich hin. Millionen Menschen flüchten oder werden aus den Ostgebieten vertrieben. Tausende sterben. Die Sieger teilen Deutschland in vier Besatzungszonen ein und bestimmen gemeinsam mit Frankreich, wo es lang geht. Lang geht es für die Soldaten der Wehrmacht direkt in die Kriegsgefangenschaft. Und zwar genau dort, wo sie der geographische Zufall verstreut hat.

Die Russen kommen

Horst hat dank des Verdachts auf Tuberkulose mit Bad Wiessee einen echten Hauptgewinn gezogen. Amerikanische Kriegsgefangenschaft heißt das für ihn. Mittlerweile ist er vollständig erholt, erfreut sich an der beindruckenden Berglandschaft, macht Ausflüge, besteigt den Hirschberg. Und sie feiern. Am 20. Mai wird auf seinen 27. Geburtstag angestoßen. Er hat überlebt und ist wieder gesund. Dem Krieg entronnen, ohne Fronteinsatz, ohne Feindberührung. Was für ein Lebensgefühl. Selbst wenn erst in Tutzing und anschließend Fürstenfeldbruck die eigentliche Kriegsgefangenschaft beginnt. Ein amerikanischer Soldat hält ihm eine Ausgabe der „Times" unter die Nase. Auf den Fotos sind Leichenberge mit ausgemergelten und entstellten Menschen zu sehen. Unfassbar. Zweifellos Feindpropaganda findet Horst und sagt zu dem GI, dass er das doch wohl nicht glauben wolle.

Als einer von über drei Millionen deutschen Kriegsgefangenen unter amerikanischer Obhut wird er bei Arbeitskommandos eingesetzt, tauscht Zigaretten gegen Abzeichen, wird von Wanzen gepiesackt und bereits nach knapp sechs Wochen in eine neue Freiheit entlassen. Nach 10 Jahren Reichsarbeitsdienst und Militär bricht eine andere Zeit für ihn an. Als erstes möchte er Otto Bühler und seiner gestrengen Mutter einen Besuch abstatten. Auf dem Weg ins Nördlinger Ries nimmt er gern die eine oder andere Unbequemlichkeit in Kauf und übernachtet in Donauwörth in einem Möbelwagen. Die Welt ist voller Sommer. Auf den Äckern reift das Korn. Die Felder der Bühlerschen Landwirtschaft fragen nicht danach, ob nun Krieg herrscht oder nicht, der Bauer im Stall in Kriegsgefangenschaft ist, tot oder vermisst wird. Die Familie kann jede Hand gebrauchen. Horst arbeitet hart, isst viel, nimmt dreieinhalb Kilo in der Woche zu, fällt vom Erntewagen, bleibt unverletzt.

Atombomben werden über Hiroshima und Nagasaki abgeworfen. Eine neue Dimension des Wahnsinns ist erreicht. Aber selbst jetzt bleibt die Erde nicht stehen. Sie zieht weiter unverdrossen ihre Bahn. Ohne Krieg. Japan hat kapituliert.

Anfang September macht sich Horst wieder auf den Weg. Zuerst eine Stippvisite bei Käthe in Mannheim, im Anschluss geht's nach Steinheid, wo die Amerikaner sind. In seinem einst so quirligen Geburtshaus ist es so still wie nie zuvor. „Hanne", ruft er von der Tür ins Haus hinein. Hanne rennt eilig die Treppe herunter, glaubt sie doch, diese Stimme gehört ihrem Kurt, der aus dem Krieg zurückkehrt. Freudig geht sie auf ihn zu, die zwei sehen sich so ähnlich. Aber er ist es nicht. Das kurze Glück erlischt. Eine entsetzliche Situation. Für beide. Eine Karte ist das letzte, was Hanne von ihm hat: *Wir leben im Wald in einem Blockhaus. Hoffentlich finden uns die Partisanen nicht. Wir hören die Glocken von Wilna.* Und die einjährige Christina, ein Geschenk Kurts, als er zur Beerdigung seiner Mutter zu Hause war. Er hat seine Tochter noch nicht einmal gesehen. Auf Grund des überhasteten Rückzugs der Wehrmacht gab es für ihn Urlaubssperre. Äußerlich hat Steinheid während des Krieges nicht viel abgekriegt. Eine Bombe ist mitten in der Porzellanmanufaktur, in der Horsts Großvater arbeitete, gelandet und hat sie restlos zerstört. Was der Krieg in den Familien angerichtet hat, ist grauenvoll. Kurt ist vermisst, sein älterer Bruder Oskar starb in Kroatien an einem Herzinfarkt. Fritz, der mit dem kleinen Fleischerladen, tot, sein Bruder Hans tot. Elines Sohn Albertle tot. Seine Cousins in Gotha, Oskar und Rudi, beide tot. Rudi starb in einem russischen Gefangenenlager. Horst fährt zu Tante Rosa und Onkel Hermann, die sich natürlich freuen, dass ihr Patenkind überlebt hat, jedoch die Trauer über den Verlust ihrer Jungs ist unermesslich. Eigentlich hatte es für Oskar den Umständen vergleichsweise hoffnungsvoll ausgesehen. Schwer verwundet war er zunächst zurückgekommen. Ein Auge weg. Er hatte nach der Genesung seinen Dienst in der Schreibstube angetreten, bis er in einem der letzten Aufgebote einberufen wurde. Was den Eltern bleibt, sind zwei verwitwete Schwiegertöchter und ihr Enkelchen Jürgen, Rudis Sohn. Von neun Cousins sind fünf gefallen. Da relativiert sich die Freude über das eigene Überleben. Trotz allem, als Horst Anfang Oktober meine Haustür öffnet und über die Schwelle tritt, ist Alma überglücklich. Otto hatte ihn bereits kurz zuvor getroffen. Ein Russe nahm Horst auf seinem Wagen mit Panjepferdchen von Bergen aus mit. Horst war abgestiegen und hatte sich auf einem Feld soeben eine Rübe aus der Erde gezogen, als Otto mit dem Motorrad zufällig vorbeifuhr. Endlich ist die kleine Familie wieder vereint. Alma und Otto hatten sich Gottes Willen gebeugt, ihm das Schicksal ihres einzigen Kindes und damit auch ihr eigenes anvertraut, haben gehofft und waren jedes Mal verzweifelt, wenn eine unheilvolle Nachricht nach der anderen aus Steinheid und Gotha eintraf. Es ist so unfassbar. In meiner Erinnerung schmilzt die verflossene Zeit zusammen. War es nicht gerade eben, als die beiden Cousins Oskar und Horst nebeneinander auf dem Geländer an der

Seebrücke saßen? Lachend und sommerbraun, der eine dunkelhaarig, der andere blond in kurzen Hosen.
In den Köpfen wollen sich die Bilder nicht zusammenfügen. Der lachende Junge, der blendend aussehende junge Mann, der tote junge Mann in Wehrmachtsuniform.

Alma, Oskar und Horst an der Selliner Seebrücke um 1928

Warum der Allmächtige nun ausgerechnet ihren Horst verschont und Schwester Rosa beide Söhne nimmt, bleibt unergründlich. Burchard in Berlin hat überlebt. Aber das Verhältnis zu seinem Vater Fritz ist zerrüttet. Er scheint seinen einzigen Sohn eigenhändig bei der Wehrmacht gemeldet zu haben. Wie kann der Fritz nur so etwas machen? Für Burchard ist das nicht zu verzeihen. Verständlich. Ich denke darüber nach, wie sich die Geschichte in Teilen doch wiederholt. Es ist gar nicht so lange her, dass Otto und Fritz von Marie in die Arme geschlossen wurden. Ist es tatsächlich schon wieder die nächste Generation, die nach einem verlorenen Krieg nach Hause kommt? Wieder verloren. Und nicht nur den Krieg. Die Jugend, die Unschuld, und einen Teil der Seele gleich mit. Da draußen auf und in den Schlachtfeldern, -lüften und -meeren. Weit jenseits von Maas, Memel, Etsch und Belt. Das große Schlachten. Bloß in anderen Uniformen. Zum zweiten Mal in diesem Jahrhundert.

Für die Familie ist die Freude über Horsts Rückkehr ungetrübt und riesengroß. Er muss sich langsam an die neue Situation in Sellin, um Sellin herum und in seinem Zuhause gewöhnen, denn bei mir hat sich in der Zwischenzeit ziemlich viel verändert. „Die Russen kommen", war ein Satz, der in den letzten Jahren überall Angst, Schrecken und Panik verbreitet hat. Als Horst meine Haustür öffnet, sind sie bereits da. Ab dem 4. Mai im Ort, danach zogen sie direkt bei mir ein. Wir sind Sowjetische Besatzungszone. Steinheid nach dem Abzug der Amerikaner ebenso. Im Haus Hubertus haben sie die Kommandantur eingerichtet, bei uns logieren mittlerweile seit Monaten an Stelle von Pensionsgästen russische Offiziere. Das war für mich eine ziemliche Umstellung, obwohl es ja keine ganz neuen Töne sind, die ich zu hören bekomme. Fritz' Neffen, die er damals aus dem russischen Gefangenenlager geholt und bei mir untergebrachte hatte, sprachen ebenfalls untereinander russisch. Die Russen, die zurzeit bei uns sind, kamen, nachdem sich Stralsund der Roten Armee am 1. Mai nahezu kampflos ergeben hatte. Deutsche Soldaten sprengten bei ihrem Rückzug nach Rostock und Rügen sowohl den Überbau der Ziegelgrabenbrücke, bei dem die Straßen- und Eisenbahnbrücken ins Wasser stürzten, als auch den ersten Teil der Strelasundbrücke Richtung Dänholm. Seitdem sind beide Brücken unpassierbar. Der schwarze Preußen-Adler war nach 130 Jahren davon geflattert, die Wehrmacht verschwunden. Jetzt hatten die Russen das Sagen, und die wollten den Wiederaufbau. Bis zu 1.000 Menschen wurden zeitweise hierfür zwangsverpflichtet. Über den Ziegelgraben führt nun erst einmal eine provisorische Pontonbrücke. Seit dem Sommer werden die Trümmer weggeräumt, und die Stadt Stralsund soll die Straßenbrücken wieder errichten. Sie bauen an einer Holzkonstruktion, die noch nicht fertig ist. Der zerstörte Rügendamm hinderte die Rote Armee nicht daran, den Strelasund zu überqueren. Auf Rügen und Hiddensee wurden vielerorts weiße Fahnen gehisst. In Sellin war es Schlossermeister Kuhnert, der gemeinsam mit einer ukrainischen Dolmetscherin den Russen entgegen lief, die weiße Fahne schwenkte und erklärte, der Ort sei „feindfrei". Wehrmachtsuniformen waren vorsorglich in Milchkannen gestopft und vergraben worden. Dann marschierten die ersten Soldaten an mir vorbei. Alle hielten den Atem an. Die Angst ging um. Jeder rechnete mit dem Schlimmsten, schließlich hatten die Flüchtlinge Grauenvolles erzählt, und in Baabe wurde am 6. Mai eine junge Frau von einem Russen angeschossen und starb nach wenigen Tagen. In Sellin durchkämmten Soldaten nach einem

Aufruf, wonach alle ihre Radios bei der Kommandantur abzugeben hätten, die Häuser. Sie waren beeindruckt, dass „Licht aus Decke“ und „Wasser aus Wand“ kommen und nahmen in der Hauptsache Uhren und Fahrräder mit. Unsere Bernsteinuhr blieb. Die Fahrt mit dem neuen Fahrrad endete für einen Russen tödlich. Er spießte sich auf einem Zaun auf. Sexuelle Übergriffe wurden und werden zwar bestraft, aber in den ersten chaotischen Wochen geschahen sie dennoch. Meistens nachts. Brennstoffhändler Blankenburg fuhr deshalb jeden Abend sein Motorfrachtschiff „Erni“, mit dem er normalerweise im Sommer die Kohlen aus Stettin holte, auf den Selliner See, um sein wertvollstes Hab und Gut im mit Stroh ausgelegten Frachtraum in Sicherheit zu bringen. Seine Frau, seine Tochter und eine Bekannte mit ihren beiden Kindern. Bei uns blieb es zum Glück ruhig, wobei, einen kleinen Zwischenfall gab es doch. Aus der Pension Miramar in der Wilhelmstraße schallten plötzlich Hilferufe. Frau Zobel war allein im Haus und fühlte sich von einem russischen Soldaten bedroht. Otto sehr behände, zumindest im Rahmen seiner dicklichen Möglichkeiten, machte sich sofort mit seiner Bolzenschusspistole auf den Weg quer durch die rückseitigen Gärten, sprang bei Frau Zobel sportlich auf die Theke und knallte ein paar Mal in die Luft. Willkommen im Wilden Osten. Das Täuschungsmanöver gelang, der Russe zog verdutzt ab. In Sellin verläuft alles recht harmlos, was jedoch nicht überall der Fall zu sein scheint. Vielleicht liegt es daran, dass es ranghöhere Offiziere sind, die unsere Zimmer bewohnen. Sie sind höflich und zuvorkommend mit einer kleinen, schlechten Angewohnheit. Im Treppenhaus hängen Lampen, an deren unterem Schirmrand ein Vorhang kleiner Glasstäbchen angebracht ist. Die Russen gehen die Treppe runter und klimpern gerne – Plingplingpling - mit den Fingern diese Glasstäbchen entlang. Das ist Alma ein Dorn im Auge, und sie bittet die Männer eindringlich, damit aufzuhören, schließlich könnten sie ja kaputt gehen. Die Herren Offiziere fügen sich der Dame des Hauses, ohne zu murren. Überhaupt ist die Stimmung gut. Alma erzählte ihnen, dass auch sie einen Sohn hat, der im Krieg war, überlebt hat und den sie bald zurückerwartet. Horst wird bei seiner Ankunft von den neuen Mitbewohnern ausgesprochen freudig empfangen. Alma richtet fix ein Zimmer für ihn her, er hatte in dem Sinne ja gar kein eigenes. Im Winter war das nie ein Problem, da gab es jede Menge freie Zimmer, im Sommer hieß es dann: „Horst, geh mal in die 10, oder die 12, die ist im Moment nicht belegt.“ Kein Thema, das kriegen wir hin, und so zieht er wieder ein mit Sack und seinem bisschen Pack von früher. In der Hauptsache Bücher. Die Fossiliensammlung ist unberührt und vollständig. „Gorst“, die Russen können das „H“ nicht sprechen, sitzt von nun ab an der begehrten Quelle für Zigaretten und anderer Versorgungsgüter. Die Russen wiederum sind total scharf auf Armbanduhren. Es entstehen kleine Handelsbeziehungen über meine Haustür hinaus, die einem außerordentlich netten Offizier zum Verhängnis werden. Er fliegt auf, was in der Folge, alle sind schockiert, leider Sibirien für ihn heißt. Horst ist überzeugt, was Besseres als die Russen im Haus hätte uns gar nicht passieren können und schreibt nach Steinheid, dass sie sich sehr manierlich benehmen. Dem kann ich nur zustimmen. Er selbst muss zunächst einmal ankommen in der neuen deutschen Welt, die seit dem Potsdamer Abkommen, bei dem im Juli Churchill, Truman und Stalin ihre Köpfe zusammengesteckt haben, zum zweiten Mal in diesem Jahrhundert vollkommen aus den Angeln gehoben ist. Die Chefs der Siegermächte beschließen, dass Deutschland entnazifiziert, demilitarisiert und demokratisiert wird. Sie einigen sich ebenfalls darauf, dem Deutschen Reich etliche Gebiete abzusprechen, darunter solche, in denen mehrheitlich Deutsche gelebt haben. Darunter fallen beispielsweise Ostpreußen, Danzig, Hinterpommern mit Stettin und seinem Hafen Swinemünde, das Sudetenland, Siebenbürgen, das Memelland. Die Umsiedlungen sollen „ordnungsgemäß in humaner Weise“ geschehen. Naja, viele werden schlicht vertrieben. Wenn sie Glück haben. Viele kommen um. Seit letztem Herbst sind wahre Menschenmassen aus dem Osten auf der Flucht, und jetzt zusätzlich noch die Zwangsumgesiedelten. Geschätzte 12 Millionen Menschen sind unterwegs auf der Suche nach einem neuen Zuhause und einem neuen Leben. Um die 600.000 von ihnen überleben diese Suche nicht. Bei denen, die gedacht hatten, sie könnten vor den Russen fliehen und nach wenigen Wochen wieder zurückkehren zu ihren Häusern und Äckern, sickert langsam die Erkenntnis durch, dass es hoffnungslos ist. Vor allem seit die Chefs der Siegermächte neue Grenzen gezogen haben. Hinter Oder und Neiße gibt es kein Deutschland mehr. Und wo sollen 12.000.000 Menschen unterkommen? Die meisten Städte sind zerbombt.

Neuverteilung: Die Bodenreform

In Sellin stranden scharenweise Flüchtlinge. Die meisten wollten weiter - etliche bleiben. Wohnraum für über 2.000 Menschen wird fieberhaft gesucht und in den Pensionshäusern gefunden. Völlig wurscht, ob das den Besitzern passt oder nicht. Überall sind Leute einquartiert. Im Hotel Seefrieden wohnen die Schlesier, in der Villa Odin die Sudetendeutschen, im Haus Sellin Sudetendeutsche und Ostpreußen, auch Villa Li und Miramar werden zu Wohnhäusern umfunktioniert. Eine praktische Lösung, denn Gäste sind weit und breit und auf absehbare Zeit nicht in Sicht. Bloß, dass die Hausbesitzer von den gezahlten Miniaturmieten ihre Häuser nicht erhalten können. Bei mir wohnen keine Flüchtlinge. Meine Zimmer sind ja von den Russen belegt.

Und in Potsdam wird weiter verhandelt. Worüber sich die Siegermächte dort nicht so recht einigen können, ist der einheitliche Umgang mit den Reparationen. Stalin vertritt hier die knallharte Linie, die anderen wollen damit eher moderat umgehen. Also beschließen sie, Deutschland in voneinander unabhängige Reparationsgebiete aufzuteilen, in denen nachher jeder diesbezüglich tun und lassen kann, was er will. Und die Russen wollen viel. Sie haben von allen Beteiligten die größten Kriegsschäden erlitten. In ihrer eigenen Besatzungszone demontieren sie ein Drittel der noch bestehenden Betriebe. Die damit angerichteten Schäden übersteigen die im Krieg verursachten Zerstörungen und wirken sich entsprechend verheerend auf die industriellen Kapazitäten aus. Über 10.000 km Schienen, Eisenbahnwaggons oder das von der Wehrmacht im Stralsunder Hafen versenkte Segelschulschiff „Gorch Fock" werden in die UdSSR abtransportiert.

Möglicherweise liegen wir auf Rügen verkehrstechnisch gesehen zu weit ab vom Schuss. Fakt ist, dass die sowjetische Reparationswut in den Monaten nach Kriegsende hier nicht ganz so heftig ist. Holz und Vieh müssen dran glauben, die Eisenbahnstrecke Lietzow-Prora, einige Eisenbahnfährschiffe und Passagierdampfer. Oben in Glowe werden die Landungsbrücken aus Stahl, die für die gigantische U-Boot-Garage gedacht waren, abgebaut, und in Prora selbst versuchen sie sich mit Sprengungen am nördlichen Flügel des KdF, was allerdings nicht sehr erfolgreich ist, denn der Stahlbeton erweist sich als äußerst hartnäckig. Der Riesenbau hatte nach der Rohbaufertigstellung die verschiedensten Funktionen. Bei Kriegsbeginn wurde zunächst ein

Baustopp verhängt, dann fand die Ausbildung von Luftwaffen- und Nachrichtenhelferinnen und ein Polizeibataillon zur Infanterieausbildung darin Platz, ab 1943 erfolgte der teilweise Ausbau des südlichen Blocks für ausgebombte Hamburger. Ein Jahr später war er Lazarett und diente nach Kriegsende als vorläufige Unterbringung der unzähligen Flüchtlinge. Von wegen Kraft durch Freude. Davon war wenig bis nichts übriggeblieben. Aber vielleicht hätte man besser hinhören sollen, als Robert Ley am 11.7.1938 auf der „Wilhelm Gustloff" über die zukünftigen Besucher der beiden KdF-Schiffe sprach: „Alles das, was wir tun, dieses Schiff „Kraft durch Freude", alles, alles dient nur allein dem einen, unser Volk stark zu machen, damit wir diese brennendste Frage, dass wir zu wenig Land haben, lösen können. Wir fahren sie nicht in die Welt hinaus zum Spaße, ich habe hier nicht einen Reiseverein gegründet, „Kraft durch Freude", Amüsierclub und ähnliches, das lehne ich ab – oder nur um Italien kennen zu lernen oder Portugal zu sehen, das ist lächerlich und mir furchtbar gleichgültig -, nein, damit sie Nerven bekommen, damit sie die Kraft haben, dass, wenn der Führer einmal diese letzte Frage lösen wird, dann 80 Millionen in höchster Kraft hintreten vor ihn." Mit der Lösung der letzten Frage hatte er die für die Nazis so immens wichtige Erweiterung des Lebensraumes Richtung Osten gemeint. Na, das ist ja wohl gründlich danebengegangen. Ich verstehe, dies alles war gar nicht als Erholung für bereits geleistete Arbeit bestimmt, sondern als Vorbereitung zukünftiger Aufgaben gedacht, für die man offenbar gute Nerven braucht. Letzten Endes spielt es keine Rolle mehr. Die „Gustloff" liegt als Massengrab auf dem Meeresgrund, und das zweite KdF-Kreuzfahrtschiff, nach jenem Robert Ley benannt, rottet von einer britischen Bombe getroffen total ausgebrannt im Hamburger Hafenbecken vor sich hin. Um die drei Millionen Wehrmachtssoldaten sind gefallen, eine Million vermisst. Weitere drei Millionen sind in russischer Kriegsgefangenschaft. Schicksal unbestimmt.

Was hat Horst doch für ein sagenhaftes Glück gehabt. Seinen Selliner Freunden ist ebenfalls nichts passiert. Das habe ich genau verfolgt. Kurt Schreitter vom Kaiserhof und Hellmut Bartsch von Haus Stolzenfels haben überlebt. Klaus Müsebeck von der Villa Wiking Hall. Und Malte. Von den ehemaligen Putbusser Schulkameraden ist kaum einer wiedergekommen. Die allermeisten waren zur Marine gegangen. Das kam für Horst nicht in Frage. Zu schrecklich die Vorstellung, so ein U-Boot könne von einem Torpedo getroffen werden, und er würde ohne Chance auf Rettung

absaufen. Genauso ist es letztlich für 27.000 von 40.000 ausgebildeten Besatzungsmitgliedern deutscher U-Boote gekommen.
Für Horst ist es im Augenblick gar nicht so leicht, seine Zeit zu gestalten. Während des Krieges hatte er wenige Gedanken an eine Zukunft verschwendet. Die lag weit entfernt und völlig ungewiss irgendwo hinter dem Horizont. Nun ist sie da, ein tägliches Jetzt, aber als Gegenwart auch nicht viel klarer. Klar ist nur eins, nämlich dass er die Fleischerei nicht übernehmen wird. Natürlich hätte Otto das Erbe seiner eigenen Lebensleistung und der seines Vaters gerne in gute Hände abgegeben. Aber Horsts Hände sind dafür de facto ungeeignet. Neu ist diese Erkenntnis eigentlich nicht, doch jetzt, wo er in der Fleischerei häufig anpackt und seinen Vater unterstützt, merken Otto und Alma, dass ihr Sohn dafür nicht geschaffen ist. Kein Geschäftssinn, kein organisatorisches Gespür, buchhalterische Fähigkeiten gleich gar nicht. Horst ist einfach keine Betriebsnudel. Er hängt seinen Gedanken nach, träumt rum, liest in seinen wissenschaftlichen Büchern. Aber was will er denn dann? Er befindet sich in einer Art Vakuum. Eine zündende Idee für seine berufliche Zukunft hat noch nicht angeklopft, zumal zahlreiche Universitäten bis auf weiteres geschlossen sind. Auf seinem Sparbuch liegen 2.284 Mark und 79 Pfennige, die Überreste seines Solds. Bloß, was nützt ihm das, wenn die aktuelle Währung mehr aus Schnaps und Seife besteht. Es wird geschachert und geschoben, getauscht und gehandelt. Unsere Produkte sind sehr begehrt, wobei die ja schon seit Kriegsbeginn nicht mehr frei verkäuflich sind. Auf 222 g Fleisch oder Fisch waren die Rationen heruntergeschrumpft und haben sich seither nicht wieder erholt. Eine denkwürdige Neuerung beim Bezug der Lebensmittelkarten ist seit dem Juni die Einteilung der Bevölkerung der SBZ in fünf Kategorien. Unter die 1. Kategorie fallen Schwerstarbeiter und Funktionäre, die Anspruch auf 350 g Fleisch pro Person und Woche haben. Es folgen Schwerarbeiter, Arbeiter, Angestellte, und unter Kategorie fünf tummeln sich Kinder, Rentner, NSDAP-Mitglieder und Schwerbehinderte. Lediglich 100 g Fleisch ist für diese Gruppe vorgesehen. Und weil die anderen Positionen wie Brot mit 2 kg, Zucker 100 g oder Käse 62 g pro Woche wahrlich nicht üppig ausfallen, nennen viele diese magere Karte Friedhofskarte. Ab Herbst gibt es zusätzlich monatliche Sonderrationen.
Auf Rügen, wo eine bäuerliche Struktur vorherrscht, fallen diese Bestimmungen nicht so ins Gewicht wie in den zerbombten Städten. Einige Selliner erjagen sich in der Granitz zusätzliche Fleischkalorien. Otto selbst-

verständlich mittenmang. Viele haben einen Garten, eigene Hühner oder gar ein Schwein. Aus Angst, dass einem das wertvolle Stück geklaut wird, nimmt man es bei den täglichen Besorgungen hin und wieder an der Leine mit. Im wahrsten Sinne des Wortes hat man einfach Schwein, wenn man ein Schwein hat. Aber das hat eben nicht jeder. Man bedenke, dass auch ein Schwein was fressen muss. Und nicht zu knapp. Die Versorgungsengpässe nehmen zu, die Not steigt, was dazu führt, dass der eine oder andere unserer Kunden bei seinem Einkauf schlaue Ideen hat und Otto im Laden gerne mal in ein längeres Gespräch verwickelt, verbunden mit der Hoffnung, er würde vielleicht das Einkassieren der Lebensmittelkarten vergessen. Dann könnte man ja mit derselben Marke ein zweites Mal einkaufen. Der Plan funktioniert ab und zu, wobei Otto gerne mal ein Auge zudrückt und extra was vergisst. Eine frohe Botschaft wird zu Weihnachten verkündet! Es gibt Sonderrationen. Unter anderem eine Extraportion Fleisch mit 100-400 g, 3 Zigarren, ein Pfund Mehl und zur Krönung 2 Kerzen. Mit 500 Gramm Mehl könnte man einen Stollen backen, wenn man den Rest der Zutaten hätte. Aber zwei Kerzen machen noch keinen Weihnachtsbaum. In dieser düsteren Zeit will keine dolle Stimmung aufkommen. Natürlich spiegelt sich bei uns ein bisschen Glück in den Christbaumkugeln. Der Horst sitzt schließlich gesund im geschmückten Weihnachtszimmer bei Kartoffelsalat und Würstchen. Aber jedes der Glöckchen, das Alma aus dem Seidenpapier wickelt, ist eins, das Kurt gemacht hat. Seit der letzten Karte gibt es nicht eine Nachricht mehr von ihm. Lebt er noch? Und Rosa und Hermann? Die sitzen jetzt alleine vor dem Weihnachtsbaum. Ohne Oskar und Rudi. Stille Nacht. Nichts wird mehr so sein, wie es mal war. Dieser Gedanke schmerzt. Horst zieht es in diesen Tagen und Wochen ständig raus. Natur, frische Luft, Bewegung. Das war schon immer Quelle der Erholung für ihn. Nur für sich sein. Wortlos. Für das Erlebte gibt es oft keine Sprache. Aber das Möwengeschrei und die Brandung, das Rauschen, die Wolkenfetzen, das Knirschen des Sandes oder des Schnees unter den Schuhen, das ist vertraut. Augen nach unten. Stundenlang, tagelang. Auf der Suche nach kleinen Geschenken der Sturmflut. Bernstein. Es hilft, zu sich zu kommen. Wenigstens hier ist etwas unbeschädigt. Selbst wenn die nächste gierige Sturmflut ein weiteres Loch ins Hochufer reißt, die Strömung den Sand wegschwemmt, woanders ablagert. Der Gang der Dinge. Aus Gestein wird Sand. Es bleibt überhaupt nie irgendwas, wie es mal war. Man kommt, man bleibt, man geht. Wie die Gletscher. Dazwischen ein wenig Raum für Erfahrung, Erkenntnis, Erleben. Der Horizont, der weiter wird. Und wenn's geht und einen das Leben weiter mitnimmt, vielleicht ein Stückchen hinter den Horizont gucken, der sich in der Weite mit den grauen Farben des Himmels vermischt. Da fliegen die Gedanken davon bei einer solchen Wanderung. Manchmal wünschte ich, er könnte mich mitnehmen zu seinen Lieblingsplätzen. Am Strand, am Hochufer, in der Granitz. Äußerlich unversehrt stehen sie da, die mächtigen Buchen. Aber der Boden, in dem sie wurzeln, gehört nicht mehr dem Fürsten ohne Titel, Malte von und zu Putbus. Den Fürstentitel zu führen hatte ihm das Reichsministerium des Inneren bereits 1938 verboten. Der unteilbare Putbussche Familienfideikommiss mit 18.360,47 Hektar Ländereien, Ackerland und Forsten, zu denen auch die Granitz mit ihren alten Bäumen zählte, blieb unangetastet. Inklusive Jagdschloss, dessen Innenleben allerdings längst von den Russen abtransportiert wurde. Alles in allem umfassten seine Besitzungen rund ein Sechstel der gesamten Insel Rügen. Einschließlich 44 Gütern, 152 Bauernhöfen, Kreidebrüchen und -schlämmereien. Und Schloss Spyker am Großen Jasmunder Bodden. Ganz früh, schon 1932, war er in die NSDAP eingetreten, empfing Hermann Göring als Gast im Schloss und hatte den riesigen Bauplatz für das geplante KdF in Prora abgegeben. Doch dann wandelte sich seine Einstellung. Er weigerte sich, an nationalen Beflaggungstagen ausschließlich die Hakenkreuzfahnen in den Wind zu hängen, und lag postwendend mit den örtlichen Parteifunktionären im Clinch. Protokolliert wurde eine Aussage von ihm, die er während eines Disputs machte: Er könne die Juden verstehen, sie würden sich an Deutschland einmal rächen, sie hätten eine Ehre und verteidigten sie. Es sei Unrecht, die Juden aus Deutschland auszuweisen, Gott werde Deutschland durch die Juden bestrafen. Weiterhin erklärte er, das deutsche Volk sei das dümmste der Erde und seine Führung treibe eine Politik, als ob ein Elefant im Porzellanladen trample. Ein Ortsgruppenleiter ließ in Putbus Plakate anbringen, die Malte als „Judenfreund", „Saboteur Hitlers" und „Landesverräter" bezeichnen. Die Gestapo verhaftete ihn einen Tag nach dem gescheiterten Versuch Stauffenbergs, Hitler in der Wolfsschanze in die Luft zu sprengen. War er Mitwisser oder wurde es ihm zum Verhängnis, dass er mit einigen Offizieren, die sich am Putschversuch mehr oder weniger beteiligt hatten, in der Granitz gemeinsam jagen war? Der Fürst ohne Titel starb im Februar 1945 im KZ Sachsenhausen im Alter von nur 56 Jahren. An Lungenentzündung. Oder wurde er ermordet? Das weiß niemand so ganz genau. Die ihm gegenüber erhobenen Vorwürfe bleiben im Unklaren. Himmler setzte durch, dass die Güter der „Verbrecher des 20. Juli“ enteignet wurden. Die Neusiedler hockten bereits in den Startlöchern. Dann ist der Krieg vorbei, und mit den Russen bricht die Bodenreform aus: „Junkerland in Bauernhand“ heißt das neue Motto, unter dem in der SBZ ab September 1945 alle Großgrundbesitzer mit mehr als 100 Hektar Land enteignet werden. Die Neuverteilung bezieht in etwa ein Drittel der gesamten landwirtschaftlichen Nutzfläche und betrifft auf Rügen 50.104 Hektar. Und nicht nur Ackerland wechselt den Besitzer. Gebäude, Geldvermögen, Möbel, Kleidung werden gleich mit eingeheimst. Manch einer versteht das als Einladung zur Plünderung. Die Entscheidung und Durchführung der Bodenreform geschieht in unglaublich rasantem Tempo. Für Horst war vor einem halben Jahr gerade mal der Krieg beendet und die amerikanische Kriegsgefangenschaft vorbei, da werden schon die verschiedenen Felle des großen SBZ-Bären verteilt. Boden, Gutshäuser, Eisenbahnschienen, Industrieanlagen umverteilt oder abgebaut. Da entwickelt sich offensichtlich in der SBZ etwas vollkommen anders als in den drei übrigen Besatzungszonen. Und zwar stark kommunistisch angehaucht. Sicherlich waren die alten Feudalstrukturen ebenfalls nicht das Gelbe vom Ei. Es ist noch gar nicht so lange her, dass die Mägde sogar vor den fürstlichen Hunden knicksen mussten, und bis 1944 waren die Bauern dazu verpflichtet, einen Teil ihrer Roggenernte an die Putbusschen Rentämter abzugeben, um ihre Pacht zu begleichen. Das wirkt doch irgendwie aus der Zeit gefallen. Aber gleich so? Diese Maßnahmen kommen mir vor wie die Neuordnung der Welt. Im Juni ’45 konnten sich in der russischen Besatzungszone antifaschistische und demokratische Parteien gründen. Früher als in den anderen Besatzungszonen. Die von den Sowjets protegierte KPD galt als Russenpartei und war schwer verschrien. So wie bei Otto und Horst, die viele der neuen politischen Weichenstellungen für falsch halten. Sie treten in die SPD ein.

Für Horst erscheint im neuen Jahr eine kleine berufliche Perspektive am blassen Winterhorizont. In Putbus wird ab dem 1. Februar ’46 ein „Lehrgang für Lehrerbildung“ im frisch eröffneten Lehrerbildungsinstitut angeboten. Warum nicht? Damit ist er die folgenden acht Monate versorgt. Hat sich eine Wohnung am Circus genommen und geht wieder über die knarrenden Flure seines alten „Pädschens“. Da findet der Ausbildungskursus nämlich statt. Fast wie immer, könnte man meinen. Die gekalkten Fassaden der klassizistischen Häuser strahlen weiter vor sich hin, und im Frühling bilden die weißen Blütenköpfe des Bärlauchs wie jedes Jahr blühende Matten unter den frisch ergrünenden alten Bäumen des Parks. Das fürstliche Schloss steht verwaist. Der Familie gehört auch das nicht mehr. Die Häuser rund um den Circus, das Pädagogium, das Schloss, der Park, der Marstall, die Christuskirche, die einst das Zentrum der Putbusschen Residenz ausmachten, nichts davon ist ihnen geblieben.

Eine neue Zeit hat begonnen. Für die SPD bedeutet das im April die Zwangsvereinigung mit der KPD. Die Zustimmung gegenüber der KPD war nicht so hoch, wie sich das die Militärregierung für ihre Besatzungszone vorgestellt hatte. Die Russen steigern den Druck derart auf die Sozialdemokraten, sich mit den Kommunisten zusammenzuschließen, dass Otto Grotewohl von der SPD letztendlich zähneknirschend zustimmt und Wilhelm Pieck die Hand reicht. Damit ist die Sozialistische Einheitspartei Deutschlands gegründet. Ich habe aufgeschnappt, wie einer diese Vereinigung als „Hundehochzeit" bezeichnet hat. Die sich reichenden Hände werden zum Emblem der Partei erkoren, protestierende SPD-Anhänger hingegen verfolgt. Wer sich widersetzt, wird zum Feind der Arbeiterklasse abgestempelt. Lager und Zuchthäuser haben Hochkonjunktur. Wie kann das sein? Das hatten wir doch gerade erst. Die kommunistischen Nachtigallen trapsen ab sofort ziemlich laut durch die Gemeinden und besetzen die wichtigsten öffentlichen Ämter. Da sind sie, die schwerstarbeitenden Funktionäre. Genosse Otto schäumt vor Wut. Er hält sich mit seiner Meinung nicht zurück. Schimpft lautstark. An dieser Stelle ist sich Familie Töllner einig. Sie versteht die Zeichen der Zeit und betrachtet die weitere Entwicklung mit wachsendem Argwohn. Kurt Schumacher, damit beauftragt, die SPD in den drei westlichen Besatzungszonen aufzubauen, spricht ihnen aus dem Herzen, als er im Januar sagt: „Wenn das, was wir im Osten erleben, tatsächlich Sozialismus wäre, dann wäre damit von der europäischen Mehrheit das Todesurteil über den Sozialismus ausgesprochen."

Trotz Lehrerlehrgangs ist Horst im Sommer speziell an den Wochenenden oft bei uns. Oder er schwimmt bei seinen Endlostouren durchs kühle Ostseewasser. Bevor ihm kalt wird, kommt er nicht raus. Und das kann lange dauern. Auch so eine Quelle der Erholung für ihn. Überhaupt ist er sehr sportlich und durchtrainiert. Spielt Tennis, rennt am Strand entlang, morgendliche Gymnastik ist an der Tagesordnung. Kniebeugen, bei den Liegestützen nicht bloß die einfachen, sondern mit Hochdrücken und In-die-Hände-Klatschen. Völlig anders als Otto, der immer runder wird. Und,

wie ich es neuerdings mit meinen eigenen Fenstern häufig beobachten kann, hat es Horst der Garten sehr angetan. Das scheint ihm wirklich die größte Freude zu bereiten. Er baut sogar Tabak an. Mal sehen, ob's was wird. Es trudeln in diesem Sommer wahrhaftig vereinzelt Gäste ein. Sie können wieder über den Rügendamm fahren. Das ist ja endlich mal eine positive Nachricht. Bislang trägt die Brücke keine Züge, von daher wird man mit einem Fuhrwerk oder Lastkraftwagen über den Strelasund gebracht. Aber nicht ohne Brückengeld und Passierschein. Den gibt's in Stralsund und muss der Roten Armee vorgelegt werden. Viele sind es nicht, die im Sommer '46 auf die Insel und bis Sellin kommen und Urlaub machen.
Ausgelassene, unbeschwerte Lebenslust genießen, das scheint mir wie von einem anderen Stern. Wenn ich darüber nachdenke, war die heiterste von meinen erlebten Zeiten vielleicht die vor dem Krieg von 1914.
Diese wenigen Jahre. Die Zeit der echten Pioniere und des Aufbruchs. Da vibrierte der Boden, so viele Fuhrwerke donnerten mit Baumaterial beladen die Straßen entlang. Und die Luft sirrte voller Ideen und Möglichkeiten. Ein spannender Tanz, der da getanzt wurde. Ein Tanz des Wagens und des Risikos, des Gewinnens und sich Übernehmens, des Aufstrebens und Strauchelns. Alles neu. Und noch mehr, noch größer und noch schöner. Bis der Krieg kam. Seine langen dunklen Schatten waren bis weit in die zwanziger Jahre zu spüren und nagten an der Lebensfreude. Und doch, manchmal schob sich zwischen den düsteren Schichten eine Sonne, die wilder und freier schien als je zuvor. Da war sie dann wieder, die Leichtigkeit und das Flimmern. Und jetzt? Jetzt sind die Schatten erneut übermächtig und saugen die Helligkeit aus der Zeit. Und in der leeren, bleiernen Hülle, die übriggeblieben ist, fangen die Menschen wieder von neuem an, sich zu bewegen. Für die, die es behalten durften, geht das Leben weiter. Das habe ich gelernt. Irgendwie geht immer etwas weiter. Und kein Sturm dauert ewig. Es wird neue Sonnenstrahlen geben, die sich durch die Wolken kämpfen. Aber die unter der schweren Decke des letzten wahnsinnigen Krieges gefangene Heiterkeit kriecht nur sehr zögerlich hervor. Hier und da blitzt sie auf. Mit jedem Gast, der anreist, ein wenig mehr. Jedes Kinderlachen oder die Freude am Zwitschern der ersten Schwalbe ist ein kleines Echo des Glücks. Eine Erinnerung an Unschuld. Das wärmt. Gleichzeitig sind die Wunden des Krieges tief und werden immer tiefer. Und die Erkenntnisse, die mehr und mehr ins Bewusstsein von Otto, Alma und Horst dämmern, immer grauenhafter.

Ein Abgrund tut sich auf

Seit November letzten Jahres sitzen einige der Nazigrößen auf der Anklagebank des Internationalen Militärgerichtshofes in Nürnberg. Da, wo Tausende mit Fackeln aufmarschierten, wo sie ihre monströsen Parteitage gefeiert haben und die Massen mit ihrem Gerede vom Tausendjährigen Reich begeisterten, wird ihnen der Prozess gemacht. Angeklagt sind neben Einzelpersonen wie beispielsweise Rudolf Heß, Albert Speer, Karl Dönitz, Hermann Göring, Wilhelm Keitel, Julius Streicher oder Baldur von Schirach, ebenfalls SS, SA, Gestapo, Generalstab der Wehrmacht und das Oberkommando der Wehrmacht selbst. Robert Ley wurde gleichfalls angeklagt, allerdings blieb sein Platz leer. Er hatte sich kurz vor Beginn des Verfahrens in seiner Gefängniszelle das Leben genommen, und damit letztlich seine sehr persönliche Zeche gezahlt. Der Prozess ist historisch. Nie zuvor hatte ein Sieger den Kriegsverlierer angeklagt. Ein Jahr lang wurden Zeugen gehört, die Beschuldigten verhört, Beweise gesammelt, gesichtet, Aussagen gemacht und protokolliert. Und veröffentlicht. Neben Zeitung und Rundfunk kann man sich im Kino bei der „Wochenschau“ mit Filmaufnahmen von Massenerschießungen, Konzentrationslagern und Gewaltszenen aus dem Krieg buchstäblich ein Bild davon machen, welch bestialische Verbrechen Menschen an Menschen begangen haben. Es trifft uns die volle Wucht einer bis dahin unvorstellbaren Realität. Spätestens jetzt können alle alles wissen, wobei ich befürchte, dass alles nie ganz alles sein wird. Zu tief und verzweigt der Abgrund, als dass man bereits sagen könnte, was „alles“ genau ist. Sich in diesem Labyrinth des Schreckens zurechtzufinden ist nicht einfach. Vernichtungslager, Gaskammern, Zyklon B, Auspuffgase, Menschenversuche, Folterkeller, Zwangsarbeiter. In Auschwitz wurden Tausende Menschen jeden Tag gequält, gedemütigt, ermordet und verbrannt. Angehörige von SA, SS, Gestapo oder Wehrmachtssoldaten haben sich wie die Tiere benommen? Nein, ich bin davon überzeugt, dass Tiere so etwas nie tun würden. War es unmenschlich, Menschen bei lebendigem Leib zu verbrennen, Kinder zu erschießen, zuzuschauen, wie lange es dauert, bis man im Eiswasser stirbt? Sadismus scheint mir in höchstem Maße menschlich zu sein. Wer sonst außer Menschen könnte dazu im Stande sein? Der Glaube an das Gute im Menschen nichts weiter als eine trügerische Illusion? Den Blick auf diese gänzlich neue Dimension der Menschlichkeit muss man erstmal aushalten. Annehmen, verinnerlichen. Die Leichenberge,

die Horst auf dem Foto in der „Times“ gesehen hatte, waren echt. Keine Feindpropaganda, sondern schneidende Wirklichkeit. Deutschland, das Land der Aufklärung, Heimat großer Philosophen, Denker und Wissenschaftler. Das ist eine Wirklichkeit. Zur ganzen Wirklichkeit gehört beispielsweise leider ebenso, dass die Behringwerke in Marburg nicht nur ihre heilsbringenden Seren gegen Diphtherie herstellten, sondern sich ab 1942 als Teil der IG Farben an Fleckfieberversuchen im KZ Buchenwald beteiligten. In Zusammenarbeit mit dem Hygieneinstitut der Waffen-SS. Einige wenige Kilometer vom kulturell weichen und wärmenden Nest entfernt, das Goethe und Schiller in Weimar gebaut hatten. Faust bekam ja schon Probleme mit zwei Seelen, die in seiner Brust wohnten. Ich frage mich mittlerweile, wie viele Seelen man in einer Brust vereinigen muss, um eine solche Menschenverachtung zu entfesseln, bei der Homosexuelle, Zigeuner, Kriegsgefangene, Sozialdemokraten, Kommunisten und Juden mit einem Schädlingsbekämpfungsmittel vergast werden. Die Liste der Opfer ist lang und wird wahrscheinlich nie vollständig sein.
Allein sechs Millionen Juden sollen in Vernichtungsfabriken wie Auschwitz, Majdanek, Sobibor und Treblinka umgekommen sein. Tausende pro Tag. Sehr zögerlich entsteht aus verschiedensten Einzelinformationen ein zusammenhängendes Bild auch von dem, was mit den Rügener und Stralsunder Juden geschehen ist. Ein Bild aus vielen Mosaiksteinchen. Bereits 1938 hatte der Landrat von Wollin vorgeschlagen, die pommerschen Juden auf Rügen zu konzentrieren oder in Heringsdorf auf Usedom ein „Judendorf“ einzurichten. Dazu kam es nicht. Ein Jahr später wurde gezählt, und zwar nach einer neuen Klassifizierung. Man rechnete gleichfalls diejenigen dazu, die entweder aus einer sogenannten Mischehe stammten oder sich zum Christentum bekannt hatten. Um die getauften Juden aufzuspüren, musste Einblick in die Kirchenbücher genommen werden, den in Stralsund allerdings die leitenden Geistlichen des Kirchenkreises gegenüber der Partei verwehrten. Ein einzigartiger Vorgang in Deutschland. Verglichen mit der letzten Zählung von 1933 hatte etwa die Hälfte der pommerschen Juden die Flucht ergriffen und das Land verlassen. Noch 3.329 Juden lebten in Pommern, davon circa ein Drittel in Stettin, 33 auf Rügen, wo man siebzehn getaufte Juden entlarvt hatte. Schon im Februar 1940 wurden über tausend von ihnen deportiert. Sehr heimlich, sehr leise. Von den meisten unbemerkt verschwanden sie, nachdem sie bezüglich ihres Eigentums eine Verzichtserklärung unterschrieben hatten, buchstäblich

über Nacht in Richtung Osten. Und starben qualvoll in den eiskalten Waggons oder auf kilometerlangen Märschen durch den Schnee oder in den Hütten, Ställen und Scheunen der polnischen Ghettodörfer, in denen sie sich unter widrigsten Bedingungen zurechtfinden mussten. In die frei gewordenen Wohnungen zogen insbesondere in Stettin Baltendeutsche ein. Wie praktisch, wo es doch für die gesuchten Arbeiter an Wohnraum fehlte. Die Vulcan-Werft sollte wieder aufgebaut werden, ein Hydrierwerk in Pölitz, und seit Kriegsbeginn war am Hafen auch jede Menge los. Diese Deportation, eine der frühesten im Reich überhaupt, wurde totgeschwiegen, jedoch durch Briefkontakte, die in den ersten Ghettos möglich waren, erfuhren einige wenige vom Schicksal der Vertriebenen und organisierten hier und da bescheidene Hilfssendungen. Zwei Jahre lang kamen aus den Dörfern spärliche Nachrichten. Demnach waren arbeitsfähige Männer in Konzentrationslager verschleppt worden. Die verbliebenen Alten, Frauen und Kinder wurden nach Belzyce gebracht, wo am 28. Oktober 1942 nur wenige ein von deutschen Soldaten und ukrainischen Hilfsmannschaften angerichtetes Massaker überlebten. In Stralsund wohnten im November '43 noch elf Juden, zum Teil in Mischehen, bei manchen war die Judenfrage ungeklärt. Sieben wurden nach Auschwitz deportiert. Lediglich zwei Stralsunder Juden kehrten nach Kriegsende in ihre Heimatstadt zurück. In ganz Pommern haben 150 bis 200 Juden überlebt. Manche waren durch Mischehen einigermaßen geschützt, andere retteten sich durch ein Leben in der Illegalität. Ihr Eigentum, das der Lebenden und der Toten, war inzwischen beschlagnahmt oder arisiert, wie man diesen Diebstahl ebenfalls nannte.

Ich erfahre außerdem, was mit den Patienten der psychiatrischen Landesheilanstalt Stralsund geschah. Nach der Einführung des *Gesetzes zur Verhütung erbkranken Nachwuchses* wurden ab 1933 allein in der Stralsunder Landesheilanstalt 452 Personen zwangssterilisiert. Dann fiel dem Gauleiter von Pommern, Franz Schwede-Coburg, ein, Himmler die Stralsunder Anstalt zur Nutzung anzubieten. Wohin nun mit den Patienten? Ganz einfach. Erschießen. Diesen Auftrag bekam Kurt Eimann, der ihn mit Angehörigen seines SS-Wachsturmbanns von September bis Dezember 1939 im westpreußischen Neustadt erfolgreich ausführte und ungefähr 3.400 Patienten erschießen ließ. „Um seinen Männern ein gutes Vorbild zu sein“, knallte er den ersten Patienten gleich mal persönlich ab. 1.400 behinderte Menschen aus verschiedenen deutschen Psychiatrien starben hier, unter ihnen auch die ersten drei Transporte mit 290 Patienten aus Stralsund, und 2.000 Patienten aus einer polnischen Heilanstalt. Die in den Wäldern von Groß Piasnitz Ermordeten wurden von polnischen Häftlingen aus dem Lager Stutthoff begraben und diese zum Dank zuletzt selbst erschossen. Insgesamt wurden dort in einem Zeitraum von drei Monaten zwischen 10.000 und 13.000 Menschen ermordet. So wie polnische und kaschubische Intellektuelle, deutsche Antifaschisten, polnische und tschechische Juden. Dieses Massaker gilt als die erste systematisch durchgeführte Mordaktion der Nazis nach Kriegsbeginn. Aus der Stralsunder Heilanstalt transportierte man weitere 872 Patienten ab und brachte sie an ihren jeweiligen Bestimmungsorten um. Nachdem die letzten der noch 109 verbliebenen Patienten abgefahren waren, konnte bereits im Dezember '39 die erste komplett geräumte Anstalt des Deutschen Reichs den SS-Totenkopfverbänden übergeben werden. Die SS nutzte das Gebäude zu Beginn des Krieges zu unterschiedlichen Zwecken. Später zog das Reservelazarett der Marine ein, und vermutlich befand sich auf dem Gelände zudem die Krankenabteilung für die Nerven- und Geisteskranken des Marinelazaretts. Seit Oktober 1946 werden hier Tuberkulosekranke behandelt.

Blick auf die Landesheilanstalt Stralsund, um 1938

Es ist ein harter und sehr finsterer Weg für all diejenigen, die sich 1946 einem Erkenntnisprozess aussetzen, der durch die Verhandlungen in

Nürnberg erst möglich gemacht und vielleicht nie aufhören wird. Jeder muss letztlich für sich entscheiden, in wie fern er sich dem stellen möchte oder nicht und bis wohin ihn dieser Weg führen soll. Ich frage mich in diesem Zusammenhang, ob es bei uns in der Nähe ein Konzentrationslager gegeben hat. Ja, hat es. In Barth, nur 30 km westlich von Stralsund gelegen, gab es eins, in dem Tausende KZ-Häftlinge aus Buchenwald, Dachau und Ravensbrück als Zwangsarbeiter eingesetzt wurden. Zusätzlich zur Schufterei in einer Eisengießerei arbeiteten sie unter unvorstellbaren Bedingungen unter anderem in einer der vielen Fertigungsstätten der Heinkel-Flugzeugwerke, in der sie ein Jagdflugzeug, die He 162, auch „Spatz" genannt, zusammenbauten. Bis zum 30. April 1945. Dann wurde das KZ aufgelöst und die meisten Häftlinge auf Todesmärsche geschickt. 800 im Lager verbliebene Frauen konnten sich zwar ins benachbarte Ribnitz retten, wurden dort allerdings von bewaffneter Hitlerjugend aufgegriffen. Die ortsansässige Bevölkerung rettete diese 800 Frauen vor der drohenden Erschießung. Für Tausende kam jede Rettung zu spät. Sie bezahlten ihren Einsatz in Barth mit dem Leben.

Es sind genau diese Geschichten, die von denen erzählen, die den Mut hatten, sich zu widersetzen, und ihren Anstand bewahren konnten, die das tägliche Leben ein wenig erträglicher machen. Während hier der Alltag unbeirrbar weiterläuft, nach Verantwortung fragt und Entscheidungen verlangt, haben sich die Richter in Nürnberg entschieden. Die Urteile stehen am ersten Oktober 1946 fest. 12 Todesurteile, sieben hohe Haftstrafen, drei Freisprüche. Damit ist gefühlt erst einmal ein Schlussstrich unter diese schwarze Zeit gezogen.

Währungsreform und Berlin-Blockade

Auch Otto und Horst treffen ihre Entscheidungen. Otto wird im Gemeinderat und im Vorstand der Sparkasse aktiv. Horst geht einen ersten Schritt in die berufliche und finanzielle Unabhängigkeit. Ab Oktober wird er Lehrer in der Selliner Volksschule, pardon, es heißt ja jetzt Einheitsschule. Unmittelbar um die Ecke von mir, neben dem alten Schulgebäude, in dem er mit Malte die Holzbank drückte, unterrichtet er die kleinen Kruken. Wir sind über diese Entwicklung sehr glücklich. Vor allem Alma kann mit ihrem Sohn nach all den Jahren der Angst, die sie um ihn ausgestanden hat, endlich wieder einmal mehr Zeit verbringen. Und die Wintermonate haben Zeit für Zeit. Wenn dieser Winter doch bloß nicht so verteufelt streng wäre. Der seit Jahrzehnten kälteste Winter hält Deutschland in seinem eisigen Griff und will gar nicht mehr aufhören. Die Rationierung von Lebensmitteln und Brennmaterial macht das Überleben für viele unmöglich. Tausende verhungern, erfrieren oder sterben an Infektionskrankheiten. Die im Krieg zerstörten Transportwege sind noch nicht restlos wiederhergestellt, die Binnenwasserstraßen zugefroren. Uns selbst geht es alles in allem den Umständen entsprechend gut. Der Ofen ist warm, und das Essen reicht. Und wir freuen uns über ein neues Familienmitglied. Das hat Horst angeschleppt. Tasso heißt er, hat Schlappohren, einen langen Schwanz, dunkelbraunes, kurzes Fell und Augen wie Bernstein. Eine Mischung aus Setter und Deutschem Kurzhaar. Der wird mal groß. Noch ist er klein und süß, und alle sind verliebt. Es gab zwar mal einen Schäferhund Rolf, der auf dem Hof das Grundstück bewachte, aber so, wie es aussieht, hat Tasso dafür kein Talent. Er begleitet von nun an Horst in seiner Freizeit auf dessen ausgedehnten Touren. Das unzertrennliche Gespann ist zunächst in den Wäldern und am Strand unterwegs, doch was ein Hund von Horst ist, muss selbstverständlich schwimmen können. Und das kann er. Und wie! Tasso springt beherzt vom Holzplateau des Brückenhauses in die Fluten und jagt in einem schier endlosen Spiel den unerreichbaren Möwen hinterher, die wieder und wieder auffliegen, um sich ein Stückchen weiter vor seiner Nase niederzulassen und aufreizend im Wasser schaukeln. Horst benutzt seinen Tasso sogar für den kleinen, versteckten politischen Protest, denn er nennt ihn eine Zeit lang Stalin. Und wenn der dann aus dem Wasser kommt, mit sandigen Pfoten über die Handtücher rennt und Badegäste nassschüttelt, ruft Horst laut und genüsslich: „Stalin, hör auf du Dreckschwein! Hau ab!“

Am liebsten natürlich, wenn russische Soldaten in der Nähe sind. Vielleicht ein bisschen der Tanz auf der Rasierklinge, schließlich sitzen Hunderte Regimegegner in Lagern wie Sachsenhausen, Buchenwald und Bautzen. Wer Pech hat, muss seine hohe Haftstrafe oder Zwangsarbeit in Arbeitslagern der UdSSR abbüßen. Die gute Nachricht ist, dass sie in der Sowjetunion kürzlich die Todesstrafe abgeschafft haben, sonst würden wahrscheinlich weitaus drakonischere Urteile verhängt.

Horst wird zum Glück nicht verhaftet und kann mit Hund und netten Damen bei Rekordtemperaturen und einem echtem Jahrhundertsommer die angenehmen Seiten eines Badeortes genießen. Im Kurhaus logieren die ersten Gäste. Ein positives Signal für den Ort. Herr Kaba-Klein hatte sein Hotel an einen offenbar vertrauenswürdigen Strohmann verkauft und, nachdem er den Krieg als Jude irgendwie überlebt hatte, zum gleichen Preis zurückerworben. Er öffnet zu Saisonbeginn die Pforten, bezahlt die Kurkapelle. Sellin nimmt ein klein wenig Fahrt auf. Fahrt aufnehmen ist auch das Stichwort für den Rügendamm. Im wahrsten Sinne des Wortes nehmen im Oktober wieder erste Eisenbahnen die Fahrt über den Sund auf, nachdem die Russen im Frühling die Instandsetzung der gesamten Brückenanlage beschlossen hatten. Die Seebrücke lassen sie vergammeln. Weiterhin ragen einige einsame und vor sich hin verwitternde Holzpfosten dort aus dem Wasser, wo der große Stolz der Selliner einmal stand. Horst freut sich im Garten über eine reiche Tabakernte und übt sich im Feinschnitt der getrockneten Blätter für Zigarette oder Pfeifchen. Für die Landwirtschaft ist dieser Sommer eine einzige Katastrophe. Durch die vielen Kriegstoten können die Felder nicht ausreichend bestellt werden, es gibt zu wenig Dünger, und weil's der Herr nicht nass machte, hat die Trockenheit der Ernte beträchtliche Einbußen beschert. Der Herbst beschert mir ganz unverhofft und ganz spontan das erste Theaterstück mit dem Titel „Der eingebildete Kranke", mit Otto Töllner in der Hauptrolle. Es beginnt damit, dass Alma für das Abendbrot sorglos schönste Waldpilze in die Pfanne schnippelt. Duftend schmoren sie mit Speck, Zwiebeln und Petersilie, so wie's der Hausherr am liebsten mag. Herrlich. Er isst mit großem Appetit und nimmt nochmal nach. Dann will er von Alma wissen, ob sie denn die Pilze selbst gesammelt hat. Sie druckst ein bisschen rum, na ja, eigentlich schon, irgendwie auch nicht, sie hätte sie einer Flüchtlingsfrau abgekauft. Aber wieso, das sei doch kein Problem, schließlich habe sie jeden einzelnen beim Putzen in der Hand gehabt. OhGottohGott. Otto ist geschockt. Pilze von einer Flüchtlingsfrau.

Hilfe. Horst und Alma versuchen ihn zu beruhigen. Erfolglos. Alle hatten die Pilze gegessen. Horst und Alma schlafen entspannt, bis Otto von schweren Bauchschmerzen geplagt herumrumort, alle weckt und durchs Treppenhaus geistert. Und zwar restlos davon überzeugt, dass sein letztes Stündchen geschlagen hat. Pilzvergiftung. Eindeutig. Das glückliche Ende des Stückes, Otto überlebt die Nacht gänzlich unbeschadet, und der ungläubige Horst hat von seinem Vater Anschauungsunterricht bekommen, welch faszinierende Auswirkungen der Kopf auf den Körper haben kann.

Selliner Seebrücke um 1950

Im November kommt endlich die ersehnte Freigabe des Rügendamms für den Straßenverkehr. Die Ziegelgrabenbrücke wurde durch eine Stahlkonstruktion ersetzt. Ich glaube, das ist gut für die Insel, und was gut für die Insel ist, ist auch gut für uns. Simple Rechnung. Gut wird für viele Menschen der folgende Winter allerdings nicht. Die Versorgungslage bleibt katastrophal, die Säuglingssterblichkeit hat sich gegenüber Vorkriegswerten verdoppelt, es gibt kaum Kohlen. Nicht nur in Berlin werden Alleenbäume zu Brennholz. Die Kohleversorgung in Sellin ist kompliziert geworden. Mit „Erni" über den Greifswalder Bodden tuckern, um in Stettin schlesische Kohlen zu holen, das war einmal. Und wegen der abgebauten Schienen können Dampfer die begehrte Fracht nur unten am Bollwerk des Selliner Sees anlanden. Wenn er eisfrei ist. Aber Vorsicht ist geboten. Die eigentlich beste

Kohle, auch Glanzkohle oder Anthrazit genannt, verbrennt so heiß, dass so mancher Ofen Risse bekommt. Dann sollte man doch lieber die Notkohlen Marke Eigenbau nehmen. Ein pfiffiger Selliner stellt aus Altöl und Kohlengrus in seiner Pressmaschine eine Art Eierkohle her. Oft ersetzt der in Papiertüten gepackte reine Kohlengrus das Brikett. Ansonsten muss der Sammelholzschein her, der einen dazu berechtigt, in den Wald zu ziehen, um entweder dürres Gezweig aufzusammeln oder sich gleich die dickeren, trockenen Äste mit einer Spezialtechnik direkt vom Baum zu angeln. Dabei wird ein an einer Schnur befestigtes Stück Blei über den auserkorenen Ast geworfen, ein fingerdickes Tau am losen Ende verknotet und mit einem kräftigen Hauruck daran gezogen, bis der Ast vom Stamm bricht. „Stubben roden" nennt man das hier. Die Nahrungsversorgung ist mehr als prekär. Lebensmittelmarken haben ist eine Sache, Ware dafür zu erhalten eine andere. Es gibt sie schlicht oft nicht. Viele Selliner fahren deshalb mit dem Dampfer bis auf die Halbinsel Zudar, um dort Kartoffeln zu stoppeln, oder suchen die abgemähten Felder nach Getreidekörnern ab. Wohl dem, der wie wir einen Walnussbaum im Garten stehen hat. Es ist eine ausgezeichnete Entscheidung, in diesem Jahr in Sellin eine Kleingartenkolonie zu gründen. Das gibt einigen Menschen die Möglichkeit, sich ein Zubrot eigenständig anzubauen oder einen Platz für eigene Karnickelställe zu haben. Wenn ich mich anstrenge, kann ich aus meinem obersten, linken Fensterwinkel die Gartenflächen hinter dem Rohbau für die Marmeladenfabrik deutlich erkennen. Von mir aus gesehen liegen sie ein paar Gehminuten entfernt auf der anderen Straßenseite Richtung Göhren. Wir brauchen keinen zusätzlichen Garten. Unserer ist groß genug. Wie sagt man so schön: „Uns geht's Gold". Jedenfalls verglichen mit den Großstädtern, für die knapp 800-1.000 Kalorien pro Tag reichen müssen. Damit kommt man nicht allzu weit.
In der Bevölkerung kursiert der Spruch: „Deutschland, Deutschland ohne alles. Ohne Butter, ohne Speck. Und das bisschen Marmelade frisst uns die Besatzung weg." Es gibt Care-Pakete, wobei die bloß wärmende Tropfen für die frierenden und hungernden Menschen in den westlichen Besatzungszonen sind. Hier landen keine. Es ist ein schönes Gefühl, wenn die Tage länger werden und sich die ersten Schneeglöckchen zeigen. So ein Nachkriegsschneeglöckchen ist so unschuldig und heil, wenn es aus der Erde sprießt. Trotz Ruinen, Trümmern, Demontagen und verhungernden Menschen. Die Natur hat sich keine Hornhaut zugelegt. Nach der Schneeschmelze stecken die Buschwindröschen im Wald wieder ihre weißen

Köpfchen zusammen, und wir haben einen weiteren Winter überstanden. Der Genuss des Frühlings ist tief. Das vorsichtige Erwachen der verborgenen Kräfte. Wie die Blumen- und Blätterwelt dem Licht entgegenstrebt. Der uralte Rhythmus der Jahreszeiten beruhigt ein wenig die aus dem Takt gekommene Seele. Die Blätter der Buchen sind wie eh und je samtig und zart. Frisch und mutig pellen sie sich aus den schützenden Knospen. Nur an wenigen Tagen im Jahr schafft es die Sonne, durch die dünnhäutigen Blättchen zu scheinen. Dann ist der Wald in schimmerndes Licht getunkt, und Horst und Tasso verbringen dort so viel Zeit wie irgendwie möglich. Sich selbst zu spüren in diesem Kreislauf aus Blühen, Reifen, Vergehen und Wiederkehr. Es lässt sich wunderbar nachdenken, beim Blick vom Hochufer über das bewegte, weite Wasser oder dem Betrachten der Waldameisen, wie sie scheinbar ungeordnet und sehr geschäftig umherkrabbeln, ihre Wohnung reparieren und aufstocken. Wer innehält und ganz still ist, hört sogar ihre ungezählten Schritte. Das leise Wispern, wenn sie mit den kleinen Beinchen über das alte Laub trippeln. Inne halten, das kann er gut, und beobachten, wie jede einzelne ihrer Arbeit nachgeht, Teil eines Großen und Ganzen ist und ihre Aufgaben dort erfüllt, wo sie ins Leben gestellt wurde. Dienen ohne zu murren. Horst ist allerdings klar, dass er keine Ameise ist. Das Unterrichten der kleinen Kinder in der Schule war ja ganz nett, aber nicht für immer. Er wird in diesem Mai 30 Jahre alt, der Krieg hatte jeden Lebensentwurf unmöglich gemacht. Jetzt wäre die Zeit für einen Neuanfang. Den gibt es nun übrigens für die Juden in Palästina, denn dort wird am 14.5.1948 der Staat Israel gegründet. Das bleibt nicht folgenlos. Es gibt Krieg in Nahost. Ägypten, Saudi-Arabien, Jordanien, Libanon, Irak und Syrien kämpfen gegen den neu geborenen Staat.

Horsts Neustart sieht folgendermaßen aus. Über den Sommer will er zunächst in Stralsund einen Russischlehrgang besuchen und zum Herbst hin seine Eintrittskarte für die Uni Greifswald lösen, die nebenbei bemerkt mit ihren 492 Jahren, die sie mittlerweile auf ihrem altehrwürdigen Buckel hat, zu den ältesten Universitäten in ganz Mitteleuropa gehört und seit zwei Jahren wieder geöffnet ist. Da Horst lediglich seinen Realschulabschluss vom Pädagogium in Putbus vorweisen kann, wird er dort ohne eine bestandene Sonderaufnahmeprüfung nicht zugelassen. Wenn er sie besteht, könnte er zum Herbstsemester mit seinem Studium beginnen. Er hat sich dazu entschlossen, Chemiker zu werden. Soweit der Plan. Außerdem benötigt er einiges an freier Zeit, um ein anderes Ziel anzusteuern, für

das er sich vorbereiten möchte, sobald das Wasser warm genug ist. Horst hat sich für das Sundschwimmen im Juli angemeldet. Der seit den 20er Jahren ausgetragene Wettkampf ist das älteste Langstreckenschwimmen in Deutschland überhaupt. Gestartet wird in Altefähr, Ziel ist ein Strandbad in Stralsund, dazwischen liegen 2315 Meter mit Wind und Strömung. Von den Nazis als politisches Spektakel missbraucht ist dieses Jahr das Sundschwimmen zum ersten Mal als offener Wettkampf ausgeschrieben. Das heißt für ihn, neben russisch lernen fleißig trainieren.
Aber bevor Horst am ersten Julisonntag an den Start geht, spaltet sich Deutschland in zwei Teile. Im westlichen Teil, bestehend aus amerikanischer, britischer und französischer Besatzungszone, wird ab dem 20. Juni 1948 mit neuem Geld bezahlt. Reichs- und Rentenmark sind abgeschafft, Deutsche Mark heißt die taufrische Währung. Der Name ist irreführend, denn die Bürger der SBZ bekommen sie nicht. In West-Berlin werden die Scheine besonders gekennzeichnet. Ein Riss geht durch Deutschland und Berlin, der sich weiter verschärft, als die Sowjetische Militäradministration versucht, mit Kontrollen zu verhindern, dass ihre Zone von der im Westen wertlos gewordenen Reichsmark überschwemmt wird, und deshalb unterbindet, dass Menschen zu Fuß, im Zug oder per PKW vom Westen nach Berlin, oder Ost-Berliner nach West-Berlin gelangen. Sie kontrollieren ebenfalls den Güterverkehr. Trotz aller Maßnahmen sickern Millionen Reichsmark in die SBZ, wo man aus Angst vor einer galoppierenden Inflation vier Tage später mit einer eigenen Währungsreform nachzieht. Pro Person werden im Osten 70 Deutsche Mark der Deutschen Notenbank, so der offizielle Titel der Ostwährung, ausgegeben. Nur waren die Banknoten noch gar nicht gedruckt, und so landen bei Otto die alten, mit entsprechenden Wertmarken beklebten Reichsmarkscheine in der Kasse. Panik macht sich breit. Daraufhin versuchen viele schnellstens, etwas von Wert zu kaufen, bevor ihr Geld ungültig wird. Ost-Berliner können nicht mehr in der Westzone einkaufen. In der SBZ werden Spareinlagen bis 100 RM 1:1 umgetauscht, bis 1.000 RM 5:1 und von 5.000 RM bleiben bloß 500 Mark übrig. Eine Katastrophe für all diejenigen, die im Besitz hoher Sparguthaben oder Barvermögen sind. Jetzt werden jene enteignet, die gespart hatten. Doch es kommt noch schlimmer. In der Nacht zum 24. Juni kappen die Russen die Stromversorgung von West-Berlin, sperren im Laufe des Tages Autobahn und Schienenverbindung und zusätzlich sämtliche Wasserwege. Damit ist West-Berlin faktisch von der Westzone abgeschnitten. Straßen und Wege

sowohl vom West- in den Ostsektor als auch von West-Berlin in die SBZ sind eingeschränkt passierbar. Die S-Bahnen fahren noch ins Umland. Was bedeutet das? Lassen sich das die West-Alliierten gefallen? Gibt es Krieg? Bei Töllners macht man sich große Sorgen, denn neben einer halben Million Menschen sitzen ebenso Fritz, Erika und Burchard in West-Berlin fest. Wie sollen die denn versorgt werden? Mit dem Flugzeug? Sieht so aus, denn schon zwei Tage nach Beginn der Blockade landet das erste Versorgungsflugzeug am Tempelhofer Flughafen. Berlin-Krise und Währungsreform platzen aus einem heiteren Junihimmel und treffen die meisten Menschen völlig unerwartet. Die ohnehin bereits bestehenden tiefen Gräben zwischen der Ost- und der Trizone im Westen manifestieren sich. Wie gut, dass die Töllners mich haben. Mein Wert hat immerhin einen Ersten und einen Zweiten Weltkrieg, eine Inflation und Weltwirtschaftskrise, eine Boden- und Währungsreform überstanden. Sie reden sich die Köpfe darüber heiß, was das für unsere Zukunft und die des ganzen Landes bedeutet. Kann man überhaupt noch von einem Gesamt-Deutschland reden? Schwierig. Vielleicht ist das alles nur vorübergehend. Im Westen hat sich die Versorgungslage über Nacht total gedreht, in den Geschäften liegen Waren, die man nach der langen Zeit der Entbehrung überhaupt nicht für möglich gehalten hätte. Und dieser „Marshall-Plan“, eine gigantische Finanzspritze für 16 europäische Länder, hatte wohl einen maßgeblichen Anteil daran. Um für die eigenen Produktionsüberschüsse neue Märkte zu erobern, verteilen die Amerikaner Geld von Island bis in die Türkei, von Portugal bis Österreich, in der Hauptsache nicht als Kredit, sondern mit der Auflage, davon Waren aus den U.S.A. zu kaufen. Ach so geht das. Steuergelder mit vollen Händen ausgeben, um im Endeffekt die Taschen privater Unternehmen zu stopfen. Eine ganz besondere Form der Geldwäsche. Wir kriegen nix. Das hatten die Russen erfolgreich verhindert, in dem sie die Verhandlungen im April dieses Jahres frühzeitig verließen und jedem anderen Staat innerhalb ihres Einflussbereichs verboten hatten, daran teilzunehmen. Hier sind die Geschäfte so leer wie zuvor, und bei vielen ist obendrein das Geld weg. Dazu die ernste Situation in Berlin. Lenin lässt grüßen. Hatte der nicht gesagt, dass Berlin der Schlüssel für Deutschland und Deutschland der Schlüssel für Europa sei? Manchmal frage ich mich, ob er sich seinen Kommunismus so vorgestellt hat, als er 1917 in geheimer Mission aus dem Schweizer Exil kommend mit einem verplombten Zug durch Rügen fuhr, um kurz darauf die Oktoberrevolution zu starten.

Horst und Rosemarie

Am ersten Julisamstag startet in Altefähr unser Horst beim etwas harmloseren Sundschwimmen, und, was soll ich sagen, der tolle Hecht steigt doch ungelogen mit geschwellter Brust als Sieger aus dem Wasser. Begeistert lesen wir folgenden Artikel in der Zeitung: *Töllner Sieger im Sundschwimmen. Bei leichter Südwestbrise und schwacher Gegenströmung wagten am Sonnabend in Altefähr 61 Teilnehmer, und zwar sieben unter 14 Jahren, 16 bis 18 und 38 über 18 Jahre bei 19° Wassertemperatur den Sprung ins kühle Naß. 8 bleiben nur auf der Strecke. Selbst der sächsische Erzbergbau in Aue stellte einen Teilnehmer. Gleich nach dem Start zog sich das Feld auseinander. Vier bildeten eine Spitzengruppe, von denen der Selliner Töllner die Richtung verlor. Ein das Schwimmfeld begleitendes Paddelboot wies ihn auf den richtigen Weg, so daß er trotzdem als erster in 40,25 Minuten das Ziel erreichte. Die übrigen drei folgten dicht auf.* Ein Segen, dass sich Horst trotz der zwischenzeitlichen Orientierungslosigkeit doch nicht im Sund verirrt hat. Das ist tatsächlich ein großer Erfolg. Ich gebe zu, ich bin stolz auf ihn. Er ist auch stolz, allerdings mehr nach innen als nach außen. Horst ist kein angeberischer Typ oder prahlt damit herum, aber den Artikel will er behalten und schneidet ihn aus. Hübsche Fräuleins kann man mit solchen Leistungen natürlich beeindrucken. Das kann er. Beeindrucken. Im Leipziger Schwimmbad zum Beispiel, als er sein favorisiertes Mädel auf der Liegewiese zurücklässt, auf den 10-Meter-Turm steigt, bloß um mal zu gucken, wie's von oben so aussieht. Ein Sprung vom Zehner scheint ein so seltenes Spektakel zu sein, dass alle Besucher die Hälse recken und gespannt zu ihm hochschauen. Schwer unter Zugzwang geraten traut sich Horst nicht mehr runter vom Turm. Zu blamabel ein solcher Abgang. Nach Einschätzung seiner unangenehmen Lage ist ihm zwar klar, dass der Leipziger Zehner deutlich höher ist als die Selliner Seebrücke, doch jetzt gibt es für ihn kein Zurück mehr, und er springt kurz entschlossen, wie gewohnt Kopf voran, ins Wasser. Und es klappt! Applaus! Den kriegt er auch, als er bei einem Gewinnspiel in Sellin den ersten Preis bekommt. Es soll erraten werden, wie viele Erbsen sich in einer Flasche befinden. Horst zählt die unterste Lage, rechnet hoch, denkt nach und legt sich auf 999 fest. Stimmt genau! Ist ein guter Junge, der Horst, und sehr beliebt. Hat eine blendende Figur, sieht mit seinen 30 Jahren jugendlich frisch aus, das volle Haar hat er ganz offensichtlich von der Steinheider Linie geerbt.

Obwohl er gern mit sich alleine ist und seine ausgedehnten einsamen Wanderungen und Schwimmtouren unternimmt, kann er in Gesellschaft ausnehmend unterhaltsam sein. Und entgegenkommend und anständig. Dafür hat Alma gesorgt und ihren Jungen gut erzogen. So gut, dass er bei Lenes Geburtstagsfest sogar einen sperrigen Heringskopf vertilgt. Nur um seine Tante nicht bloßzustellen. Das hat man davon, wenn man unpünktlich ist. Ebenfalls typisch Horst. Der Mann ohne Uhr. Also, Horst trudelt zur Feier etwas zu spät ein und häuft sich Reste des Heringssalates von der Schüssel auf seinen Teller. Zwischen roter Bete und Äpfeln ragt plötzlich ein Heringskopf heraus. Oh, der ist seiner Tante bestimmt versehentlich beim Putzen der Salzheringe in die Schüssel gefallen. Peinlich. Wenn er ihn an den Tellerrand legt, würde das Missgeschick ja auffliegen. Dann lieber unauffällig verschwinden lassen. Leichter gedacht als getan. Horst muss leider feststellen, dass sich solch ein Heringskopf nicht einfach so zerkauen lässt. So sehr er sich abmüht, das widerspenstige Ding will nicht so recht runterrutschen. Irgendwann ist es geschafft, das Beweisobjekt für die schlampige Salatherstellung erfolgreich vernichtet, da wird die nächste Schüssel mit Heringssalat hereingetragen. In der Mitte prangt zur Dekoration ein Heringskopf, das offene Maul mit Petersilie gefüllt. Gut gemeint, Horst, die heroische Tat war allerdings völlig umsonst; was bleibt, ist eine nette Geschichte, die gern erzählt wird. Der Rest des Sommers verläuft unaufgeregt. Wenn Horst in Sellin ist, geht er tanzen im Berliner Hof, im Kurhaus und bei „Vadder Hansen“ im Fährhaus am Selliner See, wo bis 1939 die Flugzeuge wasserten. Selbstverständlich spielen dabei die Damen der Schöpfung eine wichtige Rolle. Hübsche Frauen, wohin sein Auge blickt, kein Wunder, wo nach dem Krieg ein akuter Männermangel herrscht. Trotzdem, ich denke, es ist nichts Ernstes in Sicht. Zum Herbst wird's für ihn allerdings in Greifswald ernst. Um sein Studium beginnen zu können, muss er besagte Sonderaufnahmeprüfung bestehen. Er besteht, dennoch heißt es, dass er kein Chemiker werden kann. Vielleicht klappt es auf einem Umweg. Man rät ihm, Chemie und Geographie auf Lehramt zu studieren, nach dem Grundstudium könnte er auf Vollchemie umsteigen. Und so wird's gemacht. Horst zieht mit seinen wenigen Plünnen nach Greifswald, wo er bei einer Wirtin ein Zimmer angemietet hat, und ist ab dem 1. Oktober ein später Student an der Vorstudienanstalt in Greifswald. So wie seine Kumpels Hellmut Bartsch vom Haus Stolzenfels und Klaus Müsebeck von der Villa Wiking Hall. Natürlich wird nicht nur ernsthaft

Haus Stolzenfels (1968)

studiert. Neben aller Paukerei beginnt für sie auch eine lustige Zeit. Aber vor allem kommt wieder mehr Ruhe und Normalität ins Leben. So normal, wie eine Normalität nach einem solchen Krieg überhaupt sein kann. Der Alltag führt viele zusammen, politische Ansichten treiben viele auseinander. Otto nimmt kein Blatt vor den Mund. Er tut seine prowestliche Meinung lauthals kund und macht sich damit nicht unbedingt nur Freunde. Bürgermeister Kuhnert, der nach Kriegsende die Russen mit der weißen Fahne in Sellin begrüßt hatte, dankte den sowjetischen Genossen bei der Feier zum 1. Mai für die Befreiung von den Nationalsozialisten und fuhr fort, sie würden den Rest dann alleine schaffen, sie könnten nach Hause fahren. Das findet Otto auch, andere nicht, es fängt an zu kriseln im Gemeinderat. Zum Glück gibt es überhaupt wieder so etwas wie eine Saison und Menschen, die ihre Lust an Urlaubsfreuden in Sellin seit Ende Juli mit den neuen Geldscheinen bezahlen. Ein Jahrhundertsommer ist es nicht, dafür regnet es zu viel, doch ein Jahrhundertsommer beglückt uns leider nicht jedes Jahr. Aber jetzt will ich mal nicht meckern, die Ostküste Rügens gehört, was die Anzahl der Sonnentage anbelangt, mit zur absoluten deutschen Spitze.

Spitze sind ebenfalls die bislang erfolgreichen Bemühungen der West-Alliierten, die weiterhin abgeschnittenen armen West-Berliner mit Hilfe von Luftbrücke und Rosinenbombern nicht verhungern zu lassen. Aber wie lange soll das denn so gehen? Werden sie es schaffen, dass in der kommenden kalten Jahreszeit die Bevölkerung nicht erfriert? Eigentlich fürchtet jeder, dass die Krise dort irgendwann eskaliert. Sie eskaliert jedoch nicht, sondern bleibt auf dauerhaft hohem Niveau kritisch. Bis zum Mai 1949. Genauer gesagt, dem 12. Mai. An diesem Tag passieren für Deutschland zwei wichtige Dinge. Zum einen genehmigen die Militärgouverneure der westlichen Alliierten ein Grundgesetz, das der Parlamentarische Rat um Konrad Adenauer zuvor in Bonn ausgetüftelt hatte, und der Westzone ab September eine begrenzte Souveränität zugesteht. Zeitgleich endet die Berlin-Blockade. Große Erleichterung. Nachdem über zwei Millionen Tonnen Güter per Luftbrücke nach Berlin geflogen wurden und 55 Menschen dabei ihr Leben verloren, ist die Krise endlich vom Tisch. Was dieses westliche Grundgesetz anbelangt, stimmt einzig Bayern dagegen, akzeptiert allerdings seine Rechtsverbindlichkeit. Vier Tage später tritt das deutsche Grundgesetz in Kraft. Der Osten zieht nach. Am 30. Mai nimmt der Dritte Deutsche Volkskongress die erste Verfassung der Deutschen Demokratischen Republik an.

Was für ein Monat. Die Ereignisse überschlagen sich. Was hat das alles zu bedeuten? Ist Deutschland jetzt geteilt? Zwei deutsche Staaten? Westen, Osten? Freiheit gegenüber kommunistischem Diktat? Viele Fragen und sehr unterschiedliche Antworten. Zu unterschiedlich. Es fliegen die Fetzen im Selliner Gemeinderat, der sich auflöst und wieder neu zusammensetzt. Otto bleibt. Die Töllners sind sich in dieser Sache weitestgehend einig. Jeder auf seine Weise. Otto das aufbrausende Rumpelstilzchen, Alma sehr zurückhaltend, Horst argumentiert ruhig und sachlich. Es herrscht bei diesen weltbewegenden Fragen unterm Strich familiärer Frieden. Vielleicht ein kleiner Grund, weshalb es sich Horst nicht nehmen lässt, seine ersten Semesterferien in Sellin zu verbringen. Nicht nur Tasso wartet sehnsüchtig auf ihn. Er hat sich vorgenommen, seinen grandiosen Sundtitel vom letzten Jahr zu verteidigen. Nachdem er ein freies Zimmer bezogen hat, tut Horst das, was er am liebsten tut, wenn er sich nicht mit seinen alten und neuen Freunden von der Uni im wieder etwas heller leuchtenden Selliner Tag- und Nachtleben vergnügt. Stundenlanges Schwimmen und Wandern, immer Ausschau haltend nach dem Bernstein, den er noch nicht gefunden hat. Einen mit Insekteneinschluss. Den hätte er gerne. Neben vielen kleinen und mittelgroßen Stücken hat er drei schöne, undurchsichtige, große Bernsteine in seiner Sammlung, einen sogar mit weißlichen Streifen durchzogen. Tasso begleitet sein Herrchen freudig durch Wald, Dünen, Strand und Wasser, wo Horst seine Teststrecken schwimmt. Alles sieht vielversprechend aus, da macht ihm ausgerechnet der Hund einen Strich durch die Rechnung. Horst sitzt im Café, Tasso brav unter dem Tisch, bis er, von einem vorbeilaufenden Hund angestachelt, ruckartig an der Leine zerrt, sich der metallene Karabinerhaken tief in seinen Finger schneidet und dieser sich dummerweise entzündet. Der Finger will nicht rechtzeitig heilen. Eine herbe Enttäuschung. Horst muss den Start schweren Herzens abblasen. Glücklicherweise ist er mit einem Naturell ausgestattet, von dem ich nicht weiß, ob er damit einfach gesegnet ist, oder ob er sich diese Haltung im Krieg zugelegt hat. Er nimmt die Dinge so, wie sie kommen, lamentiert nicht lange rum. Was gewesen ist, ist gewesen, Blick nach vorne. Und hinter einer Regenfront wartet der blaue Himmel mit sonnigen Tagen und lauen Abenden, Tanz im Kurhaus und hübschen Mädchen. Und da sitzt schon wieder eins am Tisch, dem Anschein nach mit ihrer Mutter. Horst hat sie zwischen den anderen Grazien gleich erspäht. Braun gewelltes Haar, blaue Augen, volle Lippen, dezent und anmutig. Die möchte er zum Tanz auffordern. Das hat auch sein Tischnachbar vor, dem er, Schwupp, einen Stuhl vor die Beine schiebt und sich so einen ersten Tanz mit dem jungen Fräulein sichert. Das Fräulein heißt Rosemarie und verbringt mit ihrer Mutter und dem elfjährigen Bruder vierzehn Tage Urlaub in Sellin. In der großen und schmucken Pension Vineta in der Wilhelmstraße haben sie das oberste Giebelzimmer bezogen. Verabredet haben sie sich für den nächsten Tag zwar nicht, aber Horst weiß natürlich, dass sie

Villa Vineta 1949

nicht weit sein kann. Er entdeckt sie im feschen Zweiteiler sonnenbadend nahe dem Brückenhaus am Strand. Um auf sich aufmerksam zu machen, spielt Horst mit den Schmuckfäden ihres Oberteils, was die Dame, als sie erwacht, ziemlich frech findet. Diese kleine Dissonanz macht Horst schnell wieder wett. Er betört mit Charme, Witz und seinem guten Aussehen. Es ist Ende Juli, er ist wie immer knusprig gebräunt, die blonden Haare, selbst wenn sich die ersten grauen breitmachen, aus der Stirn nach hinten gekämmt, blauäugig und kein Gramm Fett auf den Rippen. Ja, unser Horst ist ein ausgesprochen attraktiver, junger Mann, attraktiv ist aber ebenso sein weibliches Gegenüber, das er nun besser kennenlernt. Sie ist schlank, sportlich und natürlich, das gefällt ihm. Keine, die sich aufdonnert oder womöglich affektiert ist. Sie kommt aus Sachsen, wo die schönen Mädchen ja bekanntlich an den Bäumen wachsen. Ihr Akzent ist eher milde ausgeprägt. Ganz im Gegensatz zu ihrem Bruder Dietmar, der lauthals kräht: „Gugge mo doh, 'n Sääschelbohd". Peinlich, finden Mutter und Tochter einhellig, denn bei der Apothekerfamilie Baldrich ist breitestes Sächsisch verpönt und gilt als unfein. Vater Georg, der im heimatlichen Mulda im tiefsten Erzgebirge seine „Adler Apotheke" betreibt, ist gebürtiger Schlesier, allerdings – wie die sechs Jahre ältere Schwester Ursel – nicht mit von der Partie. Mutter Rosa, genannt Rose, stammt ursprünglich aus Chemnitz, hat bereits 1913 in Baabe einmal mit ihrer Mutter Ella einen Urlaub verbracht. Sie ist eine unternehmungslustige, inspirierende Frau, aktiv und kulturell interessiert. Gemeinsam haben sie die Umgebung bereits erkundet, waren am Jagdschloss, in Binz und Baabe und sind durch den Buchenwald am Hochufer entlang zur Waldhalle spaziert. Und sie legt nicht unbedingt Wert darauf, permanent die Anstandsdame zu spielen, sondern lässt ihrem Töchterchen am Abend hin und wieder freien Lauf. So kann Horst ein klein wenig mehr über das reizende Fräulein erfahren. Blutjung ist sie mit ihren 21 Lenzen, hat Abitur und wird derzeit zur Chemisch-Technischen Laborantin in der Gerberschule in Freiberg ausgebildet. Das war allerdings nicht ihr eigentlicher Berufswunsch. Viel lieber hätte sie in Leipzig eine Lehre zur Buchhändlerin gemacht, nur leider sind es keine Zeiten für persönliche Wunschkonzerte. Man muss eben nehmen, was man kriegen kann, schließlich drohte denen, die keinen Ausbildungsplatz hatten, Schwerstarbeit in den Uranbergwerken in Sachsen und Thüringen. Horst hatte Anfang des Jahres während seiner Semesterferien das zweifelhafte Vergnügen, im sächsischen Schneeberg sechs Wochen unter Tage seinen

Teil der Reparationszahlungen abzuarbeiten. Bis vor zwei Jahren wurden Tausende zwangsverpflichtet, unter miesesten Bedingungen Uranerz abzubauen, damit die Russen ihr Atombombendefizit gegenüber den Amerikanern ausgleichen konnten. Seit 1947 lockt die Wismut AG gegen gute Bezahlung und Verköstigung Arbeiter aus ganz Deutschland in die Minen. Rosemarie wurde Gottlob verschont, eben Dank des Ausbildungsplatzes in der Gerberschule, dem Ausbildungszentrum der deutschen Gerberei- und Lederindustrie schlechthin. Sie ist sehr familien- und heimatverbunden, liebt das Erzgebirge und ihr Elternhaus, das direkt am kleinen Flüsschen Mulde liegt. Dem Vater gehört die Apotheke, das Wohnhaus ist gemietet. Gerade 60 geworden, macht ihm die Regierung wie so vielen Selbstständigen das Leben schwer. Rosemarie schwimmt, fährt Rad und Ski und kann toll tanzen. Na, mit Galan Horst an ihrer Seite ist sie ja hier in Sellin im Kurhaus an der richtigen Stelle. Neben den klassischen Tänzen Walzer langsam oder wienerisch, Rumba, Foxtrott oder Tango werden natürlich auch aktuelle Schlager gespielt. *Maria aus Bahia, Ich fahr mit meiner Lisa*, sogar eine Rose ist dabei. Die kommt zwar vom Wörthersee, egal, der Text passt trotzdem wunderbar:

Du bist die Rose vom Wörthersee, Du bist die Schönste im Strandcafé, alle Männer hier am Strand, mit oder ohne Sonnenbrand, glühen vor Begeisterung, kommen gleich in Schwung.

Stimmt genau. Horst kommt mit dieser Rosemarie schwer in Schwung, wobei er mit Gisela ein weiteres heißes Eisen im Feuer hat. Aber was soll's, die ist augenblicklich nicht da, also wird die famose Gelegenheit am Schopf gepackt, und so tanzt Horst mit Rosemarie zu den Klängen der Kapelle im Kurhaus. Horst führt sie gekonnt auf der Tanzfläche, und im Anschluss geht's gleich weiter durchs nächtliche Sellin bis vor meine Haustür. Was hat er denn jetzt vor? Er schwingt sich sportlich über den Zaun und pflückt eine Rose für sie ab. Die Dame ist empört über Horsts forsches Betragen. In fremde Gärten steigen und Rosen stehlen? „Na hören Sie mal, das geht doch nicht!" Fremder Garten? Rosen stehlen? Horst eröffnet der leicht verwunderten Rosemarie, die in Horst immer noch einen Sommergast vermutet, dass ich sein Elternhaus bin. Ach, was für ein zarter Augenblick! Wie sie da steht, die Rose in der Hand, und etwas ungläubig aber beeindruckt an mir hochschaut. Sie findet mich schön, und ich finde sie auch wirklich schön. Doch dann heißt es wieder Abschied nehmen. Ja, so ist das nun mal mit den Urlaubern. Sie müssen irgendwann zurück. Wie die drei Baldrichs.

Horst hat es klar erwischt. Das kann ich allein daran erkennen, wie viele Briefe er, der eigentlich schreibfaul ist, ab sofort nach Sachsen schickt. Sie bleiben nicht unbeantwortet. Bei Horst muss sich das Erlebte zunächst einmal setzen, zumal besagte Giesela wieder auf der Bildfläche erscheint. Soweit ich das beurteilen kann, hat sich das jedoch endgültig erledigt. Horst schnappt sich Tasso und transformiert wieder zum Strandläufer. Schaut in die Weite, seziert die Nähe und findet doch tatsächlich einen Bernstein, der sich nach Putzen und Polieren als der edelste seiner Sammlung entpuppt. Oder er vertieft sich in eine andere Sammlung, die er mit viel Hingabe betreut. Briefmarken. Ich gucke ihm gerne zu, wenn er ganz ruhig und geduldig am Tisch sitzt, seine Marken ordnet und sortiert. Manchmal weicht er entwertete Briefmarken vom Umschlag und schneidet nach der Trocknung den abgestempelten Teil mit einer Rasierklinge ab. Von einer anderen Marke sucht er sich das passende Gegenstück, setzt sie zusammen und fertig ist die ermogelte neue Briefmarke.
Drüben im Westen wird derweil Theodor Heuß Bundespräsident einer frisch geschlüpften Bundesrepublik Deutschland. Ihr Kanzler heißt Konrad Adenauer von der CDU, die im August die ersten Wahlen nach dem Krieg knapp vor der SPD gewonnen hatte. Und wieder zieht der Osten nach. Durch das Inkrafttreten der Verfassung am 7. Oktober wird die Deutsche Demokratische Republik offiziell gegründet und bekommt gleich zwei Präsidenten mit auf den Weg. Wilhelm Pieck und Otto Grotewohl. Eigentlicher Chef vom Janzen ist aber Walter Ulbricht, erster Sekretär des Zentralkomitees der SED. Zwei deutsche Staaten von einer Grenze getrennt. Sellin und Steinheid liegen ab sofort in der DDR. Dieses Wort schafft es nicht bis ins Töllnersche Vokabular. Hier bleibt es bei der Ostzone.
Im Nahen Osten tut sich ebenfalls was. Israel hat sich nicht nur im Unabhängigkeitskrieg durchgesetzt, sondern gegenüber der Staatsgründung im letzten Jahr gleich zusätzliche 40% mehr Territorium hinzugewonnen. Was mit den Hunderttausenden von ihrem Land und aus ihren Häusern vertriebenen und geflüchteten Palästinensern werden soll, die seitdem in überfüllten Lagern hauptsächlich in den Nachbarländern Jordanien und Libanon sitzen, ist vollkommen unklar. Im Nahen Norden, genauer gesagt in Sassnitz, leuchtet dieser Tage ein kleiner Lichtblick. Dort gründet sich das Fischkombinat Sassnitz. Dazu eine Fisch verarbeitende Industrie und eine Fangflotte mit 107 Booten. Na, das ist doch mal was. Und dass die Russen aus Sellin endgültig abziehen ebenso.

Aus dem Leben eines Bernsteins

Horst ist zum Wintersemester wieder nach Greifswald gefahren. Aus der Vorstudienabteilung, die dazu dienen sollte, den Studenten das Recht auf eine Ausbildung an einer Hochschule oder Universität zu verschaffen, wird eine Arbeiter- und Bauernfakultät, kurz ABF. Auch andere Universitäten wie Berlin, Rostock, Leipzig und die „Bergakademie“ in Freiberg richten solche Arbeiter- und Bauernfakultäten ein. Damit sind Dozenten und Studenten denen an „echten“ Hochschulen gleichgestellt. Horst kann sich freuen. Seine Romanze mit Rosemarie knospt weiter, leider bekomme ich das nicht immer unmittelbar mit, aber zu Weihnachten hin läuft er zu großer Form auf. Sie wollen sich zu Silvester in Mulda treffen, da kann er nicht ohne Geschenk erscheinen. Was liegt da näher, als den vor wenigen Wochen gefundenen Bernstein zu einem Anhänger umzugestalten. Horst verfasst eine Geschichte, die er in Großbuchstaben in ein winziges, selbstgebasteltes Büchlein schreibt und skizziert auf dem Deckblatt das Selliner Hochufer mit Strand, Wald und Wellen.

Dichtung und Wahrheit
Aus dem Leben eines Bernsteins
Erlauscht von Horst Töllner

Vor vielen tausend Jahren – die es genau zu wissen glauben sagen im Tertiär – wurde ich geboren. Wo weiß ich nicht mehr genau, es ist ja auch schon zu lange her. Dort hing ich munter an der Mutter, einer alten Baumfrau, und die warme Sonne jener Zeit durchstrahlte mich bis in den letzten Winkel, als eines Tages meine Mutter unter einem schrecklichen Sturm zusammenbrach. Mit ihr versank auch ich in einem sumpfigen Grund, und wäre nicht das Meer bei uns eingedrungen, dann hätte ich wohl hier mein Leben beschließen müssen. Doch so befreite mich eines Tages eine Woge aus der „blauen Erde“ – und seitdem war ich ein unsteter Wanderer an den Gestaden der Ostsee.

Selliner Hochufer, Horst Töllner 1949

Vielleicht lag ich schon einmal irgendwo an einem Strande, bis mich eine Welle wieder zurück ins Meer nahm. Genau weiß ich allerdings auch das nicht mehr.
Älter und älter wurde ich, mein Äußeres immer runzliger – wem geht das schließlich nicht so – und ich fürchtete schon mein Leben unbeachtet zwischen Steinen und Tang auf dem Grunde der See beschließen zu müssen. Nur wenig erfuhr ich hier von der großen Welt. Hin und wieder kamen mal ein Dorsch, eine Flunder oder eine zarte Qualle vorbei, und wenn man nach dem Neuesten fragte, dann schimpften sie auf die Menschen und auf ihre Politik, dass sie sich überall breitmachen und dabei den anderen Wesen das Leben immer unerträglicher – und man fragt sich: Mit welchem Recht?
Sogar die unschuldigen und empfindlichen Quallen sollen in Ufernähe vor badenden Sommergästen nicht mehr sicher sein. Ein kleines Flunderfräulein hatte von Tanzabenden, Tahitifahrten und Kirsch mit Rum flüstern gehört. Das wollte ein flotter Wasserkäfer gesehen haben, der einen „Nachtflug" an die Küste unternommen hatte, um sich ein wenig nach den Käferdamen umzusehen. –Nein! Was es alles gibt – Ob ich so etwas auch noch einmal erleben werde?
Dann eines schönen Tages im Spätsommer '49 trat die entscheidende Wende in meinem Leben ein, als mich eine kräftige, aber gutmütige Welle endlich auf den Strand der Insel Rügen setzte, rechts von Resten der Selliner Seebrücke bei der Steinbuhne. Nur mit Mühe konnte ich mich festklammern und lag nun zwischen Tang und Steinen mit dem festen Vorsatz, ein neues Leben zu beginnen. Doch günstig schienen mir die Aussichten dafür gar nicht, nachdem ich mich in Ruhe und mit ehrlicher Selbstkritik betrachtet hatte. Die vielen Jahre waren nicht spurlos an mir vorübergegangen. Äußerlich rau und zerschunden mit einigen Sprüngen bis in mein Innerstes – und alle Welt hat ja bald nur noch Augen für „das Außen" – waren meine Chancen, als echter Bernstein erkannt zu werden, recht gering. Und wir träumen doch schließlich alle davon, einmal als „Schmuckstück" glänzen zu können.
Da, an einem sonnigen Vormittag, so Anfang September, kommt ein Mensch, die Augen suchend auf den Boden gerichtet, den Strand entlang und – Neptun und allen guten Göttern sei Dank – Ich werde entdeckt zwischen all den gewöhnlichen Steinen! Er nimmt mich auf, und nach eingehender Betrachtung lande ich in der Hosentasche „noch" weißer Shorts.
Nach einigen Tagen, an einem Sonnabend-Nachmittag musste ich Fürchterliches erdulden. Wurde befreit und endlich schön poliert. Nun bin ich äußerlich wieder standesgemäß – wie einst – und vielleicht geht nun in Erfüllung, was ich träume seit vielen tausend Jahren.
Ein Schmuckstück zu sein.

Und was für ein Schmuckstück ist dieser Bernstein. Der König unter all den Bernsteinen, die Horst bisher gefunden hat. Klar und von einer dunkel honiggelben Farbe, als würde das Licht der alten Sonne noch ein wenig in ihm weiterglühen. Leider ohne Insekt. Mit Öse und Kette versehen trotzdem ein stattliches Weihnachtsgeschenk, das Rosemarie hocherfreut entgegennimmt, als sie sich nach den endlosen Wochen des Wartens wiedersehen. Horst war von Baldrichs nach Mulda eingeladen worden, wo er kurz nach Weihnachten eintrifft, um mit Rosemarie zu Silvester anstoßen zu können. Das Weihnachtszimmer strahlt eine wohlige Behaglichkeit aus. Das Räuchermännel pafft gemütliche Weihrauchschwaden, eine Pyramide dreht ihre hypnotisierenden Endloskreise, Airedaleterrier Artus und Dackel Waldi haben es sich auf dem Teppich bequem gemacht, einige Geschenke liegen unter dem Baum, an dem nicht viel silbern glänzt. Bis auf schüttere Lamettafäden an den Spitzen. Lametta ist derzeit schwierig aufzutreiben genau wie die mit Silberpapier umhüllten Schokoladenanhänger, die der kleene Dietmar gern vom Baum zupfen würde. Geschmückt wird mit Strohsternen und Holzanhängern. Rotkäppchen, Sterntaler, Nikolaus. Bunte Laubsägearbeiten, selbstgemacht, oder die, die man während des Krieges gegen eine Spende beim Winterhilfswerk kaufen konnte. Die Weihnachtsdecken sind eigenhändig bestickt, die Teeschalen dickwandig und weit. Ein Geschirr aus Garmisch, blau gerandet, mit Alpenblumen verziert. Zum Teestündchen gibt es Plätzchen und den eigenen Stollen. Hier ist echt was los. Heitere Stimmung. Lachapotheke hat Tante Suse, Roses beste Freundin, das Haus an der Hauptstraße mal genannt. Das passt. Es wird geflachst, jeder kommentiert, allen spritzig voran Mutter Rose, die immer für ein Späßchen zu haben ist. Ununterbrochen sächsisches Geschnatter oder, wie Horst sagen würde, Geschapper um ihn herum. Etwas gewöhnungsbedürftig für seine norddeutschen Ohren. Ihm schwirrt der Kopf. „Nu, weeste noch, als der Artus in der schläschtn Zeit die Butter von den Stollen geschleckt hat?“. Und die kleene Ursel, nee, als die nach Rosemaries Geburt gefragt wird, ob sie sich über ihr Schwäsderschn freut, da sacht die doch glatt: „‘N Schäferhund wär mir lieber gewäsn.“ „Na ja, und die Rosi, ist och keen rechtes Unschuldslamm. Hat nach ‘nem Streit die Ursel, die nu grad im Garrdn uff der Liesche in der Sonne brätelt, mit ‘ner safftschen Bürrne mitten ins Gesischt getroffen.“ Man stichelt gern bei Familie Baldrich, wer sisch uffräscht, hat Päsch gehabt, man nimmt sich gegenseitig auf die Schippe, legt sich rein, wobei die Jüngeren häufiger den Kürzeren ziehen. Das kennt der Horst gar nicht. Hackordnung? Konkurrenzkampf? Ihm, der als kindliches Zentralgestirn der Familie nie teilen oder auf kleinere Geschwisterchen Rücksicht nehmen musste, ist das ganz und gar fremd. So sitzt er mit seinem weißen Strickpulli auf dem Sessel und hört der quirligen Unterhaltung aufmerksam zu. Der Seestern, wie er hinter den Baldrichschen Kulissen genannt wird.

Ursel Baldrich

Vor den Kulissen sitzt besagte Ursel auf gepacktem Rucksack. Sie ist ein aparter Typ, dunkel wie der Vater, burschikos, schlagfertig und lebendig. Und auf dem Sprung. In ein paar Tagen will sie über die grüne Grenze und ab in den Westen zu ihrem Günther, der in Leverkusen bei einer Firma Bayer bereits eine Stelle hat. Georg bedauert das, denn seine Tochter hatte ihn über die letzten Jahre hinweg bei der Arbeit in der Apotheke tatkräftig unterstützt. Eigentlich wollte Ursel ebenfalls Apothekerin werden. Das Vorexamen, die Eintrittskarte fürs Pharmaziestudium, hatte sie bereits in der Tasche. Aber dann kam der Krieg. Zuerst in einer Chemnitzer Apotheke dienstverpflichtet, dann ausgebombt. Was tun? Die Universitäten waren noch geschlossen. Schließlich machten die Russen die Bergakademie auf, ein halbes Jahr später wieder zu, Ursel hatte sich gerade für Chemie und Physik eingeschrieben. Also wieder zurück in die Apotheke zum Vater.

Von diesem Vater Georg sieht Horst bei seinem Besuch nicht so viel. Der ist eher zurückhaltend und ernst. Ab und an guckt er vorbei und verschwindet nach einem Viertelstündchen wieder nach unten in seiner Apotheke, mischt Hustensäfte, Salben, Tees. Georg produziert Vieles selbst. Als die Russen noch in Mulda waren, wurde so manche am Ende unbezahlte Spezialrezeptur bestellt. Blaues Kupfersulfat, zwei Eigelb, ein bisschen dies, ein bisschen das, dazu eine Prise gestampftes Prontosil, ein antibakterielles Mittelchen, dann in Flaschen abgefüllt, und fertig war die russische Sondermischung gegen Geschlechtskrankheiten. Die Russen sind nun weg, die Probleme nicht. Georg benötigt für die Herstellung seiner Arzneien mancherlei Zutaten, die man ihm als privatem Unternehmer nicht in ausreichender Menge

zur Verfügung stellt. Die staatlichen Apotheken werden bei der Zuteilung bevorzugt. Georg macht sich um den Erhalt seiner „Adler Apotheke" ernste Sorgen, was die Stimmung im Weihnachtszimmer nicht nachhaltig beeinträchtigt. Da sitzen des weiteren Onkel Christian und Tante Hede, Cousin und Cousine von Georg aus Breslau, die nach dem Krieg in Mulda strandeten, das Nesthäkchen Dietmar, und Roses Mutter Ella. Sie ist vor zwei Jahren aus Chemnitz hier hergezogen, nachdem ihr Mann bei einer Gasvergiftung ums Leben kam. Seitdem unterstützt Ella ihre Tochter, macht Hausarbeiten, näht und stickt. Auf Horst strömen so viele neue Eindrücke ein, da ist er dankbar für eine Pause. Sie drehen die eine oder andere Runde durch den Ort, wobei der nicht sonderlich sehenswert ist. Mit seinen rund 2.300 Einwohnern liegt er lang ausgestreckt im Tal der Freiberger Mulde, umgeben von geschwungenen Hügeln vor den Toren Freibergs, wo Rosemarie ihr Abitur gemacht hat und mit ihrer Freundin Christel, die ebenfalls auf der Gerberschule ist, bei deren Familie wohnt. Die Anbindung an das 40.000 Einwohner zählende Städtchen ist problemlos. Wenn Züge fahren. Die berühmte Bergakademie, Dom, Theater, sowas hat Mulda nicht zu bieten. Der Bahnhof, ein paar Geschäfte, eine Kirche, das Rittergut, mehr ist hier nicht. Waldreich ist die Gegend. Hier wächst der Rohstoff, der Muldas großes Sägewerk füttert, dort zugeschnitten und in verschiedenen Betrieben weiterverarbeitet wird. Firma Heinze stellt Kleiderbügel im großen Stil her und exportiert sie von hier aus bis ins Ausland. Der schicke Olaf, Frau Heinzes Sohn, war zwei Jahre mit Rosemarie verbandelt, bevor er zum Studieren gen Westen verschwand. Damals war sie außerordentlich betrübt, aber Olaf ist Geschichte. Ebenso der etwas streitlustige Peter, von dem sie sich nach dem Sommerurlaub in Sellin endgültig getrennt hat. Freie Bahn für Horst, der froh ist, an der frischen Luft mal mit Rosi allein sein zu können. Bis auf Artus und den schwarzen Langhaardackel Waldi, die mit wackelnden Ohren neben ihnen durch den Schnee traben. Waldi war sogar schon mal in Russland, wobei das eine traurige Geschichte ist. Eigentlich gehörte er Tante Suses Sohn Kurt. Bereits als Kind kam er oft mit seiner früh verwitweten Mutter aus dem nahen Dresden in die Lachapotheke, nachdem die fortschrittliche Tante Suse den Führerschein gemacht hatte, im eigenen DKW. Die Kinder verstanden sich bestens, Kurt – genauso alt wie Ursel – hatte keine Geschwister. Man ging wandern, schwimmen, machte eine kleine Urlaubsreise nach Stuttgart. Aus Kindern wurden Jugendliche, aus Rosemarie ein Backfisch, und der begann für Kurt zu schwärmen. Das war mitten im Krieg. Kurt wurde eingezogen, musste nach Russland und Waldi durfte mit. Beim Abendspaziergang mit seinem Dackel an einem Juliabend 1943 in der Nähe von Stalino im Donezbecken hob er eine Granate auf, die in seiner Hand explodierte. Kurt erlag einen Tag später seinen Verletzungen. Als der Todesbote an Tante Suses Tür klingelte, stand sie gerade in Kurts Zimmer und strich die Wände weiß. Er hatte einen Studienplatz für Medizin bekommen und sollte bald zu Hause eintreffen. Waldi überlebte das Unglück, wurde per Zug auf die lange Reise zurück nach Dresden geschickt und landete dort nach sieben Wochen unbeschadet. Weil Tante Suse vor Trauer und Schmerz sich nicht im Stande sah, den Hund zu versorgen, fuhr Rosemarie nach Dresden und holte den Dackel aus seinem Bretterverschlag am Bahnhof nach Mulda. Als Dresden im Februar 1945 in Flammen aufging, half Tante Suse in der Nähe des Bahnhofs bei der Versorgung von Verletzten. Sie lief zur Wohnung, schnappte sich Kurts Bild und rannte durch die brennende Stadt in den Großen Garten, wo sie die Schreckensnacht überstand. Das Schwarzweißfoto, ein Portrait Kurts in Wehrmachtsuniform, ist zwar an einer Ecke leicht verkohlt, ansonsten jedoch heil geblieben, was man von der Stadt, die man einst „Elbflorenz" nannte, nicht gerade behaupten kann. In Dresden ausgebombt wohnte Tante Suse einige Zeit in der Lachapotheke, in der keiner mehr lachte. Mittlerweile bei einer Freundin in Süddeutschland untergeschlüpft versucht sie, ein neues Leben zu beginnen.

Für Horst und Rosemarie, für Töllners und mich hier in Sellin beginnt zu Silvester das neue Jahr und ein neues Jahrzehnt. Prost! Schlimmer als das letzte kann es wohl kaum werden. Aber das hätte ich 1919 vermutlich auch gesagt. Lene fragt sich ebenfalls, was das nächste Jahr so bringen wird, nachdem ihr Mann Erich gestorben ist. Jetzt muss sie ihre „Granitz" ganz alleine führen. Horst ist wieder an der Uni, schaut hie und da mal an einem Wochenende vorbei. In ein Sellin, das dieser Tage eigentlich relativ gut dasteht, von der nach wie vor schlechten Versorgungslage einmal abgesehen. Die gesundheitliche Versorgung ist ordentlich. Wir haben neben Apotheke, Drogerie, Hebamme, Gemeindeschwester und Zahnarzt ebenso ein Landambulatorium zu bieten, die schwereren Fälle müssen nach Bergen in die Poliklinik. Die ganz schweren Fälle werden verhaftet. So wie Horst im Juni. Ach Herrje, das war ein Schreck. Ein nachträglicher, denn als wir davon erfahren, war er wieder munter zu Hause. Dort erschien Mitte Juni ein Beamter des Staatssicherheitsdiensts, der sich als Beauftragter eines gewissen Majors ausgab. Horst wurde aufgefordert, ihn in seinem Wagen zu begleiten, um dort eine wichtige Unterredung zu führen. Horst erklärte, dass er diese Vorwände reichlich plump fände, woraufhin der andere sich als Kripobeamter auswies. Dann ging's direkt ab ins russische Untersuchungsgefängnis, wo er vier Tage und Nächte von sowjetischen Offizieren vernommen wurde. Teilnahme an einer Untergrundbewegung, Antisowjethetze und ähnliches waren die Vorwürfe. Horst gab nichts zu und wurde zusätzlich aufgefordert, Namen von Freunden und Bekannten zu nennen, die für solche Vergehen in Frage kämen. Sogar mit Sibirien drohten sie dem armen Horst mehrfach. Erfolglos. Er ließ sich nicht einschüchtern und wurde nachts laufen gelassen. Trotzdem ein kleiner Schock, vor allem als sich rausstellt, dass ihn ausgerechnet der Kommilitone im Auftrag des Innenministeriums der UdSSR (NKWD) bespitzelte. Für den hatte er noch im letzten Jahr hier in Sellin eine Unterkunft für seinen angeblich privaten Sommerurlaub besorgt.

Die Schwiegerfamilie

Einen wirklich privaten Sommerurlaub haben Horst und Rosemarie für dieses Jahr geplant. Sie kommen nach Sellin! Die Unterkunft für das junge Glück muss nicht besorgt werden, die bin selbstverständlich ich. Alma und Otto haben Rosemarie eingeladen. Sie erzählt und plaudert gern, ich höre aufmerksam zu:
Große Erleichterung, dass Ursel sicher im Westen gelandet ist. Den Krieg hat die Familie leidlich überstanden. Mutter Rose wurde von einer Bekannten, die bei Baldrichs zum Kaffeeklatsch eingeladen war, denunziert, weil Rose bedauerte, dass so viele junge Männer an den Fronten verheizt würden. Eine Nacht bei der Gestapo in Freiberg war der Preis, den sie für diese Äußerung bezahlen musste. Bei einem Tieffliegerangriff wurde Rosemaries Freundin, die neben ihrer Mutter im Straßengraben Schutz suchte, einen Tag vor Kriegsende tödlich getroffen. Als Dresden brannte, war der Himmel rot. Die Sirenen und die Weihnachtsbäume, die der Markierung der Angriffsziele dienten, kann Rosemarie nicht vergessen. Zusammen mit Ursel und einer Freundin machte sie sich mit ihren 16 Jahren und den Rädern auf den Weg, um den vorrückenden Russen zu entkommen. Bloß schnell dahin, wo die Amerikaner sind, doch kaum waren die Mädchen da, wo sie die Amis vermuteten, waren die schon wieder weg. Irgendwann konnte und wollte Rosemarie nicht weiter, sie kehrten um und reisten auf dem Dach komplett überfüllter Züge zurück. In Mulda hatte es Vergewaltigungen gegeben. Auch in der Apotheke tauchten Russen auf. Einer trat ins Schlafzimmer, wo Rose mit dem kleinen Dietmar im Bett lag. „Mama?“ wollte er wissen, und als Rose dies bestätigte, entdeckte der Soldat in sich einen denkwürdigen Anstand, drehte sich um und ging wieder. Was für ein Segen, dass Ursel und Rosemarie von den Übergriffen verschont blieben. Nicht verschont wurden sie vom Hunger und Mangel der Nachkriegsjahre. Rosemarie ist eindeutig zu dünn, das bemerkt Alma natürlich und häuft ihr reichliche Portionen auf den Teller. Ach, und der plötzliche Tod ihres Großvaters Emil in Chemnitz. Rosemarie ist selbst nach zwei Jahren noch nicht drüber hinweg. Er war doch noch so gut beieinander mit seinen 75 Jahren. Nu‘ ja, dann kriegte die Großmutter Ella einen leichten Schlaganfall und erholte sich schön in Mulda, da setzte Emil Kartoffeln auf, stellte fest, dass die Gasversorgung mal wieder unterbrochen war, vergaß den Herd abzudrehen und machte es sich in seinem Sessel bequem. Als die

Versorgungsunterbrechung behoben war, konnte das Gas unbemerkt ins Zimmer strömen. Als man Emil fand, war er für immer eingeschlafen. Der andere Großvater? Rosi hat Heinrich Baldrich nie persönlich kennengelernt, da er bereits 1929 starb. Gymnasiallehrer war er, für Griechisch und Latein, erst in Glaz, danach in Gleiwitz. Eine beachtliche Karriere hatte er hingelegt dafür, dass er aus reichlich ärmlichen Verhältnissen stammte. Weber waren Vater und Vorfahren im schlesischen Langenbielau gewesen. Heinrichs Vater musste sogar sein eigenes Bett versetzen, um sich Wolle kaufen zu können. Später nach seiner Pensionierung forschte und verfasste Heinrich Schriften über den launischen Rübezahl, den sagenumwobenen Waldgeist des Riesengebirges. Heinrichs Ehefrau Marie, Rosemaries Großmutter, starb wenige Tage nach der Geburt ihres zweiten Kindes Heinrich im Kindbett. Die Geschichte, die sich um ihren Tod rankt, ist gruselig. Aufgebahrt lag sie im Sterbebett. Großvater Heinrich verzichtete auf die traditionelle Totenwache. Am nächsten Morgen machte er eine grausige Entdeckung, an der er ein Leben lang leiden würde. Wahrscheinlich nur scheintot hatte seine Frau Marie wohl noch einmal das Bewusstsein erlangt, war aus dem Bett geklettert und brach nach wenigen Schritten endgültig tot zusammen. Rosemaries Vater wuchs mit einer Zugehfrau auf, studierte in München Pharmazie, zog als Sanitäter mit einer Feldapotheke auch über die Schlachtfelder Verduns, kam unversehrt aus dem Grauen zurück und lernte Rose kennen. Auf einer Bank oben auf dem Predigtstuhl, dem Hausberg in Bad Reichenhall. Dort saß die 16-jährige Rose mit ihrer Mutter und genoss gerade die Aussicht, als sich Georg schwungvoll bei den Damen mit den Worten vorstellte: „Baldrich heißt die Kanaille." Die Kanaille ist elf Jahre älter und musste ein paar Jahre warten, bis er sein Rosel heiraten konnte. Das war nur möglich, weil Rose zum Katholizismus konvertierte. Auf dem Papier zumindest. Weil Rose so großes Heimweh nach ihrer sächsischen Heimat und der Familie hatte, wurden die in Stuttgart aufgeschlagenen Zelte abgebrochen, und das junge Paar schlüpfte bei Roses Eltern in Chemnitz unter. Dort waren die Verhältnisse einigermaßen stabil, so stabil es während Inflation, des Verlusts von Spareinlagen und Massenarbeitslosigkeit eben sein konnte. Großmutter Ella stammt aus einer Tischlermeisterdynastie, die es mit der Herstellung von Möbeln, Parkett und Billardtischen zu einigem Wohlstand brachte. Großvater Emil war eigentlich Erbe eines kleinen Gutshofs auf dem sächsischen Land, aber seine Stiefmutter verjagte ihn nach dem Tod des Vaters regelrecht vom Hof. Er ging nach Chemnitz und wurde Sattlermeister. Ursel erblickte dort das Licht der Welt, Rosemarie dann in Rußdorf, einem kleinen Ort im Landkreis Zwickau, wo der Vater eine erste Stelle in einer Apotheke ergatterte.

Ursel, Rose und Rosemarie 1933

1936 kaufte Georg in Mulda eine Apotheke, und Familie Baldrich zog in das im Tal der Freiberger Mulde liegende kleine Städtchen, wo nach zwei Jahren Dietmar zur Welt kam. Für Ursel mit ihren 16 etwas peinlich, denn so mancher im Dorf glaubte, dass es ihr Baby war, mit dem sie umherschob, aber der Micke, wie Rosemarie in ihrer Familie genannt wird, macht es Spaß, sich um ihr Brüderchen zu kümmern.
Mit jeder Geschichte, die sie erzählt, lerne ich Horsts Freundin besser kennen. Ich habe gespannt zugehört und sie beobachtet. Ihr gefällt es bei uns. Das spüre ich. Manches ist ihr fremd. Tassos persönliche Couch zum Beispiel, auf der sich der völlig verflohte Hund gerne auf dem Rücken räkelt. „Tasso, sollst dich nicht so unanständig hinlegen", meint dann Alma immer. Die Couch steht im ersten Zimmer rechts hinter der Haustür, da wo immer noch Fritz' alter Sekretär steht und am Vormittag alle Gesellen und Hausangestellten rund um einen großen Tisch sitzen und gemeinsam frühstücken. Rosemarie findet die Privatliege ziemlich unappetitlich, und außerdem sollte sich Horst schleunigst um Tassos Flohbefall kümmern. Als Horst ihr erzählt, dass in der kalten Pracht, unserem selten genutzten

Weihnachtszimmer, der geschmückte Baum manchmal bis Ostern stehen bleibt, weil keiner die Zeit findet, ihn abzuschmücken, scheint ihr auch das ein wenig seltsam zu sein. Trotz des wurschtigen Umgangs mit manchen Dingen kommen wir, ich schließe mich da ganz bewusst mit ein, bei der jungen Dame gut an. Und wir sind stolz darauf, dass sich Horst so ein hübsches, unkompliziertes, sportliches Mädel angelacht hat.

Rosemarie Baldrich um 1948

Was Rosemaries Sportlichkeit anbelangt, kommen bei Horst allerdings Zweifel auf, als er mit ihr zu einer seiner Mammuttouren aufbricht. Hochuferweg nach Binz, der ist zwar wunderschön, aber weit. Rosemarie wird es flau vor Hunger, Horst macht sich Sorgen, ob Rosemarie nicht belastbar oder gar kränklich ist. Ich würde sagen, Horst, du bist echt weltfremd. Nicht jeder kann so wie du ohne Speis und Trank stundenlang unterwegs sein. Rosemarie macht bei Horsts Freunden einen guten Eindruck, es geht lustig zu, wenn sie gemeinsam unterwegs sind. Schwimmen, sonnen, wandern, für jede Wetterlage gibt es ein Programm. Rosemarie ist für alles zu haben, nur an Fossilien und Rückseitenwetter ist sie nicht sonderlich interessiert. Trotzdem, es ist was Ernstes. Das ist nicht zu übersehen. In zärtlichen Momenten sagt Horst schon mal Rosemie zu ihr. Schade eigentlich, dass die Ferientage so schnell vorbei sind, ich wäre bei diesem romantischen Vergnügen gerne länger dabei gewesen, doch dann sind die Koffer gepackt, und sie zwitschern wieder ab zu ihren Reagenzgläsern, Formeln und Prüfungen. Das hat was Beruhigendes. Die jungen Leute basteln an ihrer Zukunft, es gibt überhaupt wieder so etwas wie eine Zukunft.
Gäste finden nach wie vor nach Sellin, die neue Grenze macht da keinen großen Unterschied. Dennoch möchte man von Seiten der Kurverwaltung die Urlauber zu gerne davon überzeugen, dass die Perle der Ostsee ihre Attraktivität auch nach der Hauptsaison nicht verliert. Saisonverlängerung heißt das Stichwort. Dazu schreibt Ottos Freund Franz Lommatzsch im Badeprospekt für dieses Jahr: *Hat schon der Frühling in Sellin seinen*

bestrickenden, herben Reiz, so entfaltet dieses gesegnete Stück Land nach der Fülle des Sommers seinen ganz besonderen Zauber in dem langen, farbendurchglühten Herbst. Das milde Inselklima, das sogar im Herbst noch volle Sonnentage beschert, hält das Laub bis weit in den November hinein auf den Bäumen fest. Viel zu wenig noch kennen die Erholungssuchenden die schwere Süße der sanften Herbstluft Sellins, die Sonnenuntergänge von hinreißender Schönheit, die weichen Abende am Meer. Wenn es im Sommer an Zeit mangelt oder wer keinen Platz findet, soll sich nicht scheuen, den schönen, milden Herbst Sellins zu genießen und sich so auch in der Nachsaison zu erholen.
Wer Sellin erst einmal kennt, der gewinnt es lieb. Sehr viele unserer Gäste kommen alljährlich wieder – manche seit Jahrzehnten – weil sie sich in Sellin immer wieder wohl fühlen und wissen: Mit allen Kräften wird Sellin stets seinen Gästen dienen.
Der farbendurchglühte Herbst. Hört sich gut an und ist genau so. Wunderschön die gefärbten Blätter, wie sie spät von den Bäumen wirbeln, von kleinen Wellen an den Strand geschwappt als leuchtende Tupfer am Strand liegen. Das bunte Laub und die weißen Kreidefelsen. Die letzten samtigen Tage. Oft ganz ruhig. Kaum Menschen. Vereinzelt kreischen Möwen, Bachstelzen schnurren auf dünnen Beinchen den Strand entlang. Die schwere Süße der sanften Herbstluft.
Draußen ja, aber nicht im Gemeinderat. Da ist die Luft dick. Es kocht, und Otto brodelt mit. Er ist sich mit Franz einig. Sie sind gegen die kommunistischen Tendenzen der SED. Franz Lommatzsch tritt aus der Partei aus. Otto will das eigentlich auch, Franz rät ihm ab. Immerhin sei Otto Mitglied im Aufsichtsrat der Bank und Gemeindevertreter, es wäre ein zu großer Verlust für den Ort, wenn er gegenüber den anderen unfähigen SED-Gemeindevertretern nicht mehr die Belange des Ortes vertreten würde. Zuletzt hatte Otto sich so dafür eingesetzt, dass trotz Grenze die West-Berliner weiterhin als Kurgäste in Sellin willkommen sind. Otto geht nicht mehr zu den Parteiversammlungen, macht Äußerungen gegen die „Partei neuen Typus". Scharfkantige Risse ziehen sich durch die Gemeinde und das Land. Viele finden, dass es ein alarmierendes Symptom ist, wenn das Ministerium für Volksbildung das öffentliche Abspielen anglo-amerikanischer Musik verbietet, oder Fahrzeuge, die in der DDR zugelassen wurden, nicht mehr nach West-Berlin fahren dürfen. Wer an der Grenze geschnappt wird, muss seit Januar mit drei Monaten Haft rechnen. Wobei sich der Westen ja auch nicht gerade mit Ruhm bekleckert. Als die FDJ zu Pfingsten in Ost-Berlin zum Deutschlandtreffen der

Jugend einlud, wurde den 30.000 aus dem Westen Eingereisten seitens der Bundesrepublik die Rückkehr untersagt. Sie sollten sich namentlich registrieren und wegen „Seuchengefahr" eine ärztliche Untersuchung vorweisen. Ein Erich Honecker, Vorsitzender der FDJ, versorgte die auf DDR-Gebiet Gestrandeten umgehend mit Zelten, Bettwäsche und Gulaschkanonen. Nach zwei Tagen durften sie zwar einreisen, bereits sechs Wochen später wird der westliche Ableger der FDJ, der sich sehr gegen die Wiederbewaffnung der Bundesrepublik eingesetzt hatte, dort letzten Endes verboten. Herrn Honecker wiederum wählt man, durch sein tatkräftiges und gut organisiertes Eingreifen beim Grenzkonflikt gestärkt, im Juli ins Politbüro der SED. Das wäre was, wenn die Organisation öfter mal so fabelhaft klappen würde. Die Versorgungslage ist auf gut deutsch weiterhin beschissen. Die Menschen versuchen, sich den widrigen Bedingungen anzupassen.
Rosi hat erzählt, dass sie in Mulda die Knospen von Sumpfdotterblumen in Essig einlegen, damit sie für ihren Kartoffelsalat zu Weihnachten einen Kapernersatz haben. Im Winter beheizen viele nur ein einziges Zimmer, um Brennmaterial einzusparen. „Stubben roden" ist nach wie vor an der Tagesordnung, alles ist knapp. Otto macht es wenig Spaß, unter diesen Bedingungen seine Fleischerei zu führen. Schlachten tut er nicht mehr selbst, er bezieht die Ware von der Verteilungsstelle in Bergen. Es bleibt ihm nichts anderes übrig. Darüber tröstet auch kein Begrüßungsgeld für jedes neu geborene Baby hinweg. Im Westen hingegen konnte in diesem Jahr der letzte Bezugsschein, der für Zucker, abgeschafft werden. Da träumt der Osten von. Otto träumt von Bohnenkaffee, andere von einer Wiedervereinigung. Otto Grotewohl schlägt als möglichen Schritt in diese Richtung die Bildung eines „Gesamtdeutschen Konstituierenden Rats" vor, den Konrad Adenauer im Januar 1951 ablehnt. Er fordert im Gegenzug eine freie gesamtdeutsche Wahl, schön wär's, bloß danach sieht es im Moment nicht aus. Genauso wenig, wie es danach aussieht, dass die Selliner Seebrücke wieder aufgebaut wird. Aber Straßen umbenennen, das können sie. Vor zwei Jahren mutierte die Fürst-Franz-Allee zur August-Bebel-Straße, und seit Juli heißt die Selliner Prachtstraße nicht mehr Wilhelmstraße sondern Wilhelm-Pieck-Straße. In Prora tut sich allerdings wirklich was. Das Betonungeheuer zuckt mal wieder. Tausende von Arbeitern setzen die von den Russen teilweise gesprengten Blöcke wieder in Stand. Kasernen entstehen. Eine Infanterieschule für nahezu 1.000 Mann gibt es bereits.

Darüber hinaus soll die Polizei einziehen. Viel erfahre ich nicht, das Gebiet um Prora ist zum Sperrgebiet erklärt worden. Für Otto wird in diesem Jahr die SED zum absoluten Sperrgebiet. Rausgeschmissen haben sie ihn. Manche sagen mit Schimpf und Schande, wobei das vielleicht sogar ein Kompliment ist, wer weiß das schon so genau. Ein von vielen gefürchteter, linientreuer Genosse hatte wahrhaftig beantragt, Otto wegen „Sabotage am Aufbau“ verhaften zu lassen. Dazu kommt es nicht. Zum Glück. Allerdings bedeutet dies, dass Otto seitdem unter sorgfältigster Beobachtung durch den Staatssicherheitsdienst und K5, einer ihrer Sonderabteilungen, steht. Trotzdem, alles besser als das, was dem Selliner Bürgermeister Rix im Frühjahr dieses Jahres passiert. Er wird einfach umgebracht. Kommt mit seinem Freund aus dem Theater in Putbus und verabschiedet sich vor dessen Haus in der Kirchstraße. Dort wird ihm aufgelauert, er versucht zu fliehen, Schüsse fallen. Der Freund, der Arzt ist, darf dem Schwerverletzten nicht helfen. Der Bürgermeister stirbt, sein Leichnam irgendwo im Wald verscharrt. Am nächsten Tag heißt es im Gemeinderat, Reaktionäre hätten ihren treuesten Genossen erschossen. Ein Kranz soll bestellt werden. Daraus wird nichts. Stattdessen kriegen alle Beteiligten einen strammen Maulkorb verpasst. Kalte Mauern des Schweigens entstehen rund um die Geschehnisse dieser Nacht. Die Bemühungen, die Leiche des Bürgermeisters zu finden, bleiben erfolglos. Die Stimmung ist aufgewühlt. Hilfreich, möglicherweise sogar überlebenswichtig, wenn man Freunde hat. Und die hat Otto. Alma Wittstock von schräg rechts gegenüber im alten Backsteinhäuschen, die Miebachs, Bäckerei Holz nebenan. Der hintere Teil des Grundstücks ist an Kempes verkauft worden, die darauf ein kleines Häuschen bauten, bei dem Teile der alten Gefangenenbarracke aus dem Ersten Weltkrieg gleich mitverwertet wurden. Eingezogen sind dort Fritz und Hanni, Tante Käthes Tochter, und ihre beiden Töchter. Alma und Otto sind sozusagen von Wohlgesonnenen umzingelt, und der Laden ist voller Kunden.

Verlobung und Hochzeit

Beglückende Nachrichten erreichen uns auch von Horst. Im Juni besteht er sein Examen an der Uni, und am 12. August feiert er mit Rosemarie in Mulda Verlobung. Große Freude. Im Anschluss statten sie uns einen Besuch ab. Aus dem gesiezten Fräulein Baldrich ist die Rosi geworden. Die nahe Zukunft sieht vielversprechend aus. Horst unterrichtet ab Herbst als Dozent bei der ABF (Arbeiter- und Bauern-Fakultät) sein Traumfach Chemie, Rosi zieht nach Greifswald, und sie planen ihre Hochzeit für Ostern nächsten Jahres. Otto freut sich, als er erfährt, dass das angedachte Datum auf seinen Geburtstag fällt. Die Stimmung hebt sich. Zumal endlich die Lebensmittelrationierung aufgehoben wird. Leider nicht für Zucker, Fett und Fleisch. Kaffeebohnen sind weiterhin dünn gesät. Und das, wo Otto doch so gerne seinen „Kaffe" trinkt. Trotz alledem schöpfen wir Hoffnung. Womöglich haben wir zu früh genörgelt und die Engpässe waren nur vorübergehend. Sollte es tatsächlich aufwärts gehen? Möglicherweise sogar in Richtung Wiedervereinigung? Aus Moskau treffen Angebote ein. Dort kann man sich die Ausarbeitung eines Friedensvertrages mit allen Kriegsteilnehmern vorstellen. Es ist von einem wiedervereinten, neutralen und demokratischen Deutschland die Rede. Der Westen hält das Angebot Stalins, die sogenannte Stalin-Note, für einen Bluff. Adenauer lehnt ab. Er will als erstes die gesamtdeutschen freien Wahlen. Es geht hin und her. Zuerst die Wahlen oder zuerst der Friedensvertrag? Was führt Stalin eigentlich im Schilde? Hat er Angst, dass bei freien Wahlen die Kommunisten nicht die stärkste Kraft werden könnten? Und Adenauer? Soll er auf Stalins Angebot eingehen und damit seine Verhandlungen hinsichtlich einer Integration der BRD in ein westeuropäisches Bündnis auf Eis legen? Vielleicht ist er sich ja selbst nicht sicher, ob seine Fraktion bei einer freien Wahl überhaupt als Sieger hervorgehen würde, wo doch die SPD traditionell in der Ostzone eine große Anhängerschaft hat? Man kann oder will sich nicht einigen.

Horst und Rosi müssen sich bezüglich einer ganz anderen Frage einigen. Soll es nun eine katholische oder eine evangelische Hochzeit werden? Horst schlägt zwei Varianten vor, von denen sich Rosi eine aussuchen kann. Entweder sie heiraten katholisch, dann sollen zukünftige Kinder evangelisch getauft werden, oder anders herum. Aus katholischer Sicht muss das gegenseitige Jawort vor einem Priester abgegeben werden, sonst wäre die Ehe rechtlich gesehen ungültig. Das ist für Rosi unvorstellbar, also kann es für sie nur eine katholische Trauung geben, und zwar in der Freiberger Pfarrkirche. Die Vorbereitungen sind in vollem Gange. Genau wie hier. Otto hegt und pflegt schon seit Wochen hingebungsvoll ein Rinderfilet, das im Keller abhängt und reift. Er hat sich ein besonders schönes Stück ausgesucht und überprüft es regelmäßig. Die äußeren, sich bereits leicht zersetzenden Schichten schneidet er vorsichtig ab, so dass langsam der zarteste Kern zum Vorschein kommt. Sorgfältig verpackt geht das wertvolle Stück mit der kleinen Hochzeitsgesellschaft bestehend aus Otto, Alma und Lene auf die Reise. Ich bin ein kleines bisschen eifersüchtig auf das Apothekerhaus in Mulda, denn der Rahmen für das Fest wäre zu gerne ich gewesen. Heiß ist es, ein Sommertag am 14. April. In ihren schwarzen Kleidern und Anzügen kommen sie mächtig ins Schwitzen. Rosi, strahlend weiße Braut mit langem Schleier und einem geliehenen Kleid. Dazu ein Strauß weißer Flieder. Der war wohl nicht einfach zu besorgen. Die Gästezahl ist überschaubar: Lene, Tante Hede, Otto, Rosis Großmutter Ella, Rose, Dietmar, Alma, Onkel Christian, Georg und ein kleines Blumenmädchen.

Horst und Rosi mit ihrer Hochzeitsgesellschaft 1952

Ursel und ihr Mann Günter können leider nicht dabei sein. Aus dem Westen führt für sie kein Weg zurück. Bei der feierlichen Trauung sind alle sehr gerührt, die eine oder andere Träne fließt, und direkt im Anschluss geht's zügig in den Ratskeller, wo sich die kleine Gesellschaft auf Ottos rosiges und saftiges Rossbeff freut, das dort im Ofen schmort. Dann der Eklat. Durchgebraten. Das prächtige Filet versaut. Otto ist außer sich vor Wut und kaum zu beruhigen. Völlig unfähig findet er diese Sachsen. Verstehen nichts von Fleisch und können ganz offensichtlich nicht kochen. Und so was nennt sich nun Ratskeller. Dilettantisch geradezu. Die Fleischerehre ins Mark getroffen, und das ausgerechnet bei der Hochzeit seines Sohnes. Ein Albtraum. Nu ja, aber die Sachsen wär'n ja keene Sachsn, wenn se nisch das Stimmungsruder wieder rumreißen könnten. Maßgeblich trägt Rose dazu bei und verliest ein selbst verfasstes Gedicht:

…Um allen Examensschutt abzuladen
Fährt Mickchen an die See zum Baden
Mutti und Dietmar mit ihr ziehn
An den schönen Ostseestrand Sellin

Sommer 49 am Ostseestrand!
Sonnige Tage gar wohlbekannt,
Da tauchte aus der weiten Fern
Urplötzlich vor ihr auf – der Seestern!
An diesem war nun alles dran,
Mit einem Wort: Ein richt'ger Mann!
Alle Wasserkäfer waren vergessen –
Daheim wartete Peter unterdessen
Doch Rosemarie sah nur noch „Ihn"
Von Baabe lustwandelnd bis nach Sellin

Man spielte die „Rose vom Wörthersee"
Und „Du bist die schönste im Strandcafé"
Der Abschied war gar bitter und schwer
Es flogen Briefe hin und her
Weihnachten brachte ein Wiedersehen,
in Freiberg, Mulda, Rehfeld, sehr schön
Und Rosemarie sagte feste,
Horst ist doch der Allerbeste

Daß mein Gedicht sich recht schön rundet
Wird von Horst nun was bekundet:
Mit Büchern und Hose grau in grau
Ging Horst allmorgendlich zum Bau
Als Schüler hochbetagt er scheint?
Sein Jugendaussehn dies verneint
Doch bald kommt raus, was ist er?
Beinah ein fertiger Magister. (…)

Es ist ein schönes Fest. Bei ihrer Rückkehr sind Alma und Otto sehr angetan. Bis auf die Sache mit dem verkorksten Filet natürlich. Das wird mit Sicherheit vor allem bei Otto auf ewig unvergessen bleiben.
Politisch gesehen kann man wahrscheinlich eine Wiedervereinigung auf lange Sicht ebenfalls vergessen. So sieht es zumindest aus, nachdem Adenauer Mitte Mai auch das zweite Angebot Stalins diesbezüglich abweist und 14 Tage später den mit den drei West-Alliierten ausgehandelten Deutschlandvertrag unterzeichnet. Damit ist der Besatzungsstatus abgeschafft, die Bundesrepublik darf sich offiziell wiederbewaffnen, ist Teil einer Europäischen Verteidigungsgemeinschaft und damit ein gleichberechtigter und souveräner Staat. Das heißt fast, die Alliierten dürfen Post- und Fernmeldeverkehr überwachen, ihre Geheimdienste genießen Bewegungsfreiheit, und der Vertrag ist von der französischen Nationalversammlung noch nicht bestätigt worden. Das hindert den Ministerrat der DDR nicht, als postwendende Antwort bereits am selben Tag damit zu beginnen, die Zonengrenze in großem Stil auszubauen. Oder sollte es bloß so aussehen, als sei es eine Antwort, und die Pläne lagen längst in der Schublade? Entlang des 1.400 km langen Grenzstreifens werden Bäume gefällt, Wachtürme gebaut, Zäune gezogen. Zudem gibt es die Anweisung, aus dem neu geschaffenen, 5 km breiten Sperrgebiet alle „feindlichen, verdächtigen und kriminellen Elemente“ zu entfernen. Verdächtig ist man schnell, da braucht man nur mal in die Kirche zu gehen oder RIAS zu hören. Über 10.000 Menschen werden vertrieben. Offiziell heißt diese Zwangsumsiedlung „Aktion Ungeziefer“. Manche können flüchten, manche nehmen sich das Leben. Die anderen müssen irgendwo in der DDR mit nichts neu anfangen. Rund um Berlin werden viele Straßen, die ins Umland führen, gesperrt, alle Telefonleitungen zwischen Ost- und West-Berlin sowie West-Berlin und dem Staatsgebiet der DDR gekappt.

West-Berliner müssen in Ost-Berlin eine Genehmigung beantragen, wenn sie in die DDR einreisen wollen. Es erstaunt mich nicht, dass sich immer mehr desillusionierte Menschen auf den Weg in den Westen machen. Horst dagegen unterschreibt im Juli einen Arbeitsvertrag mit der ABF, in dem unter Punkt 6 steht: *Sie verpflichten sich durch Ihre Unterschrift, Ihre Aufgaben in tiefem Verantwortungsbewußtsein gegenüber der Deutschen Demokratischen Republik zuverlässig zu erfüllen.*
Wie ich Horst kenne, hat er sich den Text gar nicht genau durchgelesen, und selbst wenn, es kann sich ja eh keiner vorstellen, was das genau sein soll, so ein tiefes Verantwortungsbewusstsein gegenüber der DDR. Rosi und er haben in Greifswald eine kleine Wohnung gefunden, die sie sich hübsch eingerichtet haben. Das ist Rosis Werk. Horst hat dafür wenig bis keinen Sinn. Neue Möbel, die Wände mit Bildern und einem großen Wandbehang dekoriert. Zwei Ölbilder, eins mit einem bunten Blumenstrauß, das andere mit Sonnenblumen haben Alma und Otto gestiftet. Sie hatten sie mal im Austausch gegen Fleisch erhalten.
Eine echte Hochzeitsreise machen die beiden nicht. Sie verbringen fröhliche Wochen mit Rose und Dietmar in Bansin auf Usedom, sind nur kurz hier. Ich höre, wie sie laut vor sich hinträumen. Oben, im zweiten Stock die Zimmer mit dem Blick zum Selliner See, die würden sie sich gerne als Ferienwohnung zurechtmachen.
Ach, das wäre schön. Von Greifswald über den Bodden nach Sellin ist es beinahe ein Katzensprung. Dazu ein paar Kinderchen, und das Glück wäre perfekt. Otto könnte die Fleischerei verpachten und weniger arbeiten. Vielleicht an seinen Gesellen, Meister Peters, der perfekt eingearbeitet ist und genau weiß, wie der Betrieb funktioniert. Der ist ja nicht gerade klein mit seinen zwei Kühlräumen, jeweils einem Raum für die Kühlmaschine, die elektrische Fleischmaschine, den Kessel und einen weiteren für die beiden Rauchküchen. Dazu vier Angestellte, da

Rosi und Horst in Bansin, Sommer 1952

muss man schon wissen, wie der Hase läuft. Und das ist genau das Problem, der alte Hase Otto läuft mit seinen 62 Jahren nicht mehr ganz so gut. Das lange Stehen macht ihm ebenfalls zu schaffen. Sein verunfalltes Knie meldet sich immer öfter, und er ist zu dick. Alma hat zu hohen Blutdruck, lässt sich jedoch aus Angst vor Ärzten nicht behandeln. Letztens hatte sie es bis ins Wartezimmer geschafft und ist doch wieder ausgerissen. Der Zahn der Zeit nagt eben an allen und allem. Horsts Held aus Kindertagen, der Freiwasserschwimmer Otto Kemmerich, stirbt beim Versuch, vom dänischen Esbjerg aus über verschiedene Inseletappen ohne Beiboot Husum zu erreichen. Bis Sylt klappt alles, dann ertrinkt der 66-jährige auf dem Weg nach Amrum. Horst schwimmt zwar nach wie vor unermüdlich, trotzdem, mit dem Sundschwimmen ist es nun vorbei. Vor zwei Jahren hatte er es noch einmal probiert. War die Sache zu halbherzig angegangen, denn er hatte nicht genügend Zeit fürs Training, und landete letztendlich im geschlagenen Feld. Der Horst wird ja nicht jünger. Eben war er ein rundbäckiges Baby mit blondem Flaum auf dem Kopf, jetzt kriegt er graue Haare. Ich meine, das hat er von Alma geerbt. Graue Haare bleiben mir erspart, dafür ist hier mal die Farbe abgeblättert, da die Regenrinne verstopft, am Dach was undicht, ein Riss im Putz, das Fenster klemmt, ein Sprung in der Jugendstilkachel, der Zapfhahn tropft. Obwohl ich nächstes Jahr schon 50 werde, fühle ich mich immer noch stolz und stattlich und stehe kräftig im Leben. Trotze der prallen Sommersonne, den Stürmen, dem Regen, dem Schnee des Winters, den politischen Unwettern.

Und wieder ist ein Jahr zu Ende. Beendet ist auch der Marshall-Plan, dieser 13 Milliarden schwere Finanzschauer, der knapp fünf Jahre lang über 16 westeuropäische Staaten hinweg zog und großzügig Dollars niederregnen ließ. Fast ein Viertel der gesamten Niederschlagsmenge landete in Großbritannien. Frankreich bekam ein Fünftel, auf West-Deutschland plätscherte etwa ein Zehntel. Es wundert mich nicht, dass dort die Wirtschaft blüht und gedeiht. Sei's drum. Hauptsache gesund, Hauptsache ein friedliches Weihnachtsfest. Alma holt die Pappkartons mit dem Christbaumschmuck, und der Duft einer frisch geschlagenen Tanne durchzieht das Zimmer. Das Papier knistert, jeder Silberanhänger wird vorsichtig herausgenommen, begutachtend gedreht und gewendet, wenn nötig von altem Wachs befreit, mit einem neuen Fädchen versehen und aufgehängt. Die ganz kleinen an die oberen Äste, die großen nach unten. Jede Kugel, jedes Glöckchen. Die Kugeln stellt im Andruff zurzeit

Oskars Witwe Marie her, die Glöckchen bläst Hanne in eine Form. Sie schaffen es, soeben mit den Kindern über die Runden zu kommen. Es gibt weiterhin kein Lebenszeichen von Almas Bruder, obwohl bereits so viele deutsche Soldaten aus russischer Kriegsgefangenschaft entlassen wurden. Keiner hat die Hoffnung aufgegeben, dass er doch irgendwann heimkommt. Auch Alma nicht. Sie sitzt auf dem Stuhl, wiegt eins von Kurts Glöckchen sachte in der Hand, fragt sich, ob er wohl noch lebt, und ist gleichzeitig von tiefem, stillem Glück erfüllt, dass sie einen Sohn hat, der heimkommen kann. Dieses Jahr zu Silvester. Natürlich mit Rosi. Wie schön es draußen gerade ist. Dick liegt der Schnee auf Dächern und Zweigen, am Strand und im Wald. Zauberhafte Winterwelt. Tasso freut sich, dass er die beiden auf ihren langen Spaziergängen begleiten kann. Und Alma tischt auf, was ihr Junge gerne isst. Dicke Scheiben Schweinskopfsülze, schön säuerlich mit Zwiebeln und Gurke, gebratenes Kalbshirn oder eine dampfende Ochsenschwanzsuppe. Alma kann fabelhaft kochen und backen. Rosi findet sogar, dass ihr Stollenrezept besser ist als das von Rose. Mal davon abgesehen, dass es mangels einiger Zutaten bloß die abgespeckte Nachkriegsvariante ist. Aber ich will mal nicht herumnörgeln. Wenngleich einiges beklagenswert ist, klingen die Gläser wie jedes Jahr um Mitternacht. Die Bilanz des Jahres 1952 kann sich durchaus sehen lassen. Trotz DDR erwirtschafteten Fleischerei und Pension einen Umsatz von 150.000 Mark, wovon als Reingewinn der größte Batzen mit 11.000 Mark auf die Fleischerei entfällt. 4.500 Mark auf die Pension. So kann's weiter gehen, wobei zunächst einmal der gemächliche Januar mit seiner Ruhe kommt. Viel Weile, wenig Eile. Die weihnachtliche Geschäftigkeit von Päckchen verschicken über Stollen backen bis Baum schmücken ist vorüber, Silvester gefeiert, jetzt können Otto und Alma mal einen Gang runterschalten. Ich schaue den Eisblumen zu, wie sie in langsamen Mustern auf meinen Scheiben wachsen.

Rosi mit Tasso, Sellin, Silvester 1952

Die Katastrophe bricht herein

Dann überraschend ein öffentlicher Aufruf an die Selliner, sich für eine Aussiedlung nach Polen zu melden. Eigenartig. Wer ist damit gemeint? Die vielen Flüchtlinge, die seit 1945 hier leben? Und was soll Sinn und Zweck des Ganzen sein? Niemand weiß was Genaues, alle spekulieren herum und sind zunächst einmal erleichtert, dass uns im Osten die verheerende Sturmflut, die an der Nordseeküste in der Nacht zum 1. Februar allein in Holland 1.835 Menschen in den Tod reißt, verschont hat. Nur zehn Tage später bricht eine Flutwelle ganz anderer Art über Sellin und Rügen herein. Eiskalt und menschenverachtend dringt sie in fast jedes Haus, in fast jede Ritze. Die Bewohner trifft es vollkommen unvorbereitet. Ab dem 10. Februar 1953 fahren Volkspolizisten aus Sachsen in grünen Minnas vor, und dann geht's los. Hausdurchsuchungen. Auch nachts. Und was suchen sie? Alles. Und wenn sie nichts finden? Egal. Wirtschaftsverbrechen lautet das Zauberwort. Den einen wird ein Fässchen mit Salzheringen, das sie schwarz von einem Fischer gekauft haben sollen, zum Verhängnis oder dass sie bezüglich der zugeteilten Menge zu viele Kartoffeln haben; bei anderen werden angeblich West-Nägel unter den Dielen gefunden oder zu viel Hühnerfutter im Keller. Eine auf dem eigenen Grundstück gefällte Kiefer, aus der Balken zur Ausbesserung der Balkone geschnitten wurden, gilt plötzlich als Wirtschaftssabotage; unangemeldete Aktien aus dem Westen sind ein Verhaftungsgrund; ein Paar überzählige Schuhsohlen Hortung staatlichen Eigentums. Die Besitzer werden ohne Umschweife verhaftet und abgeführt. Großer Gott. Es heißt, sie kommen nach Bützow-Dreibergen, diese berüchtigte Justizvollzugsanstalt zwischen Schwerin und Rostock. Schnellgerichte soll es geben. Die Schlinge zieht sich zu. Nach wie vor ist unklar, weshalb die Vopos nicht jedes Haus durchsuchen. Aber die Zahl derer, die sie täglich auseinandernehmen, steigt. Warum sollte nun ausgerechnet Otto ungeschoren davonkommen, wo er doch mit seiner DDR-feindlichen Gesinnung und ominösen West-Kontakten sowieso auf der örtlichen Abschussliste steht? Was soll er denn jetzt machen? Alma ist dummerweise gerade nach Gotha gefahren. Außerdem hat er ja nichts verbrochen, naja, das denken alle. Erstmal abwarten. Aber es werden immer mehr, die in Bützow landen. Herr Kaba-Klein vom Kurhaus, die Inhaber von Haus Arkona, Hubertus, Holstein, Sonneck, Sandhop, Ferienklause, Haus am Meer, Schloß am Meer, Central-Hotel, Villa Li, Strandhaus, der

Gaststätte Fährhaus, der Fleischer in Binz und der in Baabe, ebenfalls die 71-jährige Besitzerin von Haus Ingeborg, die dort ein Erholungsheim für Schwangere führte. Eine Staatsanwältin stellt ihr am 14.2. im Central-Hotel einen Haftbefehl aus; Frau Ericsson wird mit einem Polizeifahrzeug zuerst nach Bergen und von dort mit weiteren Gefangenen nach Altefähr gebracht. Ohne Gepäck, Wäsche oder ihre Herzmedikamente. Zu Fuß und mit Handschellen müssen sie über den Rügendamm bis Stralsund laufen. Von hier aus soll es mit dem Zug direkt nach Bützow weitergehen. Verzweifelt binden sich die Zwillingsschwestern Bardeleben, deren Familie oben in der ehemaligen Wilhelmstraße seit Jahrzehnten ein kleines Geschäft betreibt, mit einer Wäscheleine zusammen und springen gemeinsam vor den Augen aller vom Damm hinunter ins eiskalte Wasser, wo sie den Tod finden.
Diese Aktion hat offenbar System. Nur was für eins? Aus Angst, man könne bei ihnen etwas finden, kippen manche ihre Zucker- und Mehlvorräte in die Walachei; viele von denen, die nicht verhaftet wurden, obwohl die Vopos ihre Häuser durchsuchten, hauen ab. Flüchten kommt für Otto ohne Alma nicht in Frage. Dann stehen sie am Montag, dem 16. Februar, mittags im Laden. Zwei Männer und eine Frau in Zivil, begleitet von einem Vopo. Sie seien Kriminalbeamte. Ausweisen tun sie sich nicht. Jeden Tag rücken sie wieder an und verhören Otto. Stundenlang. Fragen über Fragen prasseln auf ihn ein. Zu seiner Geschäftsführung, der Fleischerei und Pension. Es gibt nichts, was sie nicht wissen wollen. Sie nehmen ihn ins Kreuzverhör, springen von einem Themengebiet urplötzlich zum nächsten, doch Otto lässt sich nicht so schnell verwirren. Sie wiegen alle Fleisch- und Wurstwaren und zählen sämtliche Fleisch- und Fettmarken. Otto wendet ein, dass sie mit dieser Methode keine genauen Feststellungen treffen könnten. Der Einspruch wird mit der Bemerkung abgewiesen, sie machen es schon „stimmend“. Bereits am Dienstag verbietet man Otto, über die Vernehmung zu sprechen, zu telefonieren und Post abzusenden. Er darf Alma nicht telegrafisch zurückholen. Jeden Tag, den diese Vopos hier sind, wollen sie ihn zwingen, zuzugeben, dass er Schwarzschlachtungen durchgeführt habe, dabei wissen sie selbst genau, dass er gar keine eigenen Schlachtungen macht, sondern das Fleisch ordnungsgemäß von der Verteilungsstelle bekommt. Sein Angestellter, Meister Peters, erklärt ihnen ebenso, dass in dieser Fleischerei keinerlei heimliche Schlachtungen möglich seien. Aber das nützt alles nichts. Die Unterstellungen gehen weiter. Jeden Tag, die ganze Woche. Ottos Wut ist grenzenlos. Nein, so kann man mit

ihm nicht umspringen. Was für eine Schweinerei. Und er, der geborene Macher, kann nichts daran ändern. So ohnmächtig und ausgeliefert hat er sich noch nie gefühlt, gleichwohl ahnt er, wo dieser Unglückshase hinlaufen wird. Otto ist sich sicher, dass seine Verhaftung nur deshalb hinausgezögert wird, weil Alma bislang nicht zurück ist und außer ihr niemand Auskunft zu Buchhaltung und verkaufstechnischen Angelegenheiten geben kann. Aber ist ja auch wurscht, was in den Büchern steht, sie machen es ja sowieso stimmend. Oder warten sie mit der Verhaftung, damit sie beide auf einmal mitnehmen können? Jetzt ist Alma wieder da und wird am Samstag ebenfalls vom Staatssicherheitsdienst traktiert, der den nächsten Verhörtermin für Montag ansetzt. Das müssen sie sich nicht bieten lassen. Otto und Alma beraten, was zu tun ist. Als Otto von einer Angestellten des Gemeinderats unter dem Siegel der Verschwiegenheit erfährt, dass seine Verhaftung für den Montag bereits feststeht, sind letzte Zweifel ausgeräumt, der Entschluss gefasst. Gegen das, was hier läuft, ist nichts auszurichten, man kann nur noch sich selbst retten. Also sofort ab zu Fritz und Erika nach West-Berlin. Und zwar schleunigst. Lene fährt gleich mit. Wer weiß, wie lange das überhaupt möglich ist. Am Sonntag, dem 22. Februar 1953, ist es soweit. Die Koffer werden hastig gepackt. Bargeld, Bernsteinuhr und Bernsteinkästchen, Schmuck, Besteck und die mich betreffenden Unterlagen. Alma bittet das Hausmädchen, nach Greifswald zu fahren, um Horst Bescheid zu sagen. Sie nehmen die Mäntel von der Garderobe. Ihre Schritte auf dem Flur, die Tür fällt ins Schloss. Ich bin allein.

Das Hausmädchen erreicht Greifswald erst am späten Abend. Zu spät für die strenge Hauswirtin. Die lässt sie weder herein, noch gibt sie Horst Bescheid, und so wartet die arme Frau die ganze Nacht im Hauseingang. Völlig verfroren findet sie dort der überraschte Horst, der morgens zur Uni will, und erfährt so von der Flucht seiner Eltern nach Berlin, die dort vermutlich zunächst einmal nichts zu befürchten haben. Was ist zu tun? Bloß nichts überstürzen. Ruhe bewahren und abwarten. Keiner kann das Geschehene einordnen. Eventuell ist das alles nur vorübergehend und klärt sich auf; schließlich haben sie sich doch nichts zu Schulden kommen lassen. Die Hoffnung auf das große Missverständnis schwindet merklich, als fünf Tage später, am 28.2., in der Ostseezeitung folgender Artikel zu lesen ist:

Die Organe der Volkspolizei haben zur Wahrung der Interessen der Werktätigen in den Ostseebädern Maßnahmen gegen Spekulanten und Schieber eingeleitet. Wir veröffentlichen den Kommentar des Genossen G., der am gestrigen Abend im

Demokratischen Rundfunk gesendet wurde, weil er die Lage richtig charakterisierte und die Aufgaben der Werktätigen und unserer Partei aufzeigt. (Die Redaktion)
Die Arbeiterklasse der Deutschen Demokratischen Republik, die die Grundlagen des Sozialismus schafft, kann und wird dem Treiben solcher Ratten, wie die jetzt Inhaftierten, nicht untätig zusehen; sie macht Schluß damit, indem sie Hotels und Pensionen, in denen bisher die Arbeiter betrogen wurden, in Volkseigentum überführt und in Heime verwandelt, in denen sich die Werktätigen wohl fühlen werden.
So so. Daher weht der Wind. Hotels und Pensionen sollen einkassiert und in Heime verwandelt werden, um sie vor dem ausbeuterischen Treiben der Spekulantenratten zu schützen. Vielleicht kommt es ihnen sogar ganz gelegen, dass so manch angeblich wirtschaftsverbrecherisches Nagetier das marodierende DDR-Schiff verlässt, dann können sie sich deren Eigentum komplikationslos einsacken. Wie praktisch. So allmählich dämmert mir, dass es mir genauso ergehen könnte. Eingesackt werden. Oder, wie es korrekt heißt, „entschädigungslos in Volkseigentum überführt werden." Warum sollte ich eigentlich eine Ausnahme sein?
Die Reaktion des kaufmännischen Leiters der Bau-Union Rostock auf den Artikel lässt nicht lange auf sich warten und wird am 6. März veröffentlicht. Die Überschrift: *Keine Strafe ist zu hoch für diese Volksschädlinge*
Einen Abscheu empfinden wir gegenüber diesen Bestien, denen es nur um höhere Profite ging. Während sie sich besoffen, prunkten und tummelten, ließen sie die von ihnen Abhängigen in Ställen hausen. Als Intelligenzler fordere ich schärfste Maßnahmen unserer staatlichen Organe, um aus den Lusthäusern dieser Spekulanten wirkliche Erholungsheime für unsere Werktätigen, die täglich ihr Bestes für die Gesellschaft geben, zu machen.
Am selben Tag erscheint am östlichen Horizont ein Silberstreif. Trommelwirbel und Nationalhymne begleiten im sowjetischen Rundfunk die Nachricht vom Tod Stalins. „Das Herz des Kampfgefährten und genialen Fortsetzers der Sache Lenins, des weisen Führers und Lehrers der Kommunistischen Partei und des Sowjetvolkes Jossif Wissarionowitsch Stalin hat aufgehört zu schlagen." Der DDR-Ministerrat ordnet Landestrauer an, und der Schriftsteller und Kultusminister Johannes Becher, der auch den Text für die Nationalhymne der DDR schrieb, huldigt dem Diktator mit einem pathetischen Lobgesang, der tags drauf in der neuesten Ausgabe des „Neues Deutschland" von trauernden Genossen genossen werden kann. In der letzten Strophe heißt es da:

Seht! Über Stalins Grab die Taube kreist
Denn Stalin: Freiheit-Stalin: Friede heißt!
Und aller Ruhm der Welt wird Stalin heißen
Laßt uns den Ewig-Lebenden lobpreisen!

Vielleicht weht ja doch ein laues Frühlingslüftchen aus dem Osten herüber, und die politische Großwetterlage, deren Auswirkungen bis zu uns auf die Insel reichen, weicht auf. Zuerst einmal bekommt Horst in Greifswald die Auswirkungen vom Tode Stalins zu spüren. In der Aula der Arbeiter- und Bauernfakultät ist für den Friedensengel eine Trauerfeier angesetzt. Da sitzt Horst mit seinen Kollegen und muss sich die Huldigungen anhören, die über dem Verstorbenen verschüttet werden. Einer dieser Kollegen wird im Anschluss zur Direktion gepfiffen. Er hätte nicht genügend Trauer gezeigt, lautet der Vorwurf. Das wird ja immer verrückter. Von wegen Frieden und Freiheit – dass ich nicht lache. In Sellins Straßen mit seinen leerer und leerer werdenden Häusern und verstörten Menschen ist davon nichts zu merken. Im Gegenteil. So langsam sickert durch, wie es denen ergeht, die in Bützow gelandet sind. Sie werden angeklagt. Und verurteilt. Die 71-jährige Frau Ericsson von Haus Ingeborg zu zehn Monaten Haft auf Bewährung wegen Wirtschaftsverbrechen. In ihrem Falle bestand das Wirtschaftsverbrechen darin, Speisekartoffeln und Heringe ohne *Bezugsberechtigung der Wirtschaftsverwaltung* angekauft zu haben. Gütigerweise bescheinigt ihr das Gericht, nicht vorsätzlich gehandelt zu haben, sie wird dennoch bestraft, damit ihr bewusst wird, *dass auch sie trotz ihres hohen Alters und auf Grund ihrer Stellung, welche sie in der Wirtschaft einnimmt, unsere Gesetze zu befolgen hat.* Frau Ericsson hätte angeblich *Erzeugnisse entgegen dem ordnungsgemäßen Wirtschaftsablauf beiseite geschafft.* Wer es bislang nicht wusste, erfährt in diesem Schriftsatz außerdem von einer Gefährdung der *Versorgung der Bevölkerung.* Die alte Dame muss die Kosten des Verfahrens tragen, und der Staat zieht ihre Pension Ingeborg auf Grund des begangenen Wirtschaftsverbrechens ein.

Das sind wahrlich keine guten Nachrichten. So schmerzlich, wie es für mich ist, derart allein zu sein, so froh bin ich, dass Otto und Alma in Berlin Unterschlupf gefunden haben. Ich kann bloß hoffen, dass sie dort nicht die Ostseezeitung lesen. Alma würde dies alles viel zu sehr aufregen, denn wessen Phantasie bisher nicht ausreichte, sich die prunkenden Bestien in den verruchten Lusthäusern vorzustellen, bekommt am 17. März Nachhilfeunterricht. Unter der Überschrift: *Wir stellen vor, Schieber ganz unter sich* ist ein Foto zu sehen, auf dem drei lachende Grazien in langen Abendkleidern auf einem weißen Flügel stehend posieren. Unter dem Bild steht:

Fröhliche Feste mit reich gedeckten Tafeln, voller Sekt und Champagner bis zum Überfluß, waren bei ihnen nicht selten. So gefiel ihnen das Leben, und dafür konnten die Hausangestellten zehn bis zwölf und noch mehr Stunden arbeiten.

Am nächsten Tag veröffentlicht die Ostseezeitung einen weiteren Leserbrief. Die Überschrift:

Die Maßnahmen der Polizei gegen Schieber und Spekulanten finden breite Unterstützung in der Bevölkerung.

„*Jene Menschen passen nicht in unsere Zeit*, ist, wie uns G.M. schreibt, die Meinung der Selliner Bevölkerung. *Wir brauchen aufrichtige, tatkräftige Menschen, die mit aller Kraft am Aufbau des Sozialismus arbeiten. Um dieses große Werk aber zu meistern, gilt es, noch schärfer auf der Wacht zu sein gegen solche und ähnliche Elemente. Eine gründliche Arbeit hat unsere Volkspolizei durch die Aktion gegen die Schieber und Spekulanten geleistet*, schrieb uns G.M. als Schlussfolgerung über eine in Sellin durchgeführte Einwohnerversammlung. Es gilt dem nur noch hinzuzufügen, dass unsere ganze Bevölkerung jetzt mithelfen soll, auch den letzten Schieber und Wirtschaftsverbrecher aus seinem Schlupfwinkel zu holen.“

Halali, die Jagd kann fröhlich weiter gehen. Wenn zur Verbrecherhatz bislang nicht öffentlich geblasen wurde, dann aber jetzt. Sind denn überhaupt noch welche übrig, die man vertreiben könnte? Und wie unerhört rücksichtsvoll, die Eigentümer der Pensionen und Hotels nicht wie zuvor als Ratten und Bestien, sondern lediglich als jene Menschen zu bezeichnen, die nicht mehr in unsere Zeit passen. Ich spüre nicht, dass die Selliner Bevölkerung bzw. das, was von ihr übrig geblieben ist, so denkt. Ich spüre Ungläubigkeit und Erstarrung. Weiterhin verschwinden Bürger dieses Ortes über Nacht, flüchten in den Westen, ohne einer Menschenseele etwas zu sagen aus Angst, man könne sie kurz zuvor denunzieren. Freund, Feind, die Konturen verwischen. Misstrauen und massive Verunsicherung gewinnen Oberhand. Ein Segen, dass Alma und Otto in Sicherheit sind. Und was ist mit Horst und Rosi? Horst besucht Ende März seine Eltern in West-Berlin. Das bleibt nicht unbemerkt. Nach seiner Rückkehr bekommt er Besuch. Der 1. Parteisekretär der Universität Greifswald, der Studiendirektor der ABF und ein weiterer Vertreter der SED-Parteileitung hatten indes seine Abwesenheit genutzt, die Hauswirtin verhört und so von seiner Reise erfahren. Jetzt ist

Horst an der Reihe. Sie werfen ihm eine partei- und DDR-feindliche Haltung vor, die sie mit von ihm gemachten Äußerungen und Verhalten während seiner Tätigkeit an der Uni rechtfertigen wollen. Schlussendlich gibt ihm der Parteisekretär zu verstehen, dass man ihm noch einmal die Gelegenheit geben wolle, die von ihm gemachten Fehler wiedergutzumachen, indem er seine Eltern schriftlich zur Rückkehr in die DDR bewegen solle. Die Herren Funktionäre verbieten ihm ausdrücklich, nach Berlin zu fahren, und nehmen ihm seinen Parteiausweis ab.

Na toll, was soll er denn nun machen? Pest oder Cholera? Entweder er geht auf den Vorschlag ein, überredet Otto und Alma nach Sellin zurückzukehren, wo sie mit an Sicherheit grenzender Wahrscheinlichkeit verhaftet und verurteilt würden, oder er bekennt sich offen dazu, ein Feind der DDR zu sein, und liefert sich so der Staatssicherheit aus. In seiner Position als Dozent der Arbeiter- und Bauern-Fakultät Greifswald keine so gute Idee. Horst ist nicht dumm. Er geht zum Schein auf die Vorschläge des Parteisekretärs ein und verschafft sich somit ein paar Tage Bedenkzeit. Für und wider, hin und her, sie drehen und wenden die Argumente von links auf rechts, von oben nach unten und kommen zu dem Schluss, dass es nix mehr wird mit der Deutschen Demokratischen Republik. Dies ist nicht das Land, in dem sie ihre Überzeugungen leben können oder ihre Kinder großziehen wollen, wenn denn welche kommen. Trotz aller richtigen Argumente fällt ihnen die Entscheidung, ihr zu Hause zu verlassen, nicht leicht.

Besonders für Rosi ist der Abschied schmerzhaft. Sie muss nicht nur ihre Eltern und ihren Bruder in Mulda zurücklassen, wo sie so sehr an ihnen, dem Apothekerhaus und dem Erzgebirge hängt, sondern vor allem wäre ihr gemeinsamer Lebensentwurf zerstört. Und die neuen Möbel, mit denen sie sich die Wohnung gerade so hübsch eingerichtet haben? Schweren Herzens packen sie nur einen Koffer für jeden, sonst fällt ihre Flucht womöglich jemandem auf, und dann am ersten April mit dem Zug geradewegs nach West-Berlin.

Gott, wie schnell das alles geht. Ich bin völlig durcheinander. Alle sind sie weg, und mit Horst ist der letzte, kleine Strohhalm verschwunden, den ich noch zu haben glaubte. Große Hoffnungslosigkeit und Ernüchterung machen sich in mir breit. Ich traue mich kaum, mir vorzustellen, wie es wäre, wenn sie nicht mehr zurückkommen. Diese furchtbare Situation scheint mir ganz ausweglos zu sein.

Was soll denn jetzt bloß aus mir werden?

Fortsetzung folgt

Stammbaum

Carl Töllner (1818-?) ∞ Luise Zander (1834-1861)

Wilhelm (1853-1854)
Therese (1854-?)
Carl (1859-?)
Friedrich Töllner (1861-1934) ∞ Marie Vieth (1862-1943)

Hedwig (1889-1920)
Otto (1890-1965) ∞ Alma Dorst (1890-1961)
Elise (1891-1892)
Fritz (1892-1985?)
Helene (1894-1983)

Horst Töllner (1918-2014) ∞ Rosemarie Baldrich (1928-2002)
Burchard (1924-?)

Eduard Dorst ∞ Ludovika Siegel
(1858-1932) (1864-1943)

Anna
Eline
Frieda
Alma
Rosa
Oskar (im 2.WK gest.)
Kurt (im 2.WK verm.)

Hans, Marianne, Greta, Erna;
Albert (2.WK gef.), Nora
Lis, Fritz (2. WK gef.), Dora, Hans (2.WK gef.), Edwin
Oskar (2.WK gef.), Rudi (2.WK gef.)
Hans
Hilde (1930), Christina (1944)

Heinrich Baldrich ∞ Marie Schulz
(1849-1929) (1857-1891)

Emil Hefft ∞ Ella Rudolph
(1873-1947) (1875-1961)

Georg Baldrich (1889-1955) ∞ Rosa Hefft (1900-1967)

Ursel (1922), Rosemarie, Dietmar (1938-2017)

Danksagung

Es gibt einige Menschen, ohne die es dieses Buch in dieser Form nicht geben würde. Zu allererst möchte ich mich von Herzen bei meinem Mann Marco bedanken, der mich in den Jahren der Recherche und des Schreibens mit vollem Einsatz und beständig sprudelnder Inspiration begleitet hat. Es gab eine Menge zu tun: Kirchenbücher mussten gewälzt - Danke, Stephan, für Deine Hilfe dabei - alte Dokumente entziffert, inhaltliche Fragen geklärt, Kommafehler korrigiert, Computerprobleme gelöst, eigene Zweifel beseitigt werden.

Ohne Gerhard Parchow würde es dieses Buch ebenfalls so nicht geben. Einer glücklichen Fügung habe ich es zu verdanken, dass ich ihn und sein riesiges Foto- und Wissensarchiv kennenlernen durfte, aus dem er Unterlagen zauberte, von deren Existenz ich nicht einmal etwas ahnte, wie zum Beispiel den Original-Briefwechsel meines Urgroßvaters mit dem Kreisbauamt und den Fragebogen zur Rohbauabnahme 1903. Danke, Gerhard, für die vielen, vielen Informationen und Fotos und die geduldige Zugewandtheit, mit der Du auch noch meine tausendunderste Frage beantwortet und den gesamten Text auf eventuelle historische Ungereimtheiten durchkämmt hast.

Ich danke außerdem ganz herzlich:

Den Sellinern: Familie Heinz-Dieter Richter, Christine Haider, Hans-Werner Holz, Familie Käske, Hilde Stolz, Familie Lorenz und Hellmut Bartsch. Vieles von ihren Berichten ist in dieses Buch mit eingeflossen.

Fotohaus Knospe für die freundliche Unterstützung bei der Fotoauswahl.

Herrn Wigger, den ich zufällig beim Fotografieren der „Helene“ auf der Straße traf, für wertvolle Informationen und dem Foto aus seinem persönlichen Archiv.

Den Steinheider Familienangehörigen Hilde, Renate, Karl, Marianne und Ulrich für das Beisteuern alter Fotos und Erlebnisse.

Tante Ursel, die auch in ihrem hohen Alter so lebendig und anschaulich von Familie Baldrich erzählen kann.

Meinen Schwestern Dorothee und Ulrike für das Ergänzen, Bestätigen und Berichtigen vieler Details.

Daniela, Katrin und Charima für die guten Tipps und - noch wichtiger - die emotionale Unterstützung!

Bildnachweis

Archiv Parchow: Seite 12, 14, 18, 21, 25, 27, 28, 33, 36, 39, 40, 43, 45, 67, 74, 75, 78, 90, 97, 98, 110, 120, 124, 129, 162, 169
Gerhard Wigger: Seite 47
Frerk Wichmann: Seite 24
Familie Käske, Fotohaus Knospe: Seite 93, 171
Sammlung Dieter Naumann: Seite 117
Edition Pommern: Seite 158

Das Umschlagfoto und alle weiteren Fotos stammen aus den privaten Fotoalben von Familie Töllner.

Quellen

- Albrecht, Karl: „Die Insel Rügen. Praktischer Führer nach und auf der Insel“, in Griebens Reisebücher Bd 65, Verlag von Albert Goldschmidt (Hg.), Berlin, 1900
- Arndt, Ernst-Moritz: „Rügen-Märchen“, Rosa Verlag, Friedeburg, 2016
- Arnim, Elizabeth von: „Elizabeth auf Rügen. Ein Reiseroman“, Erstaufl. 1904, List Verlag, 10. Aufl., Berlin, 2002
- Burckhardt, Albert: „Sagen und Märchen der Insel Rügen“, Altberliner Verlag, 2. Aufl., Berlin/München, 1999
- Farin, André: „Wilhelm Malte zu Putbus und seine Fürstenresidenz auf Rügen“, Verlag Farin, André, Rügendruck Putbus, 2015
- Fontane, Theodor: „Effi Briest“, Insel Verlag, 5. Auflage Berlin, 2011
- Franke, Alfons: „Ferientage am Baltischen Meer“, Burgstädt, 1910
- Jung, Georg: „Das große Rügenbuch“, Ellert & Richter Verlag, Hamburg, 1998
- Kamshoff, Otto: „Eine Rügenfahrt - Erinnerungen und Eindrücke“, Böhmen, 1908
- Kurverwaltung Ostseebad Sellin, Gerhard Parchow: „Vom Badedörfchen zum Ostseebad Sellin“, Rügendruck, Putbus, 2016
- Nernst, Karl: „Wanderungen durch Rügen“, Axel-Dietrich Verlag, Peenemünde, 1994
- Petrick, Fritz (Hg.): „Rügens Preussenzeit 1835-1945“, Band 4, Rügendruck, Putbus, 2010
- Petrick, Fritz (Hg.): „Rügens Zeitgeschichte seit 1945“, Band 5, Rügendruck, Putbus, 2013
- Petrick, Fritz/ Wartenberg, Heiko: „Das alte Rügen“, Hinstorff Verlag, 2. Auflage, Rostock, 2015
- Reinicke, Rolf: „Rügen - Strand & Steine“, Demmler Verlag, Ribnitz-Damgarten, 2013
- Schumann, Werner: „Studentenzeit eines Leipzigers“, Agenor Druck- und Verlags-GmbH, Frankfurt am Main, 1956.
- Schuster, Arthur: „Führer durch die Insel Rügen“, Verlag von Arthur Schuster, Stettin, 1924
- Wichert, Irina u. Sven (Hg.): „Im Namen der Rose. Enteignungen auf Rügen 1953“, Schriften des Ernst-Moritz-Arndt-Gymnasiums Bergen, Rügendruck, Putbus, 2004
- Wilhelmus, Wolfgang: „Juden in Vorpommern“, Friedrich-Ebert-Stiftung, Landesbüro Mecklenburg-Vorpommern, Beiträge zur Geschichte Mecklenburg-Vorpommern Nr. 8, 3. erw. Fassung, Schwerin, 2007
- Wittstock, Paul: „Die Abenteuer eines rügenschen Seemannes“, Pommersche Zeitung, 1937
- Badeprospekte des Ostseebads Sellin: 1902/1910/1916/ 1925/1936/1950 (Archiv Parchow)

Artikel:
- Becher, Johannes: „Dem Ewig Lebenden“, Neues Deutschland, 7.3.1953
- Hecking, Claus: „Stalins letzte Stunden“, Deutsche Welle, 4.3.2003
- Iken, Katja: „Zwickelerlaß: Gesetz zur Bademode“, Spiegel online, 16.8.2012

- Iken, Katja: „Aktion Ungeziefer: Zwangsumsiedlungen in der DDR 1952“, Spiegel online, 13.6.2017
- Iken, Katja: „Hungerwinter 1946/47 in Deutschland, das Leben nach dem Krieg“, Spiegel online, 20.2.2017
- Pieper, Dietmar: „Zweiter Weltkrieg-Lebenssaft der Wehrmacht“, Spiegel online, 28.6.2010
- Pröber, A.: „Menschen verschwanden über Nacht“, Ostsee-Zeitung, 22.6.1999
- Sonne, Werner: „Zwangsvereinigung KPD und SPD zur SED: und sind sie nicht willig“, Tagesspiegel, 15.11.2014
- Stürzer, Michael: „Prora KdF Seebad auf Rügen: Hitlers Traum vom Braun werden“, Spiegel online, 20.7.2015
- „Rügen vor 100 Jahren“, Das Rügensche Kreis- und Anzeigenblatt, Ostseezeitung, 9.3.1999
- „Rügen vor 100 Jahren“, Das Rügensche Kreis- und Anzeigeblatt, Ostseezeitung, 21.4.1899
- „Lügen auf Rügen“, Der Spiegel, (20), 13.5.1953
- „Die zweite Front der SPD“, Zeit, (28), 1959
- „Aktion Kornblume, Zwangsumsiedlungen in der DDR“, NDR, 28.7.2009
- Uranbergbau DDR „Erz, Genossen, Erz“, Der Spiegel, (26), 24.6.1996

Radio:

- „Mit Volldampf über die Insel“, 21.7.2015WDR: KdF-Seebad Prora auf Rügen (2.5.1936), Grundsteinlegung, ZeitZeichen, NDR.de Kultur, 2.5.2016

Netz:

- Rostock, Jürgen: NS-Architektur: Freizeit für die Volksgemeinschaft, verfogen.blogspot.com/2004/04/ns-architektur-freizeit-fur-die.html
- Deutsche Nationalhymne-Heiner Fischle, www.heinerfischle.de/meinung/hyme.htm
- Ein Bild des Demokratischen Sozialismus-warum wir an ihm festhalten, https://fabianloeffler.wordpress.com
- Homann, Ursula: „Juden in Mecklenburg-Vorpommern, Geschichte und Gegenwart“
- Kraft, Jürgen: Historie der Bademode/ Der Bademodensammler, https://bademodensammler.de/historie-der-bademode
- Prof. Dr. Achim Laube, https://geschichte.ruegens.de/category/vorgeschichte
- Hitlerjugend, Wikipedia
- Heil Dir Siegerkranz, Wikipedia
- Kurt Eimann, Wikipedia
- Massaker von Piasnica, Wikipedia
- Badebekleidung, Wikipedia

Archive:

- Archiv Gerhard Parchow, Ortsarchiv Sellin

Vita

Eine erste Idee, die Geschichte meiner Familie zu erzählen, entstand, als ich nach dem Tode meines Vaters 2014 seinen Nachlass sichtete. Alte Briefe und Dokumente kamen zum Vorschein, aber vor allem Unterlagen zu dem Haus, das mein Urgroßvater Fritz Töllner 1903 in Sellin bauen ließ. Ich wurde neugieriger und machte mich auf eine spannende Reise, bei der ich immer tiefer in die Vergangenheit meiner Familie und Sellins eintauchte. Ich stöberte im Ortsarchiv, befragte Zeitzeugen und entdeckte dabei Vieles, das mir gänzlich unbekannt war. Es waren in erster Linie die faszinierenden Geschichten und Erinnerungen, die dazu führten, den Gedanken ein Buch schreiben zu wollen, auch wirklich in die Tat umzusetzen. Der erste Teil meiner Familienchronik ist nun beendet, nicht aber der Weg, auf dem es noch weiter geht.

Vor der Seebrücke in Sellin

Ich bin 1964 in Marburg geboren, im mittelhessischen Kirchhain aufgewachsen und lebe heute mit meinem Mann in Oldenburg (Oldb). Ich arbeite als Physiotherapeutin in eigener Praxis, verbringe aber so viel Zeit wie möglich im Haus Helene und lasse mich von den Schönheiten Rügens weiter verzaubern.